From Tradition to Modernity

朱光亚 黄蕾 著

# 从传统到现代

## 中西哲学的当代叙事

Contemporary Narrative of Chinese and Western Philosophy

社会科学文献出版社
SOCIAL SCIENCES ACADEMIC PRESS (CHINA)

献给我尊敬的导师李朝东先生，本书的基本思想源自他的启蒙。

本书受阳光学院学术科研奖励计划资助

本书属2018年福建省高等学校思想政治教育中青年杰出人才支持计划阶段性成果

# 目 录

引论　西方哲学在中国的当代语境 …………………………………… 1

## 上　编

### 第一章　一般与个别的视域 …………………………………… 15
第一节　古希腊哲学冲撞于"一"与"多"之间 …………………… 16
第二节　基督教哲学唯名论与唯实论的斗争 …………………… 26
第三节　认识论哲学经验论和唯理论的对立 …………………… 32
第四节　先天综合判断视域下的认识推进体系 ………………… 38

### 第二章　科学与民主的起源 …………………………………… 47
第一节　科学主义：从追求真理到走向科学 …………………… 49
第二节　分析哲学：逻辑作为认识的工具 ……………………… 57
第三节　现象学：哲学作为严格科学的理想 …………………… 66
第四节　存在主义：凸显人主体性的自由 ……………………… 73

### 第三章　哲学与科学的同一 …………………………………… 81
第一节　胡塞尔批判心理主义 …………………………………… 82
第二节　表述与含义的观念分析 ………………………………… 97
第三节　"普遍之物"的现象学澄清 …………………………… 106

第四节 一种柏拉图意义上形式化的演进 …………………… 116

# 下 编

## 第四章 德性和知识的分野 …………………………………… 133
第一节 形而上学的三次危机 ………………………………… 134
第二节 德性和知识的分野 …………………………………… 143
第三节 以人为镜和以自然为镜 ……………………………… 150
第四节 文化的重构与道德的重建 …………………………… 159

## 第五章 本体与科学的机遇 …………………………………… 167
第一节 先秦诸子宇宙论的发端 ……………………………… 169
第二节 魏晋玄学本体论的起源 ……………………………… 179
第三节 宋明理学认识论的机遇 ……………………………… 186
第四节 陆王心学伦理学的回归 ……………………………… 195

## 第六章 传统与现代的转换 …………………………………… 204
第一节 中国儒学的融合特质 ………………………………… 205
第二节 "旧邦新命"的时代命题 …………………………… 211
第三节 马克思主义中国化的两条主线 ……………………… 220
第四节 传统文化的现代构境 ………………………………… 227

**参考文献** …………………………………………………………… 237

**后　记** …………………………………………………………… 243

# 引　论

　　一个民族的哲学有怎样的核心范畴，就会有怎样的哲学，这哲学也就内化和塑造着该民族的思维方式及其民族智慧。

——李朝东

## 西方哲学在中国的当代语境

　　"哲学"这个名词最初起源于西方，传说最早发明这个词的是毕达哥拉斯，当古希腊城邦弗流斯举办奥运会的时候，他来到了弗流斯，国王雷翁恭敬地向他请教什么叫"技艺"，但毕达哥拉斯却打了一个比喻回答了什么叫"哲学"。他说在奥林匹克盛会上有三种人：参加赛会以夺取桂冠的；来做买卖的；单纯做一名看客的。第一种人为名而来，第二种人为利而来，只有第三种人既不为名，也不为利，他们利用自己的时间来思考自然，获取智慧，是爱智慧的人。① 所谓"爱智慧"，在西语中原词为Philosophy，"Philo"是爱，"sophy"是智慧，从毕达哥拉斯对雷翁的回答来看，Philosophy的本原意义与世俗无关，它是一种为求知而求知、为真理而真理的学问。在毕达哥拉斯之后，亚里士多德提出了研究哲学的三个条件：惊异、闲暇、自由。这三个条件阐释了毕达哥拉斯哲学语义的深刻含义，代表了西方哲学的基本走向。

---

① 李朝东：《西方哲学思想》，甘肃人民出版社，2000，第7页。

## 一 惊异:"存在"的起源与本体论的转向

毕达哥拉斯为什么在雷翁提出"技艺"问题的时候给出"哲学"概念的解答?亚里士多德怎样阐释了毕达哥拉斯的"哲学"概念?我们从亚里士多德对哲学的探索讲起,他说:"古往今来人们开始哲理探索,都应起源于对自然万物的惊异;他们先是惊异于各种迷惑的现象,逐渐积累一点一滴的解释,对一些较重大的问题,例如日月与星的运行以及宇宙之创生,作成说明。"①按照亚里士多德的这个说法,我们可以想见,Philosophy之最初意义乃是宇宙论。所谓宇宙论,是指人类自有自觉意识开始对天地万物等外界对象的一切看法,这些看法构成最早的知识。毕达哥拉斯对雷翁问题的回答在一种宇宙论的意义之上,此时,技艺、哲学和科学处于一种不可分的状态,也就是说,技艺,在毕达哥拉斯时代就是哲学。对技艺与哲学进行区分的是亚里士多德,他在西方历史上第一次对学科进行了分类,成为哲学真正从科学中独立出来的开始。按照亚里士多德的说法,我们可以将对世界的认识所得到的一切结论都视为知识,这种知识可以划分为四个部分:逻辑学、理论科学、实践科学和创制科学。其中在理论科学中,又可以划分为形而上学、数学和自然哲学,而研究形而上学的这门学问,其研究对象既独立存在又永不变动,在亚里士多德那里,这个对象在经验中不存在,只存在于超验之中,指的是存在本身。

亚里士多德对科学知识的分类反映了一种哲学由宇宙论意义向本体论意义的过渡,在这个过渡中,存在问题成为最思辨、最核心的问题。这个概念不是亚里士多德的首创,提出它的人是稍早的巴门尼德。在存在论的形成过程中,巴门尼德对 Being 的抽象至关重要。在西语结构中,系词将主语和宾语连接起来构成判断 s 是 p,主语和宾语都是无穷变化的,然而,这个从时态中抽象出来的系词 Being 不像主语和宾语一样随着所指对象的

---

① Aristotle, *Metaphysics*, Translated by Richard Hope, New York: Columbia University Press, 1952: 982$_{b10-30}$. 〔本书所引用 Aristotle 著作 *ta Meta ta phusika* 的内容,均根据《洛布古典丛书》希腊文本译出,译文参照了 W. D. Ross 主编的英译亚里士多德全集卷 8,1928 年牛津再版本。作者在引用时以商务印书馆(吴寿彭译,1959)为主,同时参照了中国人民大学出版社(苗力田译,2003)的汉语译本。文中所标页码为希腊原版中的页码,在英译本及汉译本中以边码形式出现。〕

变化而变化，因为它永恒存在又永不变动，不属于确定的时间空间，因而能够成为哲学研究的永恒对象：本体。一般来说，本体论就是关于 Sein/Being 这个范畴以及与之相关范畴的哲学学说。按照概念论的理解，在本体论的形成中，经历了一个由不定式向动名词、分词形式转化的过程，在这个过程中，将 to be 名词化为 Being 是其关键一步，to be 这种不定式的语法形式表示其他动词所揭示的东西，表示一个确定的意义关系，但随着 Being 这种动名词、分词等语法现象的出现，它只表示一个抽象的动词概念，西方语言的概念化、形式化和逻辑化就此形成。Being 的出现是形式化的一个重要标志，它不表示一个具体的确定对象而只表示一个抽象的逻辑概念，希腊哲学或者说形而上学就在这种高度逻辑化和形式化的成熟语言基础上产生了。在古希腊，巴门尼德之后的柏拉图和亚里士多德用系动词 eimi 的中性分词 on 或 onta 来概括所有的 estin、to eon 和 einai，将 on 用来表述存在，表述形而上学中先验的和超验的超越者，它和 Being 一样，作为独立的、普遍的、高度形式化了的"概念语词"成为形而上学的"惊异"对象，形而上学的本体论或存在论据此形成。

最初，当巴门尼德将智慧的对象锁定为"存在"的时候，他由一个自然哲学家走向了智者，他的哲学也发生了由宇宙论向本体论的转向。以自然哲学为代表的宇宙论研究的是事物的现象，而巴门尼德的存在论要追寻事物的本原。罗素指出："追求一种永恒的东西乃是引入哲学研究的最根深蒂固的本能之一。"[①] 如果说自然学派研究的目的也是寻求事物本原的话，那么他们所寻求的本原只能说是"时间上在先"，而巴门尼德所追求的本原是"逻辑上在先"。此后，这种"逻辑上在先"的存在论就成为西方哲学的核心。巴门尼德的存在论彻底否认了自然哲学家在感官基础上把一种有规定的事物作为本原的研究方法和结论，认为这是"意见之路"，这种"意见之路"主张"存在者不存在，不存在者必然存在""存在与不存在既同一又不同一"。相对而言，"存在者存在"的意思是，存在的东西可以通过系词 Being 去表达。如果事物只有具体的可感特征，它就是变化不定的、理智不能认识也不能表述的，就什么也"不是"（不存在），即"不存在者不存在"。如果可以表达，可以思想，可以意识，它就是"存

---

[①] 罗素：《西方哲学史》（上卷），何兆武、李约瑟译，商务印书馆，1963，第74页。

在"。在古希腊语言中，人们用重音的不同来区分系词"是"和哲学名词"存在"：estin 的重音标在 i 上，就表示系词"是"；重音标在 e 上，就表示"存在"。

海德格尔在回顾西方哲学史的时候说，哲学起源于希腊人对"一切存在者存在于存在之中"的惊讶。自巴门尼德以后，"存在"成为哲学的主题，"是什么"成为哲学的追问方式，关于"存在是什么"的追问和思考构成了西方哲学史。存在问题的提出实现了西方哲学由宇宙论向本体论的跨越，也成为近代认识论、现代概念论的基础。而在中国哲学中没有系词，汉语的语言系统在进行判断的时候是借助标点和语境进行的。系动词的缺乏使汉语的语言系统缺乏 s 是 p 这样一种表达形式，在进行语言判断的时候总是与实事相关而无法构成形式化。因此，它无法像西方哲学那样，沿着"哲学为科学奠基"的道路向前走：思维理性产生理论理性，理论理性催生技术理性，技术理性又催生了资本理性，从而达到一种"作为严格科学的哲学"。西方哲学以抽象的数字、符号系统进行表示，在形式化（数学和逻辑学是其突出代表）的基础之上，能够不断地形成积累，到近代发展成为一个庞大的科学技术系统；而中国人的学问，它自产生之日起，就始终停留在宇宙论的阶段，直至魏晋玄学，才提出以"无"为本和以"有"为本。魏晋玄学为宋明理学奠定了基础，在宋明理学中，朱熹和王阳明分别抽象出"理"和"心"作为本体，建立了"理"本论和"心"本论。但这样一种本体论，不是"存在论"意义上的本体论，只能是停留于"修身养性""修齐治平"意义上的宇宙本体论。同样起源于宇宙论的中国哲学和西方哲学，自本体论是否从宇宙论中相分离开始，走出了完全不同的两条道路。

二　闲暇：形式化的纯粹向度与世俗化的道德品性

惊异是哲学的起源，而闲暇则是我们面向哲学应该具有的一种纯粹向度。传说亚里士多德提出哲学研究必须要有闲暇是基于一个历史事实：希波战争以后，希腊掠夺了大量的财富，这让一部分人在生命的最重要阶段能够从劳动中解放出来从事文化艺术，他们整日无所事事，游荡街头，讨论一些一与多、大与小、多与少、有与无、静与动等抽象问题，这些问题与生活实用无关，但构成哲学问题，成为古希腊哲学问题的发端。

如此一来，古希腊哲学的发端似乎类似于中国哲学的"仓廪实而知礼节"，人们只有吃饱了、穿暖了才有可能发展文化艺术。但我们惊奇地看到，古希腊哲人研究的哲学问题大多与实际生活无关，"他们探索哲理只是为了想脱出愚蠢，显然，他们为求知而求知，并无任何实用的目的"①。他们"不为任何其他利益而找寻智慧；只因人本自由，为自己的生存而生存，不为别人的生存而生存，所以……认取哲学为唯一的自由学术而深加探索，这正是为学术自身而成立的唯一学术"②。

亚里士多德说，"一切生成的东西都要走向本原和目的"③，"全部本原的共同之点就是存在或生成或认识由之开始之点。它们既可以内在于事物也可以外在于事物"④，而闲暇作为一种"别无其他目的而全然出自于自身兴趣的活动"，是因其自身而非别的成为人追求的生命之本真状态和存在方式，因而"闲暇（skholee）是全部人生的唯一本原"⑤。哲学起源于惊异，但它却是在闲暇之境发生的，它由闲暇提供了一个自由的保障之地。skholee 是一个希腊文，它的另外一层含义为"度过闲暇的地方"，这个词拉丁化后即为 schola，英语词汇中的 school 即由此而来，因此，这个自由的保障之地即为 school。School，它另有一最本原意义为"聚集街头进行讨论以完成知识的传播"，我们想象在古希腊的街头，那些讨论"一与多、大与小、多与少、有与无、静与动等抽象问题"的古希腊人，他们才是学校的真正起源。所以亚里士多德说："在那些人们有了闲暇的地方，那些既不提供快乐，也不以满足必需为目的的科学才首先被发现。由此，在埃

---

① Aristotle, *Metaphysics*, Translated by Richard Hope, New York: Columbia University Press, 1952: 982$_{b10-30}$.
② Aristotle, *Metaphysic*, Translated by Richard Hope, New York: Columbia University Press, 1952: 982$_{b10-30}$.
③ Aristotle, *Metaphysic*, Translated by Richard Hope, New York: Columbia University Press, 1952: 1050$_{a10}$.
④ Aristotle, *Metaphysic*, Translated by Richard Hope, New York: Columbia University Press, 1952: 1013$_{a19-21}$.
⑤ 《亚里士多德选集：政治学卷》，颜一、秦华典译，颜一注，中国人民大学出版社，1999，1337$_{b32}$。

及地区，数学技术首先形成。"①

亚里士多德列举"数学技术之所以在埃及形成"的例证似乎预示，只有出世的人才更有可能思考出科学知识，因为他们有足够的闲暇在一种思想臆造出来的抽象空间内进行思辨，在他看来，所谓闲暇，更多的是指一种追求理性的沉思，他说："作为思辨的理智的现实活动看起来正是以闲暇来区分的……有着本己的快乐……以及属人的自足……和孜孜不倦。"②从亚里士多德的先智者（如泰勒斯和赫拉克利特）开始，闲暇实际上已经是沉思，是追求一种理性的生活，这种生活高于任何活动，使人接受神性而趋于迷狂。这无论是在自然哲学家那里还是在拯救现象运动那里，无论是存在论者还是智者学派，无论是追寻不变的一、可变的多，还是追寻可变的一、不变的多，都是这样，他们的思考指向都无一例外趋于理性，而理性之花却开出了西方哲学的形式化之果。形式化仍需追溯到 Being，自 Being 产生，本体论从宇宙论分离，概念代替了个体存在，完全未确定和不可感知的概念代替了完全确定的可感知的标记，西方哲学的思辨概念就具有了"对任何确切事物直接指称的绝对缺乏"③ 以及"感觉可知觉标记的像事物一样（thing—like）的确定性"④，这种思辨以一个确定对象的方式展示一种未定量的概念，并且因此展示那种既不指称任何事物，又不享有共同特征的标记，即形式（εἶδος）。而"当一个概念被形式化的时候，它是否指向特定的对象（或存在者），或者是否指向存在本身（或本质结构）"⑤，换句话说，一般和个别究竟何所指为真成为西方哲学几千年喋喋不休的话题。

与西方相反，中国哲学一开始便与世俗脱离不了干系，形式化与世俗

---

① Aristotle, *Metaphysics*, Translated by Richard Hope, New York: Columbia University Press, 1952: $981_{b21-26}$.
② Aristotle, *Nicomachean Ethics*, in Richard McKeon ed., *The Basic Works of Aristotle*, New York: Random House Inc, 2001: $1177_{b19-22}$.
③ 伯特·霍普金斯：《雅克·克莱恩的哲学成就》，朱光亚、黄蕾译，《武汉科技大学学报》（社会科学版）2014年第2期，第131页。
④ 伯特·霍普金斯：《雅克·克莱恩的哲学成就》，朱光亚、黄蕾译，《武汉科技大学学报》（社会科学版）2014年第2期，第131页。
⑤ 伯特·霍普金斯：《雅克·克莱恩的哲学成就》，朱光亚、黄蕾译，《武汉科技大学学报》（社会科学版）2014年第2期，第131页。

化，大概是西方哲学与中国哲学处理人生存于世的关系中的两极。孔子也很"闲暇"，他是贵族出身，不用参加体力劳动。他一生周游列国，无非是想兜售自己的学说从而获得一官半职去推行自己的理想。孔子开了中国知识分子与官场结合的先河。儒家学说作为中国知识分子的主体学说，几千年来始终以取得世俗政权为目标。这导致了一个深远的后果：中国的伦理道德与强权直接相关。一方面，知识分子为政权做论证，"君权神授""公羊三世""忠孝节义"；另一方面，知识分子利用政权推行自己的学说，"罢黜百家，独尊儒术""道之大原出于天，天不变，道亦不变"。中国的知识分子拼命为自己的伦理思想寻找一个合法性的源泉，一旦此目的实现不了，就会很自然地挥舞起强权的大棒。但自秦始皇"焚书坑儒"，"百家争鸣"的美好时代便一去不返，学术的大棒与政权相比已经成为学者自身的意淫而非现实。知识分子只有屈从于政权才能获得一定程度的"闲暇"，这就注定了存在了两千多年的两面性存于知识分子性格中：一方面为真理和自由而生存，另一方面又"为五斗米折腰"。他们虽很巧妙地将这两个对立面统一起来，即"家国天下"合为一体、"修齐治平"融于一身，伦理道德不再是追求真理而得到的结论但异化为屈从现实而发出的声音，换言之，道德不再是论证的结果而成为论证的前提。

## 三 自由：生命之真、伦理之善与品格之美

闲暇的本质指向自由，所谓自由，无非是指一种脱离束缚的状态。亚里士多德说："诸知识中唯有哲学是自由的"[①]，哲学之所以自由，与闲暇密切相关。在毕达哥拉斯的比喻中，参加奥林匹克赛会的人，前面两种人都是 andrapodoodees，这个词由两个词根 andrapodon 和 eidos 组成，前者指奴隶，后者指形式，因此 andrapodoodees 是指具有奴隶本性的人，他们追名逐利，而第三种人却摆脱了名利，所以是自由的。然而，哲学的自由源自在我们的知识领域之外还存在一个不受认识形式限制的因而是无限自由的领域，所以无限宽广自由的领地事实上时时面临认识形式的威胁，在康德的三大批判中，我们确知这一认识形式可以用三个语词来表达：真、

---

① Aristotle, *Metaphysics*, Translated by Richard Hope, New York: Columbia University Press, 1952: 982$_{b27}$.

善、美。

自由首先是一种生命的真姿态。生命之真犹如柳絮随风起舞，实指人无拘无束、率性而为的一种状态。在中国哲学史诸形态中，唯有魏晋玄学显得自由。魏晋时期，儒家与政权形成的良好合作关系因门阀士族的冲击而破裂，玄学兴起，这种源自道家的学说因追求"玄之又玄"而"贵无""崇有"，正契合了知识分子远离政权之后追求生命之真的精神状态。他们追逐自由其实是对正统儒家思想的否弃："弃经典而尚老庄，蔑礼法而崇放达"：刘伶放浪形骸，醉死酒乡，让他的童仆提着锄头随时准备埋葬他；阮籍独善其身，畅然物外，经常驱车任意游走至路穷之处放声大哭；向秀灌园自给，怡情山野，每每与好友寄形寄情于山水之间；阮咸纵情越礼，放浪自适，甚至与群猪围瓮共饮，他们呈现了一种生命的真姿态。

"真"是生命自由的首要意义。追求真是知识分子的天性，然而，何谓真？亚里士多德认为哲学是关于真的知识，而且他认为"每一事物之真与各事物之实是必相符合"[①]。换言之，真在于去除我们认识事物的阻碍，达到事物的本来面貌，是谓"去蔽"（aleetheia）。aleetheia由两个词根组成，a－是否定前缀，leetheia由动词leethein而来，意为遮蔽，aleetheia即为"去除遮蔽"，追求真理的过程就是"去除遮蔽"的过程。然而，"西方人讲真理，中国人讲道理"[②]，真理之成为真理不在于"理"而在于"真"，哲学上我们无法保"真"，现实生活中只能寄托于"理"。真理是事物之所然，而道理是事物之应然。道理在一定程度上替代了真理，也就掩盖了人的沉沦。人随时随地都可能会说谎，用非本真语言代替本真语言。非本真即为沉沦，人沉沦于世，掩盖真我，趋向异化，放弃自由。所以知识分子追逐"真"的行为，却趋向于到达"假"的彼岸，这正是中国知识分子自身所具有的千年悖论。

自由的第二层含义是伦理之善的责任承担。如果说，自由之于真体现了一种反思和审视，那么自由之于善则体现了一种向往和满足。亚里士多

---

[①] Aristotle, *Metaphysics*, Translated by Richard Hope, New York: Columbia University Press, 1952: $993_{b10-30}$.

[②] 李朝东：《道理与真理：中西哲学的内在差异》，《西北师范大学学报》（社会科学版）2000年第5期，第75页。

德始终"在逻各斯和伦理之间，在知识的主体性和存在的实体性之间进行调解"[①]，使他的哲学由"真"达到了"善"，由"善"体现了"真"。存在的实体性体现"真"，知识的主体性体现"善"，只有在"善"中才能发现"真"，他说："好人同其他人最大的区别似乎在于，他能在每种事物中看到真。他仿佛就是事物的标准和尺度。"[②] 也只有"真"才能达到"善"，亚里士多德以后，人们认为上帝存在不言自明、绝对为真，而善则从上帝的全善全知全能开出，到达一种基督教集体伦理。

在西方，原罪与生俱来，是一种宗教罪，也是一种种族罪，有没有人承担这种罪责呢？耶稣承担了，"十"成为西方的文化符号，而在我们的文化中，没有原罪感，缺乏宗教罪，只有个体罪，人们只承担个体行为所带来的责任，"0"成为我们的文化符号。

自由的第三层含义是品味，品味是对美的鉴赏力。在哲学上，自由与品味密切相连，自由的人是有品位的，而不自由的人就没有品位。缺乏品味就是缺乏美感，而美感首先体现在感官的美，现实为美提供了一个衡量的标准，柏拉图说："美是由视觉和听觉产生的快感"[③]，然而，到了亚里士多德，他已经在感官的美之外发现了超感官的美。亚里士多德认为，快感虽然源自对现实的模仿，但更多地在于模仿的东西引起了人们的领悟、推断和人运用智力所做出的赞赏评价；人不仅能够模仿事物的简单形象，更能追寻事物背后"所应当的样子"，这使美实现了一种超越，向自由前进了一大步。

模仿不是美，至少不是真正的美，模仿的人没有出自内心的鉴赏力。当我们看到别人有一身漂亮的衣服、一块精致的手表、一款高雅的手机而想去拥有之时，我们已经受到别人美感的束缚。实际上，我们在模仿，而没有对美的发现性的创新。创新，在哲学上是指一种超越性的能力，它仍然源自不与世俗相关的形式化的品性。亚里士多德对美的升华使美实现了

---

[①] 伽达默尔：《论一门哲学伦理学的可能》，邓安庆译，《世界哲学》2007年第3期，第54~58页。

[②] Aristotle, *Nicomachean Ethics*, in Richard McKeon ed., *The Basic Works of Aristotle*, New York: Random House Inc, 2001: 1177$_{b19-22}$.

[③] 柏拉图：《大希庇阿斯篇》，载《柏拉图全集》（第四卷），王晓朝译，人民出版社，2003，298a~299b。

一种超越，而这种超越是由继承亚里士多德哲学的基督教哲学完成的，基督教的"光照说"为美赋予了一种源自上帝的背靠，从此，美跨过了感官的束缚，走向了超越之路，尤其是在文艺复兴以后，"美在自由"成为近代美学思想的标志，因此康德说："没有自由就没有美的艺术，甚至于可能没有恰当评判所需的个体鉴赏趣味。"①

如果说，真是自由的合规律性，善是自由的合目的性，那么美即为合规律性和合目的性的统一。真追求主客体的统一、善追求主体自身实现性和必然性的尺度、美追求在真和善的基础上具体的审美感，真善美共同构成自由。现代人追求自由，应该是追求生命之真、伦理之善与品格之美的理想人格，也只有达到了此理想人格，人才能真正达到自由。海德格尔说人是"向死而生"，但在"向死而生"的途中，自由则是人生存的首要意义，"生命诚可贵，爱情价更高。若为自由故，二者皆可抛"，正是对自由的追求，演变成为整个人类追求真理、追求美德、追求民主、追求科学的动力。

科学与道德不是对立的，科学的真实语义在于求"真"，而道德的真实语义在于求"善"，使"真"和"善"连接起来的是"美"，只有科学和道德实现了联合，人类才能达到自由。科学和道德确实属于不同的范畴，科学属于事实判断，道德属于价值判断，但事实判断和价值判断本就是结合在一起的，苏格拉底说："知识就是美德。"到了近代，经验论哲学家几乎众口一词肯定科学和道德的关系：培根明确肯定科学对于道德的积极作用，他将科学与善的关系比喻为印章和印文的关系，认为善良和德性源自真理，而社会的一切不和谐则源自谬误。霍布斯的机械论更是深入刻画了科学与道德的同一，他将人比作一架机器，心脏为弹簧，神经如螺丝，不仅人的生理活动可以遵循科学的物理学而测定，而且人类的思想感情、道德欲望也可以由机械力学的原理来计算。洛克也主张："道德的知识和数学知识一样，可以有实在的精确性。"② 但是，只有康德的论证才最终为科学和道德的同一关系问题赋予了生命力，在康德的哲学语境中，认识的世界被划分为事实世界和价值世界，事实世界是现象界，与科学直接

---

① 康德：《判断力批判》（上卷），商务印书馆，1985，第203~204页。
② 洛克：《人类理解论》，关文运译，商务印书馆，1959，第557页。

相关；价值世界是本体界，存在于现象之外。对现象世界的认识叫事实知识，他通过《纯粹理性批判》阐述了知识的来源以及知识在什么条件下可能实现的问题；对本体世界的认识叫先验知识，他通过《实践理性批判》阐述了道德行为的原则，以及道德原则为什么是先天的、先验的。对于康德而言，前者探讨了"真"，后者探讨了"善"，而将两者连接起来的是"美"，他通过《判断力批判》阐释了何者为美，如何达到美，以及美如何将真与善相连接。在康德的眼中，真与善的连接就达到了自由，而这种自由，在胡塞尔那里，是作为严格科学的哲学在科学和道德同一意义上的真正自由。

上 编

# 第一章　一般与个别的视域

> 共相是否独立存在，或者存在于理智之中？如果它们独立存在，它们究竟是有形的，还是无形的？如果它们是无形的，它们究竟与可感事物相分离，还是存在于可感事物之中？
>
> ——波菲利

一般与个别的关系问题是西方哲学最核心的问题，古希腊哲学一开始冲撞于"一"与"多"之间，对"本原"的寻找时而摇摆向"多"，时而摇摆向"一"。正是在"一"与"多"之间的摇摆使古希腊哲学从宇宙论中分离出了本体论，本体"Being"作为"共相"成为最终的"一"。

到了基督教，"Being"就是上帝，上帝是最高的"一"，基督教的信仰就是最高的真理。然而，基督教的信仰离开了理性缺乏说服力。比如，上帝代表着圣父、圣子、圣灵，如果说圣父、圣子、圣灵是"三位一体"，那么圣父、圣子、圣灵自身是什么？它们究竟是"多"还是"一"？如果是"多"，这与基督教只有最高的"一"相矛盾；如果是"一"，就会有上帝存在于三个位格的嫌疑，蕴含着三神论的危险。于是，他们开始引进哲学，试图以哲学的理性为基督教建立一个理论体系。

然而，基督教对亚里士多德一般与个别关系学说的引进犹如引进了"特洛伊木马"，引发了唯名论和唯实论的争论，最终导致了基督教哲学的崩溃，使西方哲学进入认识论阶段。唯名论发展到经验论，唯实论发展到唯理论。唯名论认为一般仅仅是名字而已，他们主张真实存在的是"多"，而唯理论认为"一"是独立存在的，它作为"天赋观念"，往往代表着真理。

到了休谟，他站在经验论的立场上摧毁了真理，使科学失去了根基，从而引发了康德的"哥白尼革命"。"哥白尼革命"是康德站在唯理论的立场上对经验论的调和，实际上，他再次恢复了"一"的荣耀，在形而上学的范围内使"真理符合论"走向"真理建构论"，理性获得了新生，"真理"获得了一种新的意义。到后来，无论是黑格尔的"绝对精神"还是马克思的"物质"，他们实际上都在康德的意义上主张最终的原始性的"一"。

## 第一节 古希腊哲学冲撞于"一"与"多"之间[①]

胡塞尔在谈到本质的时候说："我觉得有必要保持康德极为重要的观念（Idea）概念，使之不至于混同于一般的本质概念，无论是形式的还是质料的本质概念。因此我决定使用一个外来语，即在术语中尚未被使用的'Eidos'，以及一个德语词'Wesen'。"[②] 胡塞尔的意思是说，他的现象学的本质区别于古希腊哲学的本质，古希腊哲学的本质是"隐藏在直观现象背后的抽象概念，而现象学的本质则是直观呈现的纯粹意识可能性"[③]。胡塞尔在这里所界定的 Eidos，和西方哲学中所指的 idea 和 form 有一个共同的希腊词源 ιδεα，拉丁文转写为 idea，柏拉图使用的原文是 idea 和 eidos（多数时候是 idea）[④]，格鲁布（Grube）认为 ιδεα "最切近的翻译是'Form'或者'appearance'"[⑤]。从 ιδεα 到 idea 和 form 的使用非常混乱，胡塞尔无法在精确的意义上表述"本质"这个概念，因而代之以 Eidos。正因为如此，我们有理由相信，从古希腊的 idea（form）到胡塞尔的 Eidos，

---

[①] 本章节的部分内容由作者和王锡伟、张泽联合发表于辽宁大学学报（哲学社会科学版）2015年第4期，《寻找艾多斯（Eidos）：古希腊哲学的冲撞于"一""多"之间》，本书撰写时有改动。

[②] Husserl, E., 1931, *Idea: General Introduction to Pure Phenomelonogy*, George Allen & Unwin in Lt..

[③] 高秉江：《胡塞尔的 Eidos 与柏拉图的 idea》，《哲学研究》2004年第2期，第56页。

[④] 张志伟：《西方哲学十五讲》，北京大学出版社，2004，第75页。

[⑤] Grube, 1958, *Plato's Thought*, Boston, Beacon Press. p. 1.

是一个共同基于 ιδεα 的转换过程，这种转换无非是哲学视域的转换。①

如果说，古希腊哲学的视域被定位于自然而因此被称为自然哲学的话，那么，古希腊自然哲学的本原即为艾多斯，这个艾多斯经历了从可变的"一"到不变的"多"，又到不变的"一"，再到可变的"多"的过程，艾多斯体现了一种朴素的宇宙论表述形式。

一　从可变的"一"到不变的"多"：本原问题的提出及其初步解决

古希腊哲学的第一个学派是伊奥尼亚学派，这个学派包括西方第一个真正的哲学家泰列斯、他的学生阿那克西曼德，以及阿那克西曼德的学生阿那克西美尼，他们合称米利都学派，与独立哲学家赫拉克利特一起，主张事物的本原是可变的"一"。

我们当然要从泰列斯讲起，因为他不仅是公认的第一个哲学家，更重要的是他首先提出了世界的本原问题，这个问题贯穿西方哲学史，从某个角度来讲，后世的哲学无论以什么面目出现，都是对这个话题的基本阐释及其衍生。当然泰列斯的回答是肤浅的：水是世界的本原，水滋养万物，大地漂浮在水面之上。他将世界的本原归结为一种具体的物质形态，受到了广泛质疑，他的学生阿那克西曼德为了避免这种尴尬，干脆将本原确定为无形体之物，称为"无定"。"无定"指没有任何规定性，或者更确切地说，是调和各种规定性的中间状态，是各种事物与性质共生共处的状态。然而，这个共生共处的状态究竟是一个什么状态？他更多地让人感觉到的是一种不确定性，为了弥补这种不确定性，他的学生阿那克西美尼提出了

---

① 关于 idea 和 form 的翻译在国内异常混乱，为不至于在本书中引起歧义，在此做一引用界定。它们的希腊原文为 ιδεα，拉丁文转写为 idea，柏拉图使用的原文是 idea 和 eidos（多数时候是 idea），在英文中通常以大写的 Idea 和小写的 idea 来区别客观的"理念"与主观的"观念"（张志伟：《西方哲学十五讲》，北京大学出版社，2004，第75页）。格鲁布（Grube）认为 ιδεα "最切近的翻译是 'Form' 或者 'appearance'"（Grube, 1958, *Plato's Thought*, Boston, Beacon Press. p. 1），而高秉江则认为："柏拉图的 Form 是一种确定的、永恒的、超验的心观之相——对应于'理念'——英文大写（Form）时用来翻译柏拉图的'相'（idea，或'理念'），小写（form）时用来翻译亚里士多德的'形式'（Morphy，或'结构'）"（高秉江：《Form 和 information——论存在结构与语言结构》，《自然辩证法通讯》2009年第4期，第19~20页）。

气本原说，一方面，气保留了"无定"不定形和无限的特征；另一方面，气又具有特定的冷热性质，综合了水本原说和无定说的特征。

米利都学派的本原学说是一种宇宙论上的经验总结，而"逃离王位，遁入山林"的赫拉克利特则进行了一种基于宇宙论的理性思考。他说："世界……过去、现在、未来永远是永恒的活火，在一定分寸上燃烧，在一定分寸上熄灭。"[①] 火是世界外在的本原，燃烧和熄灭是永恒不变的法则，它决定着火活动的分寸，并且在所有事物之中保持自身的统一。外在的本原可生可灭、变动不居；而内在的本原永不变动、恒起作用，这个内在的本原是逻各斯，逻各斯与火是同一本原的两个方面。

米利都学派和赫拉克利特对世界本原的解释都归结到了"一"，这个"一"是可变的"一"。水、"无定"和气都体现了变动不居的特征，并且都是唯一。然而，将本原归结为"一"必须解决两个问题：其一，可见的感性原则如何能解释抽象的理性本原？其二，"一"中何以生出"多"来？为此，毕达哥拉斯学派应运而生，他们对第一个问题的回答是将数当作世界的灵魂。数是万物的本原，它是众多的、不变的，一切事物的性质都可被归结为数的规定性；对于第二个问题，毕达哥拉斯学派构建了一个数与万物之间的生成关系。他们认为，数字先于事物而存在，是构成事物的基本单元。1点2线3面4体，水火土气四元素以不同的方式相互结合与转化，从而产生出世间万物。

从可变的"一"到不变的"多"，体现了古希腊哲学对本原的追寻由变动趋向稳定，由具体趋向抽象，自然也代表了由经验趋向理性。代表稳定、抽象和理性的是毕达哥拉斯学派，然而，由于根号2的出现，毕达哥拉斯学派遭受了重大打击。传说毕达哥拉斯有个学生叫希帕索斯，他勤奋好学，善于观察分析和思考。一天，他研究了这样的问题："边长为1的正方形，其对角线的长是多少呢？"他无法解释，就把自己的研究结果告诉了老师，并请求给予解释。毕达哥拉斯思考了很久，都无法解释这种"怪"现象，他惊骇极了，因为如果不能解释，他的整个学派的理论体系将面临崩溃。于是，他下令封锁消息，要求所有毕达哥拉斯学派的成员严守秘密，并将希帕索斯捆绑手脚，投入浩瀚无边的大海之中。然而，科学

---

① 苗力田主编《古希腊哲学》，中国人民大学出版社，1995，第37~38页。

是无法被封锁的，谁为科学划定禁区，谁就变成科学的敌人，最终被科学所埋葬。当毕达哥拉斯学派以为毕达哥拉斯定理达到和谐之时，根号2的出现却给予其致命一击，不变的"多"崩溃了，对本原的解释又转向"一"，但这次是不变的"一"。

二　从不变的"一"到可变的"多"：本体论转向与拯救现象运动对自然哲学的终结

由不变的"多"转向不变的"一"还源自对灵魂的批评。毕达哥拉斯学派的灵魂观源自奥尔弗斯教义的灵魂转世说：一切生物都有共同的灵魂，灵魂是不朽的，可以从一个身体转移到另一个身体，重新过去的生活。为了不失去灵魂，或死后重新获得灵魂，人需要对自己的灵魂进行转化。这种灵魂观是"多"，与伊奥尼亚学派的"一"的灵魂观正好相反。毕达哥拉斯学派崩溃以后，对灵魂的主张又从"多"转向"一"。

如果说，泰利斯首先提出"什么是本原"的问题，突破了神话世界观的窠臼，那么克塞诺芬尼对神人同形同性论的批判则动摇了神话世界观的基础。克塞诺芬尼认为神都是人依据自己的形象想象出来的，动物也可以依据自己的形象想象神。他认为，如果有神的话，作为世界主宰的神是绝对的，神不会因人、因地、因时而异，它凌驾于不同人种的特殊性和相对性之上。这样的神才具有全人类承认的普遍性，是谓"理神"。克塞诺芬尼的神没有任何形体，是"全视、全知、全闻"的，实际上是唯一、不变的艾多斯本原。对他而言，神只是最高原则的代名词。

很明显，克塞诺芬尼的神已经超出了一个人格神的界限而代之以位格神。神不再是具体的可感形象而是一个抽象的理性思维。他的学生巴门尼德将"是者"作为此位格神的对象，将其称为"存在"，以逻辑论证的方式使哲学向理论化体系化方向发展。存在作为思想的对象是唯一的、连续的和不可分的；存在又是永恒的、不生不灭的和完满的。然而，此存在还并不能被理解为一个完全抽象的纯粹思维概念，因为巴门尼德认为存在是一个滚圆的球体，所以它是有形象的。

巴门尼德的存在论颠覆了西方人的日常思维，他认为Being才是真实的"存在"、唯一的"存在"，而个体则是这样那样的"存在"而非"存在"本身，从而引发了一场"拯救现象运动"。拯救现象运动初期表现是恩培多克勒的"四根说"和阿那克萨戈拉的"种子说"，到了德谟克利特的"原子论"达到顶峰。"原子论"是拯救现象运动对世界本原的最后一次回答，也代表了古希腊自然哲学对世界本原问题的最后一次回答。

恩培多克勒认为，火、土、气、水是组成万物的四根，万物因四根的组合而生成，因四根的分离而消失。四根本身并无组合分离的能力，它们组合分离的原因在于使根相互眷恋的爱和使根相互争斗的恨。四根和爱恨是世界的六本原，四根具有可感性质，爱恨致生灭变化。四根都是微粒，它们处于运动状态，可合可分，但在运动中不生不灭。众多的根组合在一起产生可感事物，可感事物分解为单独的根是事物的消亡。在此过程中，根保持个体存在和同样数目，不增不减，不扩不缩。

阿那克萨戈拉阐述了他的老师恩培多克勒关于四根都是微粒的思想，认为构成万物的这种细小微粒是种子，种子的性质与事物的可感性质相同，事物有多少种性质，构成它的种子就有多少类；数目众多的一类种子构成事物的一种性质或一个部分。种子数量上无限多；体积上非常小；种类上与可感性质相同，每一可感事物的各个不同部分都分别由与它同质的种子构成。应该说，阿那克萨戈拉的"种子说"为"原子论"的出现奠定了基础，从某种意义上说，原子无非是改了名字的种子。但原子论在构造世界的万物生成图式中更加高明，德谟克利特认为，一切事物的本原都是原子和虚空。原子是一种最后不可分的物质微粒，它的根本属性是绝对的充实性，即每个原子都毫无空隙。虚空是空洞的空间，也是原子运动的场所。原子和虚空不可见，但客观存在。德谟克利特把原子叫作存在，把虚空叫作非存在，所以非存在和存在同样实在。

之所以说拯救现象运动是"多"，那是因为它们用于构造世界图式的本原都不止一个；之所以说拯救现象运动是可变的，那是因为它们的本原都变动不居。恩培多克勒主张"流射说"的同类相知，而阿那克萨戈拉强调思想与感觉区别（实则是经验与理性区别）的异类相知，德谟克利特又认为原子自动，它们通过本身的运动相互结合和分离形成宇宙万物。拯救现象运动是自然哲学对世界图式构造的高峰，解决了古希腊哲学由感性向理性过渡以后现象的可能性问题。自拯救现象运动以后，希腊哲学不再关注本原，发生了哲学研究视域由自然向人事的转换。

### 三　哲学由自然向人事的转向：智者学派丧失了艾多斯对象

作为一个整体，自然哲学追寻世界的本原，无论他们的本原是有形的还是无形的，是"多"还是"一"，是存在于自然界还是存在于理智之中，都有本原存在这个前提，也都有本原可以被认识这个结论。但正是存在论的提出和拯救现象运动的泛滥，使自然哲学走向了它的反面——智者学派。智者学派试图将哲学从天上拉回人间，他们的一个基本特点是否认本原的存在，其最为极端的表现是相对主义，而相对主义则必然走向否认认识的可能性这条路。

普罗泰戈拉首先反对巴门尼德的存在论，他说："存在者存在的尺度，也是不存在者不存在的尺度"[①]，实际上他想表达的一种观点是：人是万物的尺度。既然人是万物的尺度，那么这种判断事物的标准就是相对的：如果我们把人理解为与世间万物相对立的人类，那么这句话就表达了人类中心主义；如果我们把人理解为与其他人相对立的人，那么这句话就表达了唯我主义。再者，将人看作万物的尺度，那么人究竟是按照自己的欲望，还是依据自己的认识衡量万物呢？如果是后者，人究竟是用感觉，还是用理智作为判断事物的标准呢？如果还是后者，我们如何避免"事物就是对我呈现的那个样子"呢？当然无法避免，因此普罗泰戈拉之后，高尔吉亚就显得更极端：无物存在；即使存在，也无法认识；即使可以认识，也无法表达。

从本原意义上说，智者学派根本上否认艾多斯的存在。这个状况一直到苏格拉底才有所改观。苏格拉底的"认识你自己"有早期自然哲学家和智者运动的背景。在他看来，哲学研究的对象不应该是自然而应该是人自己，即认识人自身中的善，人应该通过审视人自身心灵的途径研究自然，因为人的心灵内部包含一些与世界本原相符合的原则，要首先在心灵中寻找这些内在原则，然后依照这些原则规定外部世界。很明显，从普罗泰戈拉到高尔吉亚再到苏格拉底，哲学研究的对象发生了从自然到人事的转变。智者注重社会和人生问题，扭转了哲学研究的方向，但他们高扬个

---

[①] 《西方哲学原著选读》（上卷），商务印书馆，1982，第 54 页。

体，推崇感觉，导致了对普遍、理性和确定性的贬低与否定，走向了诡辩论和怀疑主义，因而不能认识自己，违背了哲学爱智慧和求知识的初衷。苏格拉底的"认识你自己"摒弃感觉、高扬理性，使哲学从求胜求智转向求真求善，以追求知识为人的本性，再次树起了理性主义的大旗，给予艾多斯以应有的地位。正是在"认识你自己"的前提之下，苏格拉底提出"德性即知识"，他所说的德性是指过好生活或做善事的艺术，是一切技艺中最高尚的技艺。他把德性等同于知识，一个人对他自己的认识，就是关于德性的知识。在此基础上，苏格拉底提出"知识即德性，无知即罪恶""无人有意作恶"的结论。

希腊哲学一开始就以"学以致知"为最高理想，当自然哲学陷入困境之后，哲学家被迫重新思考关于知识的问题。对于苏格拉底而言，认识的目的在于使事物的本质规定，即他理解的知识成为对事物之一般的、普遍的类本质的认识，也唯有这种知识，才是具有确定性、普遍性和必然性的认识。苏格拉底提出德性就是知识的目的是强调知行合一、真善一体，他的道德实践就是最好的注解[①]。他的哲学活动是在逻辑学的意义上澄清与道德有关的概念，具有深刻的本体论、认识论与方法论的意义，为西方哲学奠定了基本方向。可以说，苏格拉底的哲学观实现了西方哲学发展中一次划时代的重大转折，这个转折既继承了自然哲学，承认认识的可能性，又将哲学的视域由自然扩展到人事，可以说，这个转折是自然哲学与智者运动共同努力达到的一个高峰。

四　柏拉图的 idea：由关于事实偶然性的理论走向本质可能性理论的过渡

苏格拉底的方法将普遍的东西提高到首要地位，追求绝对的、永恒的共性，对他来讲是最高的德性——善。他将德性看作比个别的、特殊的东西更加真实的存在，这既重提自然哲学中艾多斯的超越性问题，又为理念

---

[①] 在这里指的是苏格拉底之死，他以自己的死成为西方历史上第一个为真理而殉道的哲学家。在就死之前，他可以按照惯例用钱赎回自己，或者将自己的老婆、孩子带到法庭上以妇孺之情打动法官，甚至可以在弟子的协助之下逃走，但苏格拉底没有这样做，他想用他的死去献身于他所执着的关于真理的信仰。

论的产生奠定了基础。因此，亚里士多德说："苏格拉底通过他的定义推进了理念论的产生。"① 但是，苏格拉底并未将普遍或定义从特殊事物中分离，使其分离的是其学生柏拉图。柏拉图的理念论是一种确定的、永恒的、超验的心观之相，在他那里，"idea 的世界……是超越了事实偶然性的纯粹本质世界"②。也就是说，柏拉图的 idea 在耳闻目睹的经验世界之上设定了一个永恒实在的超验世界。

柏拉图认为，我们感官所感知到的一切事物都像赫拉克利特所说的那样是变动不居的，因而都是不真实的，真正实在的东西应该像巴门尼德所主张的存在那样是不动不变的，这种真实的存在就是苏格拉底所讲的绝对的永恒不变的概念。他又认为，这种概念不仅仅存在于道德领域，也不仅仅是思想的范畴，它实际上是独立存在于事物和人心之外的实在。他将这种一般概念称为理念。所有的理念构成一个客观独立存在的世界，即理念世界，这是唯一真实的世界。柏拉图所讲的真实实在的根本标志是永恒不变，在他看来，个别事物有生有灭，都是现象，而理念永存不息，是隐藏在现象背后的本质。

但"在胡塞尔看来，世界可以划分为两种现象：一种是基于具体时空中事实性观察的偶然经验现象，另一种是基于纯粹意识可能性的本质现象"③。自然哲学对艾多斯的寻找除了巴门尼德之外，无论是伊奥尼亚学派还是赫拉克利特，无论是毕达哥拉斯还是拯救现象运动，当然都可以统一被划归于前者，而巴门尼德第一次使抽象的"存在"成为哲学的主题，却不可能将认识的对象引导向纯粹的意识，也很难说能被划归为后者。但是在柏拉图这里，理念论已经在很大程度上超越了事实性观察的偶然经验现象，那么理念是纯粹意识可能性的本质现象吗？

柏拉图的理念是通过纯粹灵魂的回忆获得的：天使在赴宴途中，拉车的马惊了，天使跌入人间折断了翅膀，知识的获得在于对既有知识的回忆而非对经验的总结。柏拉图关于知识可能性的理解源自他的老师苏格拉

---

① 苗力田主编《古希腊哲学》，中国人民大学出版社，1995，第 214~218 页。
② 高秉江：《Form 和 information——论存在结构与语言结构》，《自然辩证法通讯》2009 年第 4 期，第 57 页。
③ 高秉江：《Form 和 information——论存在结构与语言结构》，《自然辩证法通讯》2009 年第 4 期，第 56 页。

底：德性（即知识）并非由每一个人现实拥有，而是由神平均分配给每一个人。既非现实拥有，那么必须在理性的指导下，因激发潜能而拥有。在柏拉图这里，事实经验只是有助于我们回忆起纯粹的 idea 世界，但 idea 世界却绝对超越了这个事实性的经验世界。但是，柏拉图的事实世界却仅仅是可知 idea 世界的不完善摹本，理论世界与现实世界的两分使其失去了交互主体性，纯粹意识可能性的领域却要求一切都在意识的直观呈现之中，所以柏拉图的理念论只能是从事实性观察的偶然经验现象领域到纯粹意识可能性的本质现象领域的一个过渡。

这个过渡实际上是拯救现象运动的余波，挽救个体的存在在柏拉图这里表现为超越于现实之物的理念现实存在。根据分离学说，现实世界不必然是真实的，而超越于现实世界的理念世界则是必然真实的。现实可见世界分为两部分：一部分指我们周围的生物、自然物、人造物等实际的东西，另一部分则是这些东西的肖像，它们分别对应于认识的信念和想象。同样，可知世界也分为两部分，一部分是不直接隶属于善本身的理念，对应于此的是知性知识或理智知识；另一部分则是直接隶属于善本身的理念及善本身，对应于此的是理念知识，这两部分知识的对象都是理念。这样，柏拉图就将知识分为四个等级：最高部分是理性，其次是知性或理智，再次是信念，最后是想象。可见世界对应于事实性观察的偶然经验现象，理念世界中直接隶属于善本身的理念以及善自身成为对应于纯粹意识可能性的本质现象。而理念世界中不直接隶属于善本身的理念介于事实性观察的偶然经验现象和纯粹意识可能性的本质现象之间。

五 亚里士多德对艾多斯的解决：被理智所把握的共同之物

作为柏拉图最伟大的学生，亚里士多德以"吾爱吾师，吾更爱真理"表明了对老师的态度。如果说柏拉图的学说是在拯救现象运动基础之上，又超越了拯救现象运动而追求艾多斯的"多中之一"的话，那么在亚里士多德这里，我们看到的却是一个不再区分"一"和"多"的共同之物。对于亚里士多德来讲，他对柏拉图的继承在于柏拉图认为可感事物服从于无形本质的基本框架，这个框架顺承了智者学派以后古希腊哲学对艾多斯的呼声。但与柏拉图认为无形本质在可感事物之外不同，亚里士多德认为无形之物处于可感事物之中。对于他来讲，理念是可感事物的形式，"被理智（nous）所认识的艾多斯重点不在于'多中之一'，也没有和分享它们的事物相分离，而是一个共同之物"①。

海德格尔认为，柏拉图没有真正理解"种"的概念，而亚里士多德则理解了，柏拉图将"种"和艾多斯混为一谈，而亚里士多德则将"种"理解为指称存在中的一个实体，因此也指称实体自身，并且，这样一个实体一直作为其自身而存在。什么是实体呢？亚里士多德认为，实体最主要的特征或基本含义是：它是一切东西的主体或基质、基础，实体是客观独立存在的，它不依赖于任何其他东西而存在，形式就是最后的、最根本的实体，是现实的实体。

对于亚里士多德而言，形式不是高于质料的个体，它只是给质料以规定性，使质料成为某个个体。质料本身也不是某个个体，但它可以成为一切个体，只能说是潜在的个体，所以质料可以说是一种潜能。形式使质料确定而成为一个个体，使它转化为现实，质料和形式的关系，就是潜能和现实的关系。质料的形式化，或者说从质料到形式的过渡，便是从潜在的东西发展为现实的东西的过程。潜能变为现实，或者说潜能得到实现，也就是事物完成，才实现了自身的目的。他将这种目的的完成或达到称为"隐德来希"。亚里士多德所说的形式并不像柏拉图的理念那样只是一个与事物同名的东西，它具有实在的内容，更重要的是，他的形式也不像柏拉图的理念那样构成一个与具体事物相分离的世界，他强调质料与形式相结合，因而形式存在于个别事物之中，它是一种被理智所把握的"它的存在为众多个体所共有（metexein）"②的东西，因此，亚里士多德得出的结论是："灵魂通过变得与艾多斯'一模一样'而去理解它，或者更确切地说，理智（nous）变成诸艾多斯之单一艾多斯的潜力被'实现'了，并且，理智（nous），从字面意义上来看，变成了艾多斯作用于它的时候'正在起作用'的'一'。这种艾多斯与理智（nous）在知识论上的'统一'构成了亚里士多德所说的艾多斯存在模式所特有的'共同之物'。因此，亚里

---

① 伯特·霍普金斯：《对意向性存在论/本体论批判的方法论预设——柏拉图笔下的苏格拉底看艾多斯》，朱光亚译，《辽宁大学学报》（哲学社会科学版）2015年第4期，第64页。
② 伯特·霍普金斯：《对意向性存在论/本体论批判的方法论预设——柏拉图笔下的苏格拉底看艾多斯》，朱光亚译，《辽宁大学学报》（哲学社会科学版）2015年第4期，第64页。

士多德对艾多斯'统一'的理解原则上排除了统一和多样性的联系"①。

亚里士多德对艾多斯的认知使我们联想起了胡塞尔所说的交互主体。与柏拉图世界两分的认知不同，亚里士多德使分离的世界又合而为一。柏拉图的两分法使世界划分为可见世界与可知世界，可见世界与可知世界构成了从事实偶然性走向本质可能性的一种过渡，那么，从这个意义上来讲，亚里士多德在某种程度上达到了胡塞尔所说的理智把握了幻象（phantasmata），或者通过某种表象，"理智（nous）认识到了这种不可分割的可理解之物：诸艾多斯"的统一。

## 第二节 基督教哲学唯名论与唯实论的斗争

公元之初，当古希腊哲学像一位耄耋老人般步履蹒跚地走向自己的终点的时候，一个新的哲学形态已经出现在西方这块久受希腊理性文化精神浸润的土地上，并且显示出勃勃生机，这种新的哲学形态就是基督教哲学。基督教哲学指的是一种由信仰坚定的基督徒建构的、自觉以基督教的信仰为指导，但又以自然理性论证其原理的哲学形态。它自诞生以来就始终处于理性和信仰的矛盾之中，理性要求人们正确地认识自然（包括上帝），而信仰要求人们无条件地服从上帝，期望在信仰中得到上帝最后的救赎。

### 一 理性与信仰的矛盾

基督教最初只是一种单纯的信仰，为了寻求其理论依据，公元2~5世纪，基督教中的一些护教人物开始对基督教教义进行论证，使之发展成为系统的理论。这些护教人物由此成为解说基督教的权威，被称为教父，而其学说被称为教父哲学。教父哲学是基督教哲学的最早形态，一般说来，教父哲学脱胎于基督教单纯的信仰，所以不可避免地带有抬高信仰的倾向。对上帝的狂热信仰乃是教父哲学最基本的特征，教父德尔图良就说：

---

① 伯特·霍普金斯：《对意向性存在论/本体论批判的方法论预设——柏拉图笔下的苏格拉底看艾多斯》，朱光亚译，《辽宁大学学报》（哲学社会科学版）2015年第4期，第64页。

正因为荒谬,我才相信。在他看来,对上帝的信仰是不需要理性的,无论是否荒谬均不影响信仰的坚定性。

德尔图良将信仰置于理性之上的态度代表了早期教父哲学的一般倾向,不过,狂热的信仰没有理论体系的支持将无法维持,为了增强信仰的理论化和系统性,后来的教父哲学趋于理性,逐渐达致理性辩护主义。理性辩护主义的集大成者是奥古斯丁,他从信仰的确定性出发,引入理性,试图将信仰建构成一门知识,并为知识的确定性寻求根基。奥古斯丁致力于解决的问题是:人的知识为什么会有这样的确定性?确定的知识从何而来?他对这些问题的回答是,知识源自确定的真理,而上帝则是人类真理的唯一来源,甚至可以说,上帝就是真理自身。

之所以如此,是因为在奥古斯丁看来,真理的来源不能低于理性,也不能来自理性自身,只能外在于理性,高于理性。真理的来源不能低于理性是因为,如果真理低于理性,那么真理将被理性所判断,这与真理具有至高无上的权威相矛盾。真理不能来自理性之中是因为,理性不可能于自身中产生规则,理性自身是流变的,真理是固守自身的,真理的永恒不变与理性的变动不居不可能等同。那么,真理只能高于理性,也就是说,在人类的知识等级之上存在一个处于最高地位的真理,这一最高的、外在于人类知识的真理就是上帝。在奥古斯丁那里,上帝居于人类的知识等级(有形事物、外感觉、内感觉、理性,后者以前者为对象)之上,赋予人类理性以确定的规则,使人的心灵认识真理,他的这些思想被托马斯·阿奎那所继承。

托马斯·阿奎那与奥古斯丁的区别在于,奥古斯丁将哲学引入神学,将其看作神学的理性内容或论证方法,其实质是将神学当作真正的哲学,而在托马斯那里,他一方面明确区分二者是不同的科学,另一方面又坚持神学高于哲学的立场,杜绝用哲学批判神学的可能性。在他看来,区分科学的标准不在于客观对象,而在于研究方式。神学和哲学有着共同的研究对象,但哲学以理性认识它们,神学靠天启认识它们,两者因此是两门独立的科学。而科学和教理神学、自然神学之间的分歧仅仅在于:自然神学用理性发现并证明科学的前提,教理神学用天启发现并坚信同样的前提。判断一门科学的标准不在于它如何认识和证明演绎的前提,而在于是不是一个演绎体系。

托马斯关于哲学与神学的划分有其认识论上的依据，他说："由于感性是以单个的和个体的事物作为它的对象，理智则以共相（普遍的事物）作为自己的对象。因此，感性的认识先于理智的认识。"① 托马斯认为，人的认识能力包含着感觉和理智，人的感觉是灵魂与肉体的组合，它所感受到的是个别的物质对象，不能够认识真正的知识，而真正的知识要认识一般，这就需要理智。他说："思想并不摧毁自然，它只能成全自然"，在他看来，主动的理智并没有现存的观念可提供，它必须从感觉提供的印象中取得材料，才能形成概念，构成知识。他甚至还认为，即使对于上帝这个最高的对象、无限的存在，人的理智也能够实现一定程度上的认识从而形成知识。

## 二 唯名论与唯实论的斗争

托马斯对个别印象与普遍概念之间关系的考察摒弃了柏拉图的理念，但继承了亚里士多德对艾多斯的认知。然而，也正是托马斯将亚里士多德关于一般与个别的关系这匹"特洛伊木马"带进了基督教哲学，才最终导致基督教神学的解体。在托马斯看来，哲学可以按照自然赋予的理性探索真理，这就使哲学从神学中独立出来从而具有知识的意义，而讨论知识，则不可避免地要寻求在对同类事物的经验判断中获得普遍判断的形式，这就不得不集中于考察一般与个别的关系问题。对于基督教哲学而言，其讨论的焦点集中于一般（概念）或共相是否存在的问题，或者说，究竟一般（共相）是实在的，还是个别（殊相）是实在的？

围绕共相性质，早在古罗马，新柏拉图主义者波菲利曾经提出过三个问题：共相是否独立存在，或者存在于理智之中？如果它们独立存在，它们究竟是有形的还是无形的？如果它们是无形的，它们究竟与可感事物相分离还是存在于可感事物之中，并与之一致？② 中世纪基督教哲学正是围绕这三个方面形成了唯名论和实在论两大派别。

唯名论主张存在的事物都是个别的，心灵之外没有一般的对象，所谓共相，仅仅是名字而已；极端唯名论者罗色林甚至主张共相只是名词，如

---

① 《西方哲学原著选读》（上册），商务印书馆，1982，第271页。
② 《西方哲学原著选读》（上册），商务印书馆，1982，第227页。

果说它们是实在的，这种实在不过是声音而已；即便温和的唯名论者如阿伯拉尔也主张，共相是一般概念，是心灵对个别事物的个别性质加以抽象而得到的，概念只存在于心灵之中。

与唯名论者针锋相对，唯实论者主张共相不仅是心灵的一般概念，而且是这些概念的外部实在；极端实在论者安瑟尔谟和香浦的威廉继承柏拉图理念论的传统，主张一般概念所对应的外部实在是与个别事物相分离的更高级存在；温和唯实论者也主张：一般是一种实体形式，这是一种隐蔽的质，它既存在于个别事物之内，又存在于上帝和人的理性之中，这种实在是存在于个别事物中的一般本质。

唯名论与唯实论有几次交锋，第一次交锋始于极端唯名论者罗色林与唯实论者安瑟尔谟的较量。罗色林说，真正的实体都是个别事物，逻辑是关于词的精巧艺术，单个词都表示个别事物，殊相也表示单个事物，而共相仅仅表示一群单个事物，由此他主张，不存在三位一体的神（上帝）。安瑟尔谟反驳了罗色林，他认为，有形世界并不是个别事物的总和，个别事物需要经过普遍原则的组织方能联系在一起，这些普遍原则也是实在的。上帝就是普遍原则，他提出了上帝存在的本体论证明，并由此主张信仰高于理性，理性必须服从信仰。

罗色林与安瑟尔谟以后，罗色林的学生，温和唯名论者阿伯拉尔提出了概念论，区分了语言和意义，对共相性质的问题做了自己的解答。他认为，共相的特征是能同时、全部地分布在归属它的各个事物之中，如果一个共相是一个独立的普遍实在，它无论如何也不能同时、全部地分布在它所包括的众多个体之中。在波菲利问题之外，他又提出了第四个问题：种和属是否具有因命名而来的实在？或者说，如果事物消失了，共相是否有概念的意义？

阿伯拉尔的概念论论述了一般和个别的关系，他批判了实在论者认为一般先于个别而独立存在的观点。他认为，一个特殊的词能够表示唯一的东西，从这一点出发，个别是真实存在的，但一般的词却不是如此。他也肯定了一般的意义，认为一般不是空洞的名称或记号，而是有意义有内容的概念。他指出，虽然一切存在的都是个别，一般的词并不意味着一件事物，但不能由此断定一般是没有意义的空话。一般以两种方式存在，第一种表示一类客观对象中相似的性质，是从许多个别事物中抽象出来的概念，存在于人类理智之中；第二种是这种相似性在任何个别事物中都完全个别化了，它们与个别事物完全同一。他从观念形成的途径解决一般和个别的关系问题，提出一般是人的思维把许多个别的相似性抽象出来从而形成的概念，它们只存在于人的理智之中。后来，温和实在论者香浦的威廉回答了阿伯拉尔的问题，他说，共相是相似因素的集合，或者说，属是许多个体的相似因素的集合，种是许多属的相似因素的集合。

### 三 基督教哲学的崩溃与认识论的曙光

基督教神学引入亚里士多德哲学的目的是为上帝的存在做论证，然而，所有的哲学理论都自带辩证系统，它们的论证所达到的结果往往走向对原初目的的背离。因共相问题的争论，主张一般不真实存在，只有个别真实存在的唯名论给基督教以巨大的冲击，致使当时最坚定的基督教徒也不得不思考唯名论提出的问题。托马斯就企图调和唯名论和唯实论之间的矛盾，他认为真正的知识是关于一般概念的知识，哲学以一般为自己的对象，而一般有三种存在形式：最低级的存在方式作为事物的形式或本质存在于个别事物之中，在这种意义上，它们并不单独存在，因为自然界的事物就是形式和质料的结合。一般更高一级的存在方式是纯粹精神的存在物，它不需要同质料相结合而存在，存在于个别事物之外，独立存在于人的心灵之中，即一般的抽象概念。一般的最高存在方式是作为上帝创造世界的原型，内在于上帝之中。为论证最高的一般，他提出了上帝存在的五种证明。

托马斯的共相论遭到新唯名论创始人奥康的抨击，奥康将唯名论和感觉论结合起来，主张只有个别事物才是最终的存在，一般后于个别事物而存在，人类的一切知识也是从个别事物开始。他否认一般的客观性，认为事物当中没有一般，一般只是标志事物的记号，我们能够借助这些记号认识事物。对于基督教而言，奥康的危险不在于对一般的否认，而在于通过对一般的否认得出了对上帝的否认这个结论。奥康认为，上帝的理性之中没有任何事物的原型，上帝的理念不过是关于个别现存物的知识，无论何时何地都存在于个别事物之后。这使他受到基督教的迫害，被迫逃往比萨接受神圣罗马皇帝巴伐利亚的路德维希的保护，他对路德说："你用剑来保护我，我用笔来保护你。"

之所以奥康会得到世俗君主的支持，是因为唯名论者对一般的否认否定了天主教会无上的权威，表现出拥护各国君主的意思。对于启蒙之前的欧洲而言，上帝就是一般，而各国君主就是个别。唯名论的观点意味着被教会认作有普遍性的教条和教义是不真实的，只有个体是真实的，这意味着圣父、圣子、圣灵只能是三个实体，三位一体不存在；只有个别人的罪，原罪不存在，这也就意味着个别人的信仰可能比教会的信仰更可靠，人的救赎不一定通过教会，降低了教会的权威，并最终导致了人们形成这样一种观念：既然个别事物是真实的，那么我们的眼光也就要从彼岸世界转向现实世界。

唯名论与唯实论的这场斗争与古希腊罗马哲学家关于宇宙万物的本原、本体的理论密切相关。中世纪基督教哲学是靠对古希腊哲学的否定而兴起的，但这种否定又离不开古希腊哲学，在基督教哲学的顶峰时代，托马斯主义即是继承并确立了亚里士多德主义在教会神学中的地位而达到空前的繁荣。但是，这种胜利对于基督教哲学来说无异于饮鸩止渴，还在托马斯时代，罗吉尔·培根就以其卓越的实验科学思想预示了新时代的曙光。而在托马斯以后，奥康关于自明知识和证据知识的区分则直接开了经验论和唯理论对立的先河。

罗吉尔·培根的实验科学思想集中表现于他的四障碍说，出于学术改革计划的神学意义和宗教目的，他将人类认识的错误归结为四大障碍：靠不住的、不适当的权威的榜样；习俗的长期性；无知民众的意见；以虚夸的智慧掩饰无知。罗吉尔·培根所批判的东西显然是经院哲学的常见做法：从基督教经典著作和前辈那里引经据典作为真理的标准。在中世纪，这种做法已经成为习惯，然而可怕的是，人们沉溺于这种种谬误之中却不自知，还自以为掌握了真理，致使虚伪占据了统治地位，真理被赶下了台。

四障碍说其实体现了罗吉尔·培根对经院学术的尖锐批评，到后来他提出了消除障碍确定真理的具体方法：诉诸实验。在他看来，人们获得知识的方法有两种，一是推理，二是经验。对于前者而言，没有经验的证实就无法理解，并且往往会得出与事实相违背的结论，因此，必须诉诸经验，而最基本的经验方法则是实验。罗吉尔·培根认为实验科学是最有用、最重要的科学，首先是因为实验科学具有实证性，它能够证明科学的结论；其次是实验科学具有工具性，没有实验的帮助，其他科学就达不到目的；最后是实验科学具有实用性，实验不仅是其他科学的工具，而且是实现人为目的的工具。

如果说，罗吉尔·培根对科学的认识更多地还处于一种经验总结的层次，那么，奥康关于自明知识与证据知识的区分则将知识从经验总结的层次推进到了理性思维的层次。奥康指出，我们可以通过两条途径判断一个命题的真假，一是通过词项之间的关系；二是通过词项与事实之间的对应关系。奥康把对词项之间意义联系的认识叫作抽象认识，把对词项与事物之间有无联系的认识叫作直观认识。抽象认识组成自明知识，直观认识组成证据知识。

在奥康看来，无论自明知识或者证据知识，都是由抽象认识和直观认识各自组成的复合知识。自明知识的复合性在于，它是由抽象概念构成的推理、命题的主谓词以及三段式之间的必然联系，保证了推理的逻辑自明性；证据知识则是由直观证据组成的复合经验。奥康认为，直观知识表达的是偶然命题，以它为基础的证据知识是偶然知识；抽象知识表达的是必然命题，以抽象认识的必然命题为基础的自明知识是必然知识。既然只有自明知识或证据知识才算作知识，那么，一些无逻辑自明性又缺乏经验证据的命题和概念都必须从知识中剔除出去，"如无需要，切勿增加实质"。[1]而所谓必要，即逻辑自明或经验证据，没有二者中任何一条的支持，任何东西都不能算作知识。奥康的剃刀直指实在论所设立的普遍本质，他的思想成为打倒基督教哲学的有力武器。

## 第三节 认识论哲学经验论和唯理论的对立

当基督教信仰被理性打倒的时候，文艺复兴时期的哲学一反中世纪神学和经院哲学的正统观念，在某种程度上否定神地位的同时，重新恢复了

---

[1] 据罗素考证，奥康本人虽然以"如无必要，切勿增加实质"这句话而享有盛名，但其本人并没有说过这句话，他所说的一句类似的话是："能以较少者完成的事物若以较多者去做即是徒劳。"后人以讹传讹将这句话简化为："如无必要，切勿增加实质"。（〔英〕罗素：《西方哲学史》，何兆武、李约瑟译，商务印书馆，1997，第573页。）

自然与人在哲学中的地位。这种新的哲学一开始就与新兴自然科学紧密联系，哲学家们要求认识自然、控制自然，从而为人类自身谋福利，与此相关，认识论问题成为这个时期哲学的重要内容，从而发生了西方哲学的第二次转向：本体论向认识论的转向。① 在这次转向中，围绕认识的来源和基础、真理和标准、认识的方法论等问题，哲学家们展开了激烈地争论，形成了两大对立的派别：经验论和唯理论。在一定意义上，经验论是唯名论的继承，唯理论是唯实论的继承。经验论肯定感性经验的作用，这与肯定个别事物存在的唯名论是一致的；同样，当肯定上帝作为实体存在的唯实论理想破灭的时候，唯实论不得不以新的形式表现出来，即先验论。经验和先验，成为近代西方哲学关于一般和个别关系的新的表现形式。

## 一　经验论者通过对经验的考察确立知识

通常认为弗兰西斯·培根和约翰·洛克是经验论的开创者，在时间上，培根稍早于洛克。培根是重视经验的，他是实验科学和近代归纳法的创始人，在培根那里，唯有通过经验的考察才能获得知识。他的方法是对收集到的资料用理性的方法加以整理并进行分类。在培根的分类中，他首先确定要研究之物的一种性质，并搜集具有这一性质的若干例证，他称之为"肯定的例证"。这种列举许多具有同一性质的例证形成的表，他称之为"本质和存在表"，简单地说叫具有表。与具有表相反，培根认为我们同样可以收集一些反面的例证，他称之为"否定的例证"，由"否定的例证"构成的表，简单地说叫缺乏表。很显然，具有表和缺乏表是正相反对的，然而具有表与缺乏表又不是绝对的，因为同一性质在不同的状况下往往表现出程度上的差异，由这种程度上的差异构成的表，他称之为"程度表或比较表"。培根将这种对事物考察并分类的方法叫作"三表法"。

"三表法"能够引起我们浪漫的联想，因为中国古代墨家也提倡过一

---

① 西方哲学共发生了三次转向，第一次是由宇宙论向本体论的转向，大概发生在古希腊哲学时期，以巴门尼德分离出 Being 为标志，最终由柏拉图和亚里士多德完成了这个转向。第二次是本体论向认识论的转向，大概发生在近代启蒙理性时期，以洛克的经验论和笛卡尔的唯理论为标志，最终由休谟和康德完成了这个转向。第三次是认识论向语言论的转向，大概发生在现代哲学中，主要代表思潮是语言分析哲学和诠释学，这个转向迄今仍在进行中。

个"三表法"——"上本之于古者圣王之事……下原察百姓耳目之实……废以为刑政,观其中国家百姓人民之利"①。这两个"三表法"是不一样的,培根的"三表法"实际上就是从个别到一般的归纳,他所提倡的工作是对"三表"进行"拒绝和排斥",最后得出合乎规律的结论以形成知识。墨子的"三表法"是从一般到个别的演绎,他所提倡的工作是通过实践的方法去检验具体的功效,从而验证我们的认知。不过,二者相同的地方都是通过对经验的认知获得知识。

培根不仅考察了知识产生的过程,还对经院哲学对知识的阻碍进行了清除。他认为在经院哲学长期的统治之下,人们对外界事物的认识受到了蒙蔽,这种蒙蔽集中表现在人们在认识中不能辨别的四个假相:一是种族假相,主要指人性的缺陷。人们对事物的认识活动常常从主观出发,把个人的主观意志和个体情感强加于客观世界,致使事物的真相得到歪曲。二是洞穴假相,主要指个体的差异。每个人具有不同的人生经历,从而形成不同的认知模式,犹如生活在个体特有的洞穴之中,这样他就受洞穴狭窄天地的限制,不可能精确认识事物的本来面貌。三是市场假相,主要指语言的限制。人们是用文字来表情达意、交流思想的,但语词的含义是模糊的,语词表达的意思常常模棱两可,阐述的意义往往晦暗不明。人们选择不同的语词会表达出不同的含义,接受者对语词的不同认知也会阻碍人们的理解。四是剧场假相,主要指各种哲学体系及流行的理论造成的错误。现存的各种哲学体系和流行理论会使人们形成先入之见,致使人们盲目信仰权威和教条,因而思想受到束缚,认识停滞。从市场假相到剧场假相,培根的理论所指已经非常明确了,那就是基督教哲学对人们思想的禁锢。

尽管培根是经验论的创始人,然而在经验论上,被尊崇为西方哲学进入近代阶段的标志性人物是洛克。洛克接过唯名论和唯实论的问题,主张只有个体之物是现实存在的,一般之物仅仅存在于我们的意识之中,是我们思维的构成物。在他看来,凡属于人所称道的东西,即对人显现着的东西,都是为人的意识所显现而其本身也就是意识。人不能脱离意识而有思维的对象,反而是思维规定着对象"是什么"和"怎么样"。意识是存在

---

① 《墨子》,戴红贤译注,书海出版社,2001,第163页。

着的事实，它对人来说无所不包，如果这无所不包的意识是有规律的，那么，全部哲学的问题，都可以归结为人的意识原理问题。

洛克关于人的意识原理问题的首要对象是观念，他认为，按照观念的来源，观念可以被分为感觉和反省；按照观念自身的构造，观念可以被分为简单观念和复杂观念；按照主观和客观的关系，观念可以被分为第一性的质如广延、形相、数目、运动、静止和第二性的质如颜色、声音、气味、滋味等。洛克认为，心灵使用观念的材料建构知识，因此，知识存在于观念之间的关系之中，这种关系主要包括同异、关联、并存、存在四个方面，我们可以通过分析观念之间是否具有这四个方面的关系去获得知识，而且可以根据知觉的明白程度将知识分为三类：直觉知识、证明知识和感性知识。所谓直觉知识，是人的理智不借助别的观念为媒介，单凭直觉的方式，直接觉察到某两个观念之间存在一致或不一致的关系而获得的一种知识。这种知识是人类所有知识中最明白、最确定的知识，比如道德知识。与直觉知识相反，在获得证明知识时，人们不是直接觉察到两个观念之间是否存在一致或不一致的关系，而是借助别的观念为媒介，来发现它们之间是否存在一致或不一致的关系，比如用推理的方法获得的知识——数学。但证明知识是以直觉知识为基础的，它也同直觉知识一样具有必然性和确定性。而感觉知识是一种对外界特殊事物认知所形成的知识，这种知识不能超出感官当下所感知到的事物存在，因此不存在普遍性和必然性，因此是最不确定、最不可靠的知识。感性知识是关于外界事物的实在知识，在数学以外的，包括物理学和自然科学在内的知识都属于感性知识。

有理由相信，经验论者洛克关于知识来源的理论极大地影响了唯理论者斯宾诺莎，因为二者关于知识来源的理论如此相似。斯宾诺莎将知识分为感性知识、理智知识和直觉知识。在斯宾诺莎看来，感性知识分为两种：由传闻得来的知识和由"泛泛的经验"，即由自己的感官、想象得来的知识。理智知识是经由推理而来的间接知识，这种知识虽然也能达到必然性的程度，但由于它基于间接的方式，尚不是绝对可靠的知识。直觉知识是由理智直接把握事物的本质所得到的知识，它无须推理和证明，也无须其他知识作媒介，因此是绝对可靠、最具必然性的知识。这种知识被称为真观念，认识的主要任务就在于把握真观念，以达到伦理上的至善目标。洛克与斯宾诺莎理论上的近似实际上反映了经验论和唯理论对某些特定的问题,如"天赋观念"的看法虽然存在诸多分歧,但最终却渐趋一致。

## 二 经验论和唯理论围绕天赋观念的争论

斯宾诺莎的真观念概念不是自己发明的,而是来自笛卡尔。相应于经验论的洛克,在唯理论上,笛卡尔是西方哲学进入近代阶段的标志性人物,他的哲学从"我在怀疑"开始,认为周围世界、我们对于身体活动的感觉,甚至脚、手的存在,以及数学观念和宗教观念都是可疑的,从而怀疑一切。但是,虽然一切都值得怀疑,"我在怀疑"却是毋庸置疑的,否则的话,怀疑就无法进行。由"我在怀疑"出发,可以确知"我"作为怀疑主体的存在,因而"我思故我在"。

笛卡尔确定了一个存在的标准,即我们极清楚、极明白地想到的东西都是真的,都是真观念。[①] 在笛卡尔那里,观念被分为三类:天赋的、外来的和虚构的。虚构的观念是思想自己制造出来的,外来的和天赋的观念是思想以外的原因造成的。天赋观念由上帝赋予,因为上帝真实,所以天赋观念是真实的;可感事物造成的外来观念有的真实,有的不真实;思想自己造成的虚构观念是不真实的。笛卡尔认为天赋观念是真理的来源,它有三个标志:来自上帝、明白清楚、与实在相符合,上帝和关于广延的观念正有此三个特征。广延的观念是上帝在我们心中造成的,如关于外物的数目、形象以及运动的观念。他把"我思故我在"作为哲学的第一原则,把心理实体作为最先确定的认知对象,把天赋观念作为认识的基础,建构了一棵知识之树,形而上学是这棵树的树根,专门研究超感性的对象,物理学是这棵树的树干,专门研究自然界以及自然事物的运动规律,各门具体科学是这棵树的树枝。

斯宾诺莎继承了笛卡尔的唯理论,也继承了他的问题,他的任务在于消解笛卡尔二元对立的矛盾,用几何学方法构造一个严密的哲学体系。为了打破反思的观念的循环,斯宾诺莎提出方法论的反思开始于天赋观念。

---

[①] 《西方哲学原著选读》(上册),商务印书馆,1982,第 373 页。

天赋观念不需要用其他观念证明它的存在,相反,它是其他观念到达真理性的前提。而所谓真观念,则是对事物客观本质的真理性认识。

斯宾诺莎的真观念有三个特征:第一,真观念是简单明白的观念,要么本身就是简单观念,要么由简单观念构成;第二,真观念能够把握事物的本质和必然性,表示一事物怎样存在和产生,为什么存在或产生。第三,真观念是与其对象相符合、主客观统一的观念。真观念与其对象相符合并不意味着真观念与事物的本质之间存在反映和被反映的关系,因为思维和广延之间相互平行、互相独立,不能相互作用。所以,认识活动并不是从事物到观念的过程,而是从观念到观念的过程。事物的次序与观念的次序之间的同一性是真观念与它的对象相符合的客观保证。

斯宾诺莎还认为,真观念不仅是其他一切知识的源泉,而且是检验认识真理性的标准。判断一个观念是不是真理有内在、外在两个标准,内在标准指观念自身内部是否具有演绎关系而不涉及对象的标准。一个正确的观念必定能从已有的正确观念中演绎出来,能与整个已有的观念体系有机地结合在一起,又能与其他观念区别开来,这是观念的逻辑标准,也就是笛卡尔所说的观念的明晰性。外在标准就是一个正确的观念必定与它的对象相符合,这是观念真假的事实标准。但是,由于思维与广延之间不能相互作用,因而人们无法对客观事物进行反映,所以衡量它们是否相符合,不是看它是否与客观对象相符合,而要看它是否与真观念相符合。因而真观念是衡量观念真假的最终标准。

与斯宾诺莎将笛卡尔的天赋观念推向唯物方向相反,莱布尼茨将笛卡尔的天赋观念推向唯心方向,他将天赋观念叫作"单子",接近康德的先验形式。他发现仅仅用广延或量的观点看待物质有许多缺陷,需要重新召回经院哲学的"实体"概念,他的"单子"就是一个又一个的实体。莱布尼茨的"单子"是客观存在的、无限多的、非物质性的、能动的精神实体,是一切事物的灵魂和隐德来希(内在目的)。从单子的单纯性和内在原则出发,主张人的所有观念都是天赋的。

莱布尼茨的天赋观念论遭到了经验论者洛克的批评。洛克指出,天赋观念论者的主要论据是"普遍同意说",然而根本不存在人类普遍同意的天赋原则,天赋观念是一个没有必要的理论假设。因为上帝既然赋予人们获得知识的能力,就没有必要再赋予人们观念。天赋观念的假设不仅是不必要的，也是不可能的，它不仅在理论上错误，而且在实践中有害，使人们放弃理性和判断。洛克肯定经验是知识的唯一来源，将心灵比作一块白板，认为经验是观念的唯一来源，而经验分为感觉和反省，二者同时起作用。洛克的观点影响到了贝克莱和休谟。

　　针对洛克的批判，莱布尼茨不再强调天赋观念是普遍的原则，而是加强了对天赋观念"潜在性"的论证。他和经验论的分歧集中在三个方面。第一，潜在观念是否等于现实能力？莱布尼茨说，洛克也承认知识除了外部感觉这个来源之外，还有反省这一心灵固有的来源，可见洛克不否认心灵中有某种天赋观念的东西。莱布尼茨说，天赋观念不是现成的、清楚明白的观念，而是作为"倾向、禀赋、习性或自然的潜在能力天赋"存在于我们心中。第二，经验是不是知识的唯一基础？莱布尼茨肯定经验的作用，但坚决否认经验是知识的唯一基础。他敏锐地发现了以经验为基础的归纳法的局限性。第三，经验究竟是知识的源泉，还是知识的机缘？莱布尼茨认为经验只是提供了发现天赋观念所需的注意力。经验只是发现真理的机缘，而非真理的来源，作为真理来源的天赋观念，在被感知以前已经存在于心灵之中。争论到这里，莱布尼茨和洛克两人的分歧已经缩小，这是对立的观念通过争论而趋向一致的范例，① 这个范例是康德对唯理论和经验论进行调和的先声。

## 第四节　先天综合判断视域下的认识推进体系

　　当洛克就天赋观念与莱布尼茨渐渐达成了妥协之际，在经验论内部，深受洛克影响的贝克莱和休谟却渐渐走向了对洛克的背离。贝克莱认为，从洛克的经验论出发，"心外有物"将导致怀疑主义，与其说存在就是经验，不如说存在就是被感知。贝克莱的结论虽然足以惊世骇俗，但休谟对洛克的背离比贝克莱更彻底，他认为观念关系不是靠观念自身联系在一起的必然关系，而是在经验基础上形成的或然关系，但是，通过关系的比较而形成的知识没有一种能够解释因果关系。在休谟看来，所谓因果关系，

---

　　① 赵敦华：《西方哲学简史》，北京大学出版社，2001，第 244~246 页。

无非是两种现象恒常结合在一起在人们头脑中引起的习惯性联想而已。习惯是因果关系的基础,联想是因果关系的性质,二者实际上是一回事。休谟的怀疑论不仅使经验论的理想破灭,而且也使唯理论的理想陷入困境。他提出了关于综合命题和分析命题的区分,按照休谟的说法,从逻辑形式上看,分析命题的谓词包含在主词之中,主谓词之间有逻辑蕴含关系,所以是必然命题,与经验无关,被称为先天命题。而综合命题的谓词与主词之间无逻辑蕴含关系,两者是偶然联系在一起的,是偶然命题,它的真假取决于经验,因而是后天命题。① 休谟的这种区分直接导致康德的先天综合判断。

## 一 康德的哥白尼革命:先天综合判断

康德说:"正是休谟的提示在多年以前首先打破了我的独断主义迷梦,并且在我对思辨哲学的研究上给我指出了一个完全不同的方向。"② 但是,对康德来说,沃尔弗的独断论哲学对人认识能力的可能界限未详加探讨就断定理性认识的确证性而否认了感性认识,从而是一种独断论;休谟的怀疑论对人认识能力的界限未详加探讨而截然否定理性认识的确证性,并断定只有感性认识可靠,从而是一种怀疑论;康德既抛弃了独断论,又不完全同意休谟的主张,他的目的是对人的认识能力详加探讨,研究认识的起源、范围及其可能性。他认为只有搞清楚人的认识能力中感性、知性和理性的起源和界限,才能正确地认识世界。③

在康德看来,分析命题和综合命题只是逻辑形式上的区分,不涉及判断的性质和内容。所有的分析判断在内容上是先天的,在性质上是必然的,这固然不假,但并不能得出结论说,所有的综合判断在内容上是后天的,在性质上是偶然的。一些采取了综合命题逻辑形式的判断在内容上也可以是先天的,也可以具有必然真理的性质。他认为在分析命题和综合命题之外,还有一类更重要的命题,这类命题就是先天综合判断。④

---

① 赵敦华:《西方哲学简史》,北京大学出版社,2001,第302页。
② 康德:《未来形而上学导论》,庞景仁译,商务印书馆,1982,第9页。引用时参照德文原版有改动。
③ 王岩:《康德人生哲学研究》,《道德与文明》2000年第4期,第46页。
④ 赵敦华:《西方哲学简史》,北京大学出版社,2001,第303页。

康德关于先天综合判断的学说是对唯理论和经验论的调和，实际上更是对一般和个别关系的调和。在康德看来，经验论只承认逻辑的和数学的命题是先天必然真理，他们把综合命题当作后天的偶然命题；唯理论把天赋观念作为知识的基础，天赋观念不仅表现为逻辑的和数学的命题，而且表现为某些关于事实的命题。康德不赞成把综合命题归于偶然命题的立场，因为这否认了经验知识具有的普遍必然性，动摇了经验科学的基础。他和唯理论者一样，认为某些关于经验事实的命题也属于先天的必然真理。他将先天综合判断分为三类：纯粹数学何以可能？纯粹自然科学何以可能？形而上学何以可能？最后一个问题又包含两个方面：一方面是，传统形而上学作为人类禀赋何以可能？另一方面是，未来形而上学作为科学何以可能？他解决第一类问题和第二类问题的答案是先验感性论和先验知性论，解决第三类问题第一部分和第二部分一个方面的答案是先验理性论，那么，还存在第三类问题第二部分的另一个方面，这是他关于实践理性的理论，即他的道德哲学。

康德的先天综合判断实现了哲学史上的哥白尼革命，他指出，形而上学因面临怀疑论的挑战而面临危机，造成危机的根源是：形而上学超越经验的企图是不合法的；经验论对形而上学的怀疑虽然有一定的道理，但不能克服形而上学独断论，因为独断论的原因是纯理性的；形而上学的性质决定了这门科学完全不受经验的教导，完全依靠单纯的概念，但是，理性概念没有找到一个普遍必然的原则和标准。

在康德那里，构成科学的知识必须有两个条件：一是具有普遍必然性，二是必须能够扩充人类的知识内容。唯理论只符合第一个条件，经验论只符合第二个条件，只有二者的结合才能构成科学的知识。[1] 那么，形而上学如何才能成为一门科学呢？他考察了数学和物理学，认为数学是要人们把先天设想出来的东西归于事物，并通过这个东西必然地推导出事物的特性；物理学中那种具有决定意义的实验，也都是按照理性设计做出的。它们有一个共同点，即把从客观到主观的思想路线转变为从主观到客观的。过去的观念是：科学的性质由它所研究的对象所决定，科学的原则、概念的普遍性和必然性是对象固有的客观性。康德要反其道而行之，

---

[1] 韩震：《西方哲学概论》，北京师范大学出版社，2006，第207页。

他的设想是：人的直观能力先于直观对象，并且决定了他能够直观到的内容。人的这种直观能力和概念，都是先于、独立于外在对象的，按照它们来认识对象即是康德所谓的"关于对象的先天知识"，"先天综合判断"正是康德用于表述这种知识的术语。

在康德那里，不是知识必须符合对象，而是对象必须符合主体的认识形式。这就意味着事物对我们来说划分成了两个方面：一方面是通过主体的认识形式所认识的事物，康德将其称为事物对我们的"表象"，另一方面是未经认识形式限制因而在认识之外的"物自体"。"物自体"刺激我们的感官会形成 d、e、f、a、c、g、h……感性杂多，人运用主体的先天认识形式将感性杂多排列为 a、b、c、d、e、f、g、h……就构成了直观形式。在这个过程中，主体先天的认识形式虽然构成了知识之普遍必然性的根据，但亦限制了我们对事物的认识：我们只能认识事物对我们的表现而不能认识事物本身。这样一来，不仅自然科学要求按照自然本来的面目认识自然的原则发生了动摇，而且形而上学企图超越自然的限制而把握宇宙自然之统一的本质和规律的理想注定也是不可能实现的。就是说，自然科学是可能的，而形而上学是不可能的。从这个角度看，哥白尼革命归根结底是对理性认识能力的限制。

由此可知，人的认识不仅不是完全被动地接受外部作用，反而为科学经验材料提供了普遍规则，这是知识成立的先决条件；同时，哥白尼革命又对人类的认识能力进行了限制，划定了它的界限，指出了知识的范围。前一方面是人为自然界立法，后一方面则是限定知识的范围，为信仰和道德自由留下空间。在康德那里，人为自然界立法并不涉及自在之物。自在之物处于人的知识之外，人们对它不可能有任何认识。因为自在之物是不可知的，所以我们所谓的事物的性质并不属于外在事物本身，而仅仅是外物作用于我们感官的时候产生的表象。事物的表象与自在之物本身完全不是一回事。

## 二 先验感性论

康德的知识大厦从感性开始，他将感性定义为：通过被对象作用的方式接受表象的能力。就是说，感性是一种接受能力。康德认为，感性不完全是消极的接受力，感性认识也不等于被给予的感觉材料；感性的积极作用在于提供一种认识形式，把被给予的（即通过物自体的刺激而产生的）感觉材料组织为有条理的、可被认识的经验。感觉是不可用言语表达的，因而是不可认知的，知觉是用判断表达出来的感性经验，知觉判断所对应的认识即是康德所说感性直观，而感性用以综合感觉材料的能动性就是直观形式。

康德将感性直观分为形式和质料两部分：感性直观的质料是被给予的感觉材料，它们是后天的，只有在外部事物的刺激下才能产生；感性直观的形式则是先天的，或者说先于感觉而存在，并不依赖感觉，相反，它们的作用是使感觉得以成为感性经验。在感性经验可能性的条件这个意义上，直观形式又是先验的。

感性直观的先验形式本身也是一种直观，一种先天的，但仍然是感性的直观，康德称之为感性纯直观，它分为两种：时间和空间。空间是我们关于外部事物位置关系的先决条件，而不是相反。我们可以想象没有事物存在的空间，但是不能想象没有空间的事物。空间关系不是概念之间的推理和概括的关系，而是整体与部分的关系。正因为对全体的直观与对它部分的直观在性质上是相同的，因此空间不像概念那样把不同的对象包含其中，具有特定的外延；对空间的直观融合了无限的对象，它可以无限延伸。

空间是几何研究的对象，空间纯直观的性质使几何学的先天综合判断成为可能；时间是代数研究的对象，时间纯直观的性质使代数的先天综合判断成为可能。就是说，时空纯形式使得数学所能反映的一切感性直观成为可能，它们因此是感性直观的"可能性的条件"，即直观的先验形式。数学对人类知识和经验所具有的意义，正是因为其以时空的纯形式统摄感觉材料。

康德的时空观与唯理论和经验论者都有所不同，莱布尼茨认为时空是单子的客观性质，牛顿认为时空是不依赖事物的绝对存在，他们的时空观是先验实在论的，也就是说，时空的实在不依赖经验的"物自体"，它是先于经验、独立于经验，可以说与经验无涉。贝克莱的时空观是经验唯心论的：时空没有客观实在性，它们只是从心灵产生的一种主观经验。康德汲取了先验实在论和经验唯心论，它的时空观是二者的综合，被称为先验唯心论或经验实在论。他的时间既有先验观念性，又具有经验实在性。康德一方面强调人类认识的形式是先验的、主观的，另一方面又坚持说主观形式只有在被用于感觉材料的情况下才是有效的，才能成为决定经验的先验条件；脱离了感性材料的纯形式不能成为人类知识的一部分，不能表达为先天综合判断，因而不是先验哲学的研究内容。

三 先验知性论

在感性知识的基础上，人们还有知性，知性的作用是对感性知识进行进一步的整理，它是把表象统一、综合到概念之下的规则的能力和思想的能力。与感性知识相比，知性知识具有更高的概括性，一个较大的概念往往能够统摄许多概念。与感性知识具有的直观性特点不同，由知性所产生的知识不是直观性的，而是论证性的。知性所处理的对象是感性知识，是对感性知识进行再整理，因此知性不与对象即感官所面对的现象发生直接的关系，只与对象有着间接的关系。知性用来统一的先验形式不是时空，而是概念或者范畴，这些范畴不是来自经验的，而是先验的，所以也叫作知性的纯粹概念。

既然知性知识是对感性知识的统一，那么，知性知识的最初起源就在感性知识中，即在表象中，换句话说，知性知识最终也是不能超出现象的。知性的一切活动都可以归结为判断，它运用概念的方式就是判断。从这个角度来讲，知性就是判断的能力。判断的实质就是把不同的表象统一在更高的一个表象内，把许多知识集合到一个知识中来，因此可以说知性是对象的表象。

感性的认识方式是直观，用来直观的形式是时间和空间；知性的认识方式是思维，用来思维的先验形式就是范畴或概念。所以知性不能对对象进行思维，只有以范畴为媒介，经验的对象才能够被思维。所谓知性的统一，实质上就是把感性知识统一、综合到这些范畴中去。知性运用范畴所进行的统一，只是意识的形式的统一性或人的意识的统一性，而不是事物本身的统一性。知性统一性或统一的能力来自先验统觉。范畴本身还不是知识，只是一种构成知识的思想方式。要构成知识还需要感性直观，需要经验。没有经验思想是空泛的，没有思想经验是盲目的，所以科学知识是这两个方面的结合。一方面，在这种结合中范畴处于主动性的地位，是能动的；另一方面，离开了经验，范畴本身是没有任何意义的。

康德探讨了构成知识对象，即把先天知性范畴与我们所直观到的对象结合起来的问题，这个实际上就是从感性认识到理性认识的过渡问题，而这个过渡的桥梁就是康德的图型。在康德看来，过渡的困难在于感性直观的对象与知性范畴不是同质的，直观没有联系作用，范畴又不能直观，在时间空间中不能看出事物的内在联系，而因果范畴又不能表现为感性直观。康德受"盘子"的启发，因为盘子包含的圆的概念既是经验的概念，又和几何学上的圆是同质的，这使他考虑找到一个第三者作为媒介，而这个第三者即为时间。一方面，时间感性的直观形式与直观能够符合；另一方面，时间又能够与范畴结合。康德认为，这种图型是借助想象力而达到的，图型就是给感性的表象提供一个想象的统一性。

四 先验理性论

与感性和知性相比，理性代表最高的认识能力，即最高的统一综合能力。从理性与知性比较的角度来说，理性是给予原理的能力，知性所提供的是规则，而理性所提供的是最高原理。理性的任务是把知性的知识进行再次统一，把这些知性规则统一在最高原理之下。所以，理性与认识对象的距离就更远了，因为中间隔着感性和知性两层。理性不涉及感性，只涉及概念与判断，即只涉及知性，而知性要直接同感性直观打交道。理性的统一性与经验没有任何关系，所以理性的知识既不能通过经验来证伪，也不能通过经验来证实。知性知识的综合总是受条件限制的，理性的统一则是无条件的，它的对象是无限和整体。理性的实质超出经验之外，是超验的；知性的命题是内在的，因为它没有超出经验，所以实质上没有超出人的心灵，而理性的对象是外在的，超出了人的内心世界，超出了自我意识。知性的概念是范畴，而理性的概念是理念。理念是最大的概念，涉及的是整体和无限，它的实质是把尽可能多的知识综合到尽可能少的原理中去。理性是关于全体、整体的统一，而知性则只是个别事物的统一。

理性的理念是理性思维的最高概念，即先验理念，它是通过推论得到的，先验理念共有三类：一是一切精神现象的最高最完整的统一体"灵魂"，它是思维主体无条件的绝对同一性，在逻辑推理形式上，指向一个自身不再是宾词的主词；二是一切物理现象的最高最完整的统一体"世界"，它是现象界的绝对统一性，在逻辑推理形式上，指向一个不再以任何事物为条件的前提；三是以上两者的统一"上帝"，它是思想与其对象的绝对统一性，在逻辑推理形式上，指向一个自身不再是部分的整体。康德对先验理念既批判又肯定，当理念被当作形而上学研究的客观对象时，康德批判之；当理念被理解为知识系统的导向原则和道德体系的公设时，他肯定之。

先验理念本身不是幻相，但它们却很自然地被当作幻相使用，就是说，人的理性具有把这些理念作为知识对象的自然禀性。理性的唯一目的是追求综合的绝对整体，这个整体是无条件的。由于理性在追求无限、整体时，所使用的仍然是知性的范畴，只能用知性范畴去规定理性领域，而知性的范畴只适用于经验范围即有限的范围，而不适用于整体，理性对于知性的范畴做了超验的使用。知性范畴只适用于现象界，而不适用于自在之物，可是理性却使用这些只能用于现象界的范畴于自在之物。这样，用有限的东西、有条件的东西去把握无限的东西，就必然会出现矛盾，就会不可避免地出现理性的幻相，而传统形而上学的错误在于以先验幻相为认识对象。

## 五　自由是纯粹理性之外实践理性的领域

康德通过感性、知性和理性建立了一个庞大的知识体系，然而这个体系越庞大，就越会显现出我们的无知。对于康德来说，表象就是现象，表象是自在之物作用于感官时呈现在心灵中的东西。即使在知性认识阶段，人们所达到的认识也只是对表象的加工和整理，因而本质上没有超出表象，仍然在现象的领域。知性对世界的统一只是对现象界的统一，而非对自在之物的统一。现象不是独立的存在，一方面它依赖自在之物，现象由自在之物所提供；另一方面它又依赖认识主体。这样自在之物就具有双重作用，一方面限制人类的知识，另一方面又为人的意志自由和道德行为确立根据。因此，在康德那里，知识不能给人带来自由，因为知识属于现象和经验领域，是有限的。人如果永远处于经验的领域，便不可能是自由的。反之，自在之物不受因果规律的支配，因而是自由的。灵魂作为自在之物，同样是自由的。这样，自在之物的消极限制完全可转化为积极的后果。虽然认识形式的限制体现了认识能力的有限性，但也表明了在我们的认识领域之外还存在一个不受认识形式限制因而可能是无限自由的领域。这个无限自由的领域，正是知识的推进领域。当康德限定知识的范围而为信仰保留地盘的时候，对理性认识能力的限制就为理性的另一种能力即实践能力开辟了广阔的天地，因而可以说，实践理性或者道德意志乃是以自由为依据的。

# 第二章　科学与民主的起源

　　西方文化一产生就冲突于"一""多"之间，对"一"的追求演变为追求真理，达致科学，对"多"的追求演变为追求民主，达致自由。真理与科学、自由与民主，是西方哲学发展的必然结果。

　　古希腊哲学宇宙论向本体论的转向确立了西方哲学的基本问题是一般与个别的关系问题，一般代表着普遍必然性，个别代表着特殊偶然性，本体论的争论集中于：世界的本原到底是一般必然性，还是特殊偶然性。在本体论向认识论的再次转向以后，认识论中一般与个别的意义也得到了转换，一般常常指向"天赋观念"，被认为是先验的；而个别常常指感官现象，被认为是经验的。

　　西方哲学中对"一"的追寻一直具有发现"真理"的意义，宇宙论中的"本原"即是最早意义上的真理，而在本体论中，真理就是本体。到了基督教哲学，本体就是上帝，当然上帝就代表着不容怀疑的真理。启蒙理性的曙光催生了认识论，其理论根源仍然在基督教哲学唯名论和唯实论的斗争中，认识论中的唯理论坚持"天赋观念"，而"天赋观念"就是真理。到后来，对"真理"的研究催生了科学。当然，这并不是说唯理论对"天赋观念"的研究催生了科学，而是在唯理论和经验论的反复辩难中，作为一种对"确定性"的寻找与放弃，立论与解释包含了科学精神、孕育了科学因素，才催生出诸如解析几何、微积分、时空、运动、静止等纯粹属于自然科学的理论。

　　相对于"一"，"多"向来就蕴含"自由"的意义，在本体论中，本原既然指向了"多"，那么就必然会产生"同"与"异"的关系，"同"

代表着真理意义上的整齐划一，而"异"则天然具有多元性的意义，多元性自然走向了"自由"。这在基督教哲学中表现得最为明显，当上帝代表着最根本性的"一"，那么作为上帝对立面的欧洲各国君主，他们占据了"多"的意义，代表着摆脱上帝的束缚，从基督教枷锁中解脱出来的努力。所以，代表"多"的唯名论者奥康就能对路德维希说："你用剑来保护我，我用笔来保护你。"在认识论哲学中，"多"的主体指向人，试图通过契约的方式来调和"一"和"多"的关系，契约论的精神影响深远。到后来，存在主义者海德格尔凸显出人的主体性以后，萨特沿着他的思路，提出"存在先于本质"，得出了"人是自由的"这个结论，而民主则是自由的外在形式。

然而，在语言论的意义上我们知道，一般和个别的区分只有在关系中才有意义，"白雪一点也不白，红布一点也不红"，我们从来无法表述具体的一般和个别，所以在某种意义上一般就是个别，而个别就是一般。一般与个别的交织导致真理与自由的交织、科学与民主的交织，使真理往往代表着自由，也使科学往往代表着民主，这是近现代西方哲学中科学主义与人本主义之争所蕴含的隐秘主题。

近代西方哲学向现代西方哲学的转向是从休谟和康德开始的，休谟继承了经验论，经验论原是唯物主义的，经过贝克莱转化为主观主义，然而在休谟以前，无论是唯物主义还是主观主义都是可知论，休谟使经验主义变成了不可知论，引发了认识论的危机，科学主义就是现代西方哲学对认识论危机问题的最新回答。与科学主义相平行的是人本主义，人本主义继承了近代西方哲学中的唯理论，唯理论在笛卡尔、斯宾诺莎和莱布尼那里是理性主义。康德站在唯理论的立场上对经验论和唯理论进行了调和，通过提出先验范畴和先验统觉，使人的主体性得到了极大的提升，致使客观理性主义转向主观理性主义。主观理性主义在费希特以后，又转向主观的非理性主义，人本主义就是这种非理性主义的继承和发展。[①] 有必要指出的是，无论对于经验论而言的科学主义还是对于唯理论而言的人本主义，后者对前者的继承和发展并不是传承而是批判反思。

---

① 夏基松：《现代西方哲学教程新编》，高等教育出版社，1998，第1页。

## 第一节 科学主义：从追求真理到走向科学

科学主义在现代西方哲学中的最早源头是实证主义，实证主义坚持实证原则，拒斥形而上学，将知识局限于经验范围，将自然科学方法推广应用于一切领域，将人文社会科学自然科学化。

### 一 作为科学主义源头的实证主义

实证主义最早的代表人物是孔德。孔德认为，一切科学知识必须建立在经验事实的基础之上，而经验事实则来自观察和实验。科学所讨论的东西只能是在观察和实验的基础上得来的经验现象范围内的事情，"否则，认识没有可能，知识失去了依据，讨论没有意义"[①]。孔德同意亚里士多德等古代哲学家将哲学看作关于人类各种概念的一般体系的观点，但在他看来，这种体系只能是实证体系而非思辨体系。由实证体系而来的实证哲学向人们提供实在、有用和具有确定性的科学，这种科学具有人类智慧的最高属性；而过去的神学和思辨形而上学所研究的东西往往是绝对的、终极的，这种抽象本质却无法得到证明，所以无论是研究对象还是研究方法都必须被摒弃。

由于孔德的"实证主义"是科学的哲学，因而他并不完全否认科学研究规律。但是，在孔德看来，规律不是客观的，它只存在于人的主观经验之中，是属于经验现象的东西，这样的规律只能是感觉中的某种先后关系和相似关系。在他看来，科学的任务就在于寻求经验中的这种不变的先后关系和相似关系，而不是寻求经验之外的物质的关系，因此这种规律只能是归纳规律。归纳是孔德实证主义的基础，他由此出发建立了实证体系。

依据其实证体系，孔德对人类的认识思想史进行了梳理，将思想的发展分为神学阶段、形而上学阶段和实证阶段。[②] 在神学阶段，人们自由幻想，企图探索万物的内在本性，寻找现象的根源。由于人类认识的局限

---

[①] 夏基松：《现代西方哲学教程新编》，高等教育出版社，1998，第14页。
[②] 孔德：《实证主义哲学教程》，转引自洪谦《西方现代资产阶级哲学论著选辑》，商务印书馆，1993，第31页。

性，人们不可能认识到事物的本质，不得不求助于超自然的力量，并对这种超自然的力量进行虚构，所以神学阶段又叫虚构阶段。在形而上学阶段，人们以超自然的抽象概念代替超自然的神秘力量去推断事物的本质。在这个阶段，人们认识的基础是抽象概念，知识的推断从抽象概念中来，所以形而上学阶段可以叫作抽象阶段。在孔德看来，抽象阶段是神学阶段的提升，而人类的认识将发展到最高的阶段，这个阶段就是实证阶段。在这个阶段，人们认识到了由抽象概念得来的知识的错误和局限性，便借助推理和观察去发现现象之间不变的先后关系和相似关系，对这些关系的归纳总结就形成了正确知识。由于这个阶段的知识建立在实证的基础之上，具有科学性，因此实证阶段又可以叫作科学阶段。[1]

在孔德看来，由神学阶段经形而上学阶段到科学阶段的发展，既是整个人类思想发展的规律，也是个人思想发展的规律，而且人类智力、人类社会以及各门科学知识的发展都体现了这个规律。他将各门科学知识分为数学、天文学、物理学、化学、生物学、社会学六个类别，并认为在这些类别中，排在最前面的科学首先出现并得到发展，所以也最先摆脱神学和形而上学阶段进入实证阶段。相应的，排在最后面的科学，比如社会学出现的就晚，进入实证阶段的时间自然也晚。因此，孔德给自己确立了一个任务：建立实证的社会学，并要在包括社会学在内的实证科学的基础上建立实证哲学。

## 二 对实证主义的批判及其发展

在马赫主义者看来，虽然孔德等人认为哲学以现象范围为界，认为现象之后世界的本质、实在是不可认识的，但他们并未完全否定这种本质、实在的存在，这是孔德实证主义的形而上学残余。与其相反，马赫主义者根本否定在现象、经验之外还有本质、实在的存在，他们把整个世界的存在归结为感觉经验，重弹贝克莱"物是感觉的复合"的老调，用"要素"代替"感觉"，提出"物是要素的复合"。马赫声称，要素既不是物理（客观）的，也不是心理（主观）的，而是"中性"的[2]，他所说的要素，

---

[1] 张志伟：《西方哲学史》，中国人民大学出版社，2002，第733~734页。
[2] 夏基松：《现代西方哲学教程新编》，高等教育出版社，1998，第37页。

是指色、香、味等主观的感觉要素。这样，马赫主义不但否认了本质的存在，也否认了物质的存在。

在哲学的任务上，孔德认为哲学的主要任务是将各门具体科学联系起来，建立一个综合的哲学体系，这个体系描绘出无所不包的世界图景，发现不变的自然规律，即现象世界的一般规律。但在马赫主义者看来，既然世界是由感觉经验构成的，那么在经验的世界中只有或然性、相对性而没有必然性，必然性只是人们在科学实验和生活中的一种有用假设。没有必然性，当然也不存在所谓的规律，他们同意休谟的看法，认为规律无非是心理的联想，承认因果联系就会导致"物自体"。至于认识的本质，他们不寻求孔德所追求的不变的自然规律，而只为了实践的目的描绘记号、符号以及它们之间的关系，哲学的根本任务就是确定调节这种关系的原则，他们使用数学上的函数关系 $Y=F(X)$ 来代替，这叫作函数关系论。

函数关系论体现了一种新型的思维规律，既然世界是由具有某种函数关系的感觉要素构成的，那么科学知识就绝不是客观实在及其规律的反映，而只是对感觉要素的一种"方便的描述"，也就是一种"思维经济"。从思维经济原则出发，马赫认为一切科学理论都只是"作业假设"，而对于"作业假设"来说没有绝对的正确与错误之分，只有方便与不方便之分，这使他在科学观和真理观方面都陷入了相对主义。①

与马赫主义者一样，逻辑实证主义也摒弃孔德实证主义的形而上学残余，不过，马赫主义者摒弃的是经验背后隐藏的本质存在，而逻辑实证主义摒弃的是康德先天综合判断的命题。

康德的先天综合判断源自接受休谟分析命题和综合命题的区分，逻辑实证主义者卡尔纳普认为，与休谟的两类命题相对应，有两类性质完全不同的真理：综合真理和分析真理。综合真理就是被经验事实证实的真理；分析真理则是符合逻辑句法的真理，前者是或然真理，后者是必然真理，因为分析真理只表述逻辑关系而不表述经验事实，而逻辑规则的必然性是真理必然性的根据。那么，逻辑规则的必然性从何而来呢？卡尔纳普认为是人们约定而成的，它一旦为社会所约定，就具有普遍的约束力，人们就必须采取"容忍"的态度严格遵守它，他称这种约定主义原则为"容忍

---

① 夏基松：《现代西方哲学教程新编》，高等教育出版社，1998，第42页。

原则"。

基于此，逻辑实证主义批判了先天真理，从而否定了康德先天综合判断的命题。他们认为，先天综合判断完全是一个过时的概念，因为先天综合判断既不能通过词语，也不能通过经验的验证来理解其意义，但是，完全否定康德的先天综合判断必然会造成一些困难，因为有许多涉及自然科学基础的命题毫无疑问是无法用经验检验的。于是，逻辑实证主义者石里克对经验证实的范围做了宽泛的解释，他用"可证实性"代替"证实性"，就是说，检验综合命题的意义标准不在于是否已被证实，而在于是否有被证实的可能性。被经验证实的可能性不是"非此即彼"的可能性，而是"或多或少"的或然性。这样，经验证实便成为一个归纳过程，可证实性可被归结为归纳推理的或然性。

### 三　证伪原则与精致证伪主义

在过去，逻辑实证主义曾经对归纳法提出过质疑，然而，他们后来恪守实证的基本原则，引入了"可证实性"这个概念，致使归纳主义的确证性苟延残喘，最终并未解决真理的确证性问题。批判理性主义就是要彻底解决这个问题，他们敏锐地看到，过去重复既不能保证未来必然重复，也不能保证今后或然重复；从数学观点来看，无论过去的重复数有多大，它只是一个有限数，而未来是无限的，有限数与无限数之比，所得概率为零。所以他们断定，归纳法只能告诉人们过去而不能告诉人们未来，所以归纳知识具有必然性和或然性的见解只能是无知。因此波普尔主张，归纳法不是科学的方法，人们应该将它拒于形而上学之外，而真正科学有效的方法应该是证伪主义。

在波普尔看来，一切知识命题，凡能被经验证伪的，才是科学的，而任何在逻辑上不能被经验证伪的绝对正确的理论或命题都是非科学的命题。任何科学理论或命题，不可能被经验证实，而只能被经验证伪。因为任何科学理论都具有普遍有效性，因而任何科学陈述都必然是普遍陈述或全称陈述，但是经验所观察的仅是具体事物，经验所证实的只是个别陈述或单称陈述，而个别不能通过归纳法上升为一般，因而经验也不能通过证实个别而证实一般，它只能通过证伪个别命题而证伪科学的普遍性理论。

波普尔没有停留在凭借理解对观察进行解释，而是要探究在观察背后所隐含的东西，他提出理解先于观察，暗合了康德哥白尼革命所达到的先天综合判断。逻辑实证主义者将康德的先天综合判断当作形而上学命题大加挞伐，但波普尔却重提形而上学的意义。他认为，任何科学家都必须有一定的本体论观点，即"形而上学"观点作为方法论的指导才能进行观察，理解先于观察，科学开始于问题，而理论只是对自然界的一种普遍性猜测，猜测总是从问题开始，什么是问题呢？他认为问题就是矛盾或不一致，人们解决问题的过程实际上是灵感的闪现，这种灵感是一种非理性的、非逻辑的东西。

由于理论仅是大胆的猜测，因而总是不正确的，总有一天要被经验证伪，而为新的猜测所代替，因而它是一种暂时的假设，具有可证伪性。但是每一个理论可证伪性的程度，即可证伪度是不一样的，有的理论容易被证伪，可证伪度就高，有的理论不容易被证伪，可证伪度就低。那么如何判断可证伪度呢？他认为：理论表述的内容普遍性和精确度越高，它的可证伪度就越高。一个理论的可证伪度越高，它的经验内容的丰富性程度就越高，它就越比其他经验内容不丰富的理论进步。但理论的可证伪度高只表明它进步的潜在性高，至于是否真正进步，还要看它能否经受得住经验的检验。只有经受了经验的检验，得到了经验的确证，它才是一个真正进步的理论，而科学的发展过程就是各种理论相互竞争、进步的理论不断战胜和取代落后理论的进程。

然而，波普尔的证伪原则遭到了拉卡托斯的反对，拉卡托斯主张，经验不但不能证实理论，也不能证伪理论，因为经验具有主观性，不同的人对于同一事实可以有不同的观察结果。理论的正确性必须具有条件性，任何理论只有在一定条件下才是正确的。他认为，只有当一个理论被确证其内容已经超越了其前者或竞争者，带来了发现的新事实，具有超越以前理论的经验内容，并能够做出旧理论所无法做出的解释，才能说旧的理论被证伪了。为此，拉卡托斯把如何评价理论的问题转换成了如何评价理论系列的问题，这样，能够被说成是科学的或非科学的东西，就只能是理论系列，而不是一种孤立的理论，这种证伪主义预示了奎因整体主义的先声。

### 四　奎因形而上学的整体主义

和波普尔一样，奎因重提本体论问题，他认为科学家不可能没有任何本体论观点，任何科学理论必然要做出一定的本体论承诺，而采用何种本体论本质上是一个语言问题，他认为，正如采用什么样的科学理论体系属于选择什么样的语言系统一样，采用什么样的本体论同样也属于选择不同的语言问题。

从某种意义上来讲，奎因的本体论承诺继承了波普尔的证伪主义，因为证伪主义重提形而上学，提出了理解先于观察。正是在理解先于观察的意义上，奎因提出了新的理解，不再将理解的对象指向某一个命题或者理论而指向整体。奎因指出，既然概念体系总是相对于不同的参照系，我们对概念的确定和使用就处于不同的整体，就是说，概念出现的整体决定了概念的意义和指称。他认为，当某一命题或理论与经验事实发生冲突时，人们无法判定是该命题或理论错了，还是周围与它相联系的其他命题或理论错了，因为人们可以调整周围的命题或理论以保持它的真值。总之，他认为，任何一个孤立的命题或理论无法被经验证实或证伪，它们的真伪必须从科学的整体性和实用性上去考虑。

奎因的整体论思想破除了经验论的迷障，颠覆了实证主义在认识论上的认知，他根本上就反对经验主义关于逻辑真理（分析真理）与经验真理（综合真理）的绝对区分，以及作为还原论的经验证实。他认为，两种真理的区分是相对的，没有纯粹的分析真理，也没有纯粹的综合真理，分析真理必须以综合真理为基础，归根到底是综合真理。然而，综合真理并不是奎因的目的，它本身也遭到奎因的打击，奎因认为，综合真理的基础是经验证实，但这一原则随着自然科学的发展早为自然科学家否弃，因为现代自然科学的发展（如微观、宏观领域）已非经验所能证实。而且他还说，即便没有自然科学的发展，证伪主义也早已证明了经验的不可靠。

在破除了经验论以后，奎因提出以经验为中心将命题分为三个层次，按照他的看法，离经验最近的是关于感觉经验的命题和物理命题，然后是普遍的和关于自然规律的命题，最远的是逻辑命题和本体论命题。当科学理论与经验事实发生冲突的时候，首先需要做出调整的是离经验最近的命题，然后是关于自然规律的命题，最后才是作为科学体系核心的逻辑命题和本体论命题。所有这些命题构成了科学的整体，它们之间具有不同的逻辑关系，因而其中的某些命题发生了变化，必然会引起相关命题的变化。但由于逻辑命题和本体论命题离边界经验最远，经验上的变化通常不会直接影响到这些命题的变化，因此，这些命题是核心命题。这样，人们在选择这些命题时就具有很大的余地，不必考虑它们与经验的关系。

奎因的整体论让我们想起拉卡托斯，在拉卡托斯那里，科学研究纲领内容被分作三个部分：最外面的部分是"实验证据"，中间部分是"辅助假说"，这构成了"保护带"，最内的部分是"硬核"，这是区分不同科学研究纲领的关键部分。在这三个部分中，最重要的是"保护带"，因为它们起到保护"硬核"的作用。在科学研究中，要禁止对科学研究纲领的"硬核"提出挑战。因为只有这样，才能为一个科学研究纲领不断增加新的内容，而不是经常性地用一个纲领推翻另外一个纲领。[①] 在保护研究纲领的"硬核"不受彻底挑战的同时，还需对辅助假说的保护带进行具有建设性的修正和调整，通过改变和发展研究纲领中可变的成分而使纲领中不可反驳的"硬核"得到真正的保护。

## 五 科学革命开拓着新的认识领域

接过逻辑实用主义批判逻辑实证主义的使命，科学哲学的历史主义批判继承了批判理性主义研究科学发展动态模式的合理思想和奎因的整体主义，将它们与科学史的研究结合起来，否定有适用于一切科学理论的统一的方法论，他们的主要代表人物是库恩。

库恩思想的出发点是对科学发展历史的性质和特征进行重新解释，他提出要确立一种历史的发展观，这种发展观注重对一门科学发展的考察而非拘泥于研究历史上出现的某个或某些科学事实。据此，库恩阐述了自己的"科学革命论"：每一门科学的发展大体上都经历了从"常规科学"到"科学革命"再到"常规科学"这样一个过程，这个过程最为关键的是科学革命，而引发科学革命的因素常常有四个：第一，科学所探讨的问题发

---

① 韩震：《西方哲学概论》，北京师范大学出版社，2006，第207页。

生了转移；第二，科学家解决问题的标准发生了转变；第三，科学家的思维方式发生了转变；第四，科学研究的整体对象发生了改变；等等。这些因素的改变引发了新的科学争论，正是这些科学争论引发了科学革命。革命完成了，对于相关重要问题的科学争论也就结束了，而新的常规科学时期也就开始了。

所谓常规科学，在库恩看来，是指坚实建立在一种或者多种过去科学成就基础上的研究，这些科学成就为某个科学共同体公认为在一段时期是进一步实践的基础，成为当时一切科学的显著模式并为后来的发展提供了开放的空间，库恩将这种常规科学称为范式。库恩认为，范式这个概念与科学家集团或科学共同体密切相关，它是科学家集团或科学共同体共同具有的东西。范式从心理上说是科学家共同体共有的信念，从理论和方法上说是科学共同体共有的模型和框架。这种信念与框架规定了科学家集团或科学共同体共有的基本理论、基本观点和基本方法，为他们提供了共同的理论模型和解决问题的框架，从而形成了该科学共同的传统，并为该科学的共同发展规定了共同的方向。库恩认为，范式并不是科学家共同认识世界的结果，即它并不是认识论意义上的知识体系，而仅是科学家集团的共同信念，这种共同信念是科学家集团的成员们在一定时期由于接受共同的教育训练，以共同的基本理论、基本观点和基本方法取得的，从而成为解决一切疑难问题的钥匙。

然而，随着科学研究的不断发展，新的事实不断涌现，常规科学必然会面临无法解决的问题，原有的范式就会面临新的实验结果的挑战，库恩将此称为反常。在反常的情况下，科学家通常并不急于放弃自己原有的结论，而是想方设法调整自己的理论，进行扩展性的探索，这种探索直到调整范式理论使反常变成与预测相符为止。但是，由于这种调整使常规科学倾向于压制新事物的出现，所以，随着原有的范式越来越精确化和普遍化，必然导致这样的范式无法解释越来越多的新事物，最终出现科学的危机。[1] 危机是原有范式遭到破坏而新的范式尚未形成的转折过程，它是新理论出现的前提条件，解决危机的方法是使新的科学理论成为范式，从而解决旧范式不能解决的问题，扩大深化研究范围和背景条件，开拓新的认识领域。

---

[1] 韩震：《西方哲学概论》，北京师范大学出版社，2006，第207页。

## 第二节 分析哲学：逻辑作为认识的工具

西方哲学的传统认识对象有三大领域：上帝、物质世界和精神世界。在基督教哲学中，唯名论和唯实论的斗争诱发了启蒙运动，随着启蒙运动的洗礼，上帝已经退缩到宗教神学的一隅；而随着实证主义思潮对自然哲学思辨的驱逐，物质领域也已不再是西方哲学的认识对象。至于精神领域，用心理学代替哲学认识论的"心理主义"也侵入了这个领地。心理主义的首要目标是数学和逻辑，而这两个领域传统上被认为是纯粹思维的根本领地，如果连数学和逻辑也被证明依赖感觉经验，那么，我们再也找不到独立于感觉经验之外的纯粹思维领域了，换言之，我们再也无法找到作为知识之最终根源的先验真理了。也就是说，自心理主义成为哲学的基础之后，哲学亟须重新规划自己的话语体系，它的直接目标指向了逻辑。①

逻辑源自希腊语 logos，最初的意思是"词语"或者"言语"，意为引申出的道理。王力在《龙虫并雕斋文集·逻辑和语言》中说："逻辑是关于思维的形式和规律的科学。"② 在现代哲学中，逻辑原子主义、逻辑实证主义和批判理性主义都推崇逻辑，它们具有哲学逻辑化的明显特征，因此被称为逻辑主义。逻辑主义的基本方法是逻辑分析，因此又被称为分析哲学。分析哲学推崇分析的方法，他们都关心如何把复合的东西分解为它们的组成部分。

### 一 摩尔悖论提出的两个问题

在新旧哲学话语体系转换之际，摩尔是一个重要人物，他受新黑格尔主义的影响，试图把布拉德雷的思想、康德的观点和"绝对实在论"观点结合起来，恢复柏拉图关于共相（理念）的先验实在论梦想。然而在摩尔那里，由于哲学对象转换的原因，他的共相比柏拉图的共相有了新发展。在摩尔看来，共相组成了命题、物质对象以及其他复合对象，这些对象和

---

① 赵敦华：《现代西方哲学新编》，北京大学出版社，2001，第55~56页。
② 王力：《龙虫并雕斋文集》，中华书局，1982，第178页。

命题被称作"经验的共相和命题"。摩尔区分了我们确定知道的命题和对这些命题所做的"正确分析",认为分析这些命题的方法取决于对简单命题形式的分析。他的分析伴随着两个原则:第一,断言分配原则:断言一个合取式蕴含着断言每个合取项;第二,断言相信原则:断言一个命题蕴含着断言者相信该命题。他由这两个原则出发提出了摩尔悖论,它是这样一种哲学语句:外面在下雨,但我不相信外面在下雨。这句话的奇特之处在于,它可以为真,却无法一致地由"我"来断定。这个悖论蕴含着"我不相信我正在说的这句话是真的"这样一种意义。因为我们很容易想象这样一种场景:外面正在下雨,但是我们不相信这一点。悖论包含着一种特殊的无意义。摩尔本人对摩尔句的悖谬性是如此解释的,根据断言分配原则,我断言"外面在下雨,但我不相信外面在下雨"就蕴含着两个断言:第一个断言是"外面在下雨",第二个断言是"我不相信外面在下雨"。同理,"我相信且我不相信我相信"蕴含两个断言:第一个是我断言了"我相信";第二个是我断言了"我不相信我相信"。再由断言相信原则,第一个断言"我相信"和第二个断言"我不相信我相信"两者之间就会发生矛盾。我们从"外面在下雨,但我不相信外面在下雨"中还可以想象这样一个场景是存在的,但是我们从"我相信且我不相信我相信"就无法想象这样一个场景。

摩尔显然没有考虑逻辑中的一级命题和二级命题以及它们之间的关系,反而在语词的意义上,他将逻辑判断正确与否的根源诉诸心理主义的用语"我相信",展现出摩尔的哲学建基于泛滥已久的心理主义。摩尔悖论的问题实质在于,在信念世界中是否可以有矛盾存在?这是一个古老的话题。亚里士多德把人定义为有理性的动物,因此从理论上讲,正常人应具有理性,其信念世界不应存在矛盾。但正如摩尔悖论表明的,相信摩尔语句所表达的命题就相当于相信了矛盾,也就是说在我们的信念世界中有了矛盾。由此,摩尔悖论的哲学意涵就在于,它提出了认知主体是否可以拥有矛盾信念的问题,并引出了一系列相关悖论,给后世的分析哲学家带来了极大影响。

## 二 弗雷格的数理逻辑与罗素悖论

解决摩尔悖论实际上需要解决两个问题,第一个是心理主义的问题,第二个是逻辑命题的层级关系问题。虽然维特根斯坦对摩尔悖论的心理主义倾向进行了批判,但并不是维特根斯坦开创了反心理主义。在分析哲学中,首先提出反心理主义的是弗雷格,弗雷格也正是凭借反心理主义而走上逻辑的语言分析之路而成为分析哲学的创始人。在《算术哲学》中,弗雷格提出,要把心理学的东西与逻辑的东西,主观的东西和客观的东西明确区分开来。他指出,逻辑并不研究主体是如何以及为什么做出这样或者那样的判断,它只研究客观思想本身的性质以及这些性质之间的关系。在他看来,真正的哲学应该从研究逻辑入手,因为如果不掌握逻辑这个必要的工具,我们就不可能在其他方面取得进展,所以,对语言逻辑形式的研究才是哲学的真正起点。①

由于排除了心理主义,逻辑的真实性也完全排除了人的主观心理,便不得不诉诸语词之间的关系。弗雷格认为,自身所具有的意义问题是语言的核心问题,语词或语句的意义不明确,就会失去语言正确理解和交流的可能性。在他看来,单个的语词没有任何意义,只有在语句的语境中才能找到语词的意义,这是因为语言的目的在于做出判断,表达思想,而孤立的语词不能实现这个任务,它只有在一个语句中才具有判断的结构,做出真假的判断之后才有意义。弗雷格指出,语词的内涵和关于语词的表象是两个不同的东西,造成二者混淆的原因是孤立地考虑语词,试图根据语词的表象寻求语词的意义。② 他强调在逻辑推理中占据首要地位的是判断而不是概念,也就是说,在确定意义的活动中占据核心地位的是句子而不是语词。

然而,在对语法规则的定义中,弗雷格发现,日常语言语法关系复杂,不服从逻辑规则,不能表达精确的意义,也不能进行严格的推理,于是他设计了一种形式语言来代替主谓逻辑,这种形式语言就是数理逻辑。弗雷格设计的纯粹形式语言与算术语言相似,两者都使用符号,避免了自然语言的烦琐语法和歧义,可以用演算的方法进行严格推理。这种形式语言采用的最重要的数学符号是函数符号 $Y = F(x)$,这应该是来自马赫主义的函数关系论。在这个函数符号中,命题函项的概念为语言分析开辟了

---

① 刘放桐:《新编现代西方哲学》,人民出版社,2000,第253页。
② 戈特洛布·弗雷格:《算术基础》,王路、王炳文译,商务印书馆,1998,第7页。

崭新的道路，它使用命题函项代替了传统逻辑的谓词地位，命题函项作为命题的逻辑结构不再与"主词+谓词"的语法结构相混淆；它用名称与变元 $x$ 之间的替代关系代替了主谓逻辑中系动词"是"的联结作用，不但避免了"是"的歧义，而且避免了由此产生的形而上学争论。同时，它用命题函项表示命题的形式，这样就可以用变元代替构成命题的一切词项，使词项与词项，乃至命题与命题之间的关系被形式化为如同数学函数那样可以进行精确演算的关系，因而排除了词语的歧义、语法的混乱，能够进行严格的命题推理。

弗雷格力图通过形式语言使整个数学系统数理逻辑化，并敏锐地看到自然数的定义是数学基础研究的症结。他发现，要定义极限这一概念，必先定义数列，要定义数列，必先定义实数，而实数概念的定义依赖自然数的定义。从实在论的原则出发，弗雷格反对数字是从可感事物中抽象出来的，他坚持认为数字是不与可感事物相对应的客观存在对象。这种不同于可感事物的客观存在对象是类或集合。自然数不是类所包含的事物的数目，它是类本身，它不是可感事物的类，也不是无条件等同于类，而是可以从逻辑上加以限定的类。弗雷格将一切事物分为两大类：一类是与自身相等同的事物，另一类是与自身不相等同的事物。他把 0 定义为"一切与自身不相等同的事物的类"，因为即使世界上并没有与自身不相等同的事物存在，我们也不能在逻辑上否认这些事物的类的存在；1 被定义为"一切与 0 相等同的类所组成的类"；数目 2 被定义为"一切与 0 相等同的类与一切与 1 相等同的类所组成的类"，依此类推。这样弗雷格用"类""等同""不等同""组成"等意义明确的概念给出了自然数的定义。[①]

弗雷格的逻辑限定导致了罗素悖论，按照弗雷格的理论，一切事物都可分为"与自身相等同"和"与自身不相等同"两类，同样，一切集合也可分为"与自身相等同"和"与自身不相等同"两类。悖论就出在"一切与自身不相等同的集合组成的集合"这一概念，罗素提出，这一集合与自身相等同，还是与自身不相等同呢？如果它与自身相等同，就是说，它与组成自身的集合相等同，它就是"与自身不相等同的集合"；如果它是与自身不相等同的，那么根据"一切集合不是与自身不相等同的集合，就

---

① 赵敦华：《寻找"罗素悖论"的由来》，《中国社会科学报》2013年9月23日。

是与自身相等同的集合"这一逻辑区分标准，它就是与自身相等同的集合。这一矛盾具有"如果 A 是 A，则 A 是非 A；如果 A 是非 A，则 A 是 A"的形式，因而是一种悖论。

根据集合论悖论，罗素又相继发现了语义悖论，其中最有名的是说谎者悖论和理发师悖论。说谎者悖论指的是，相传克里特岛上的哲学家爱比米尼说：所有克里特人都是说谎者。那么，问题就出在这里，爱比米尼是否说了谎呢？如果他没有说谎，那么，因为他是克里特岛人，他就是说谎者；如果他说谎了，那么，与其说的话相反，他就不是说谎者。理发师悖论指的是，理发师声称他除了给不给自己刮胡子的人刮胡子外，给所有自己不刮胡子的人刮胡子。类似的问题是，理发师本人由谁刮胡子呢？如果他给自己刮胡子，那么，他就不能给自己刮胡子；如果他不给自己刮胡子，那么，他就应该给自己刮胡子。集合论悖论和语义悖论的根源都是逻辑悖论，因为数学的严格性和精确性建立在逻辑基础之上，这一问题直接威胁到数学的基础。更重要的是，集合论悖论威胁到自然数的定义。解决上述悖论于是成为发展数理逻辑和逻辑分析的关键所在。[①]

罗素后来发现，一切悖论都源于自我指示的恶性循环，即：用已经蕴含着整体规定性的个体定义反过来规定整体。他提出逻辑类型理论来解决这个问题，即，一般来说，$n+1$ 级类型由 $n+1$ 级谓词和 $n$ 级及 $n$ 级以下变元构成。按照这一理论，一个谓词只有用来表述较低级对象时才是有效的，如果用来表述自身（或同一级对象）和较高级对象，则是无效的，就会产生悖论和无意义的表述。罗素的逻辑类型理论完善了弗雷格的数值逻辑，实际上解决了摩尔悖论的第二个问题，他的理论推动了逻辑哲学的进一步发展，更影响到了他的学生维特根斯坦。

### 三 维特根斯坦对摩尔悖论的思考

维特根斯坦前期的思想主要源自弗雷格和罗素，他强调以逻辑构造世界，用逻辑分析的方法澄清命题的意义，认为"逻辑是世界的一面镜子"。在维特根斯坦看来，逻辑所反映的不是事物的具体形态、特殊性质和变化

---

① 赵敦华：《寻找"罗素悖论"的由来》，《中国社会科学报》2013 年 9 月 23 日。

状态，而是事物之间的必然联系，所有事物之间必然联系的总和就是世界的逻辑结构。由此出发，维特根斯坦批判分析了摩尔问题。他说，虽然我们能够说"外面在下雨，但我不相信外面在下雨"，但像"这个房间着火了，但是我不相信这个房间着火了"这样的句子，从心理成因上来讲就很成问题。因为如果我问一个人，"房间着火了吗？"他回答："我相信着火了。"我就会说："你在回答不相干的问题，我问你房间有没有着火，而不是问你的心理状态。"在这里，维特根斯坦已经触及了"我相信"这个心理主义的问题，而且他从反心理主义出发，认为"我相信"是将外部状态与心理事实混为一谈，这样产生的句子实际上自相矛盾。他认为，在日常行为中我们可以谈到"情况是P而我不相信情况是P"，并认为这话是有意义的；然而，如果从逻辑上看，这一种断定毫无意义。他进一步举例说，"我的俱乐部已经赢得了比赛"和"我不相信我的俱乐部已经赢得了比赛"，如果这两种陈述的逻辑结果是错的，那么这种错误具有偶然性，然而"我的俱乐部已经赢得了比赛并且我的俱乐部没有赢得比赛"这样一个句子就和前者不同，后者的错误具有必然性，而且前者的错误与后者相比，也许不见得就是错误的。也就是说，如果要判断"天正在下雨但是我不相信天正在下雨"这句话的合理性，实际上依赖的是心灵判断，但必须要明白，我们还将不得不依赖于形式逻辑。因为基于心理成因的判断可能依赖句子的意义，但这两个句子自身具有意义，并不代表两个有意义句子结合在一起一定有意义。

维特根斯坦的分析使问题渐渐清晰，我们对诸如"我相信"这种句子的应用明显带有判断其是否具有合理性的心理因素，但随着我们心理因素的变动，同样的内容可能会引起歧义。我们似乎经常在"我相信P"这样一种陈述方式上去界定我们确信"P"或者"-P"。如果一个人宣称了"P"，我们假定它相信"P"。比如我向窗外看，注意到天正在下雨，我就会相信天正在下雨，在这种情况下，我就会将自己当成某种记录事实的设备，并且被记录下来的东西在我的信念中已经被包含了，根据维特根斯坦的理论，这是将一张照片作为某种确定事实的证据，相当于将"我相信P"当作一种包含某种状态的描述，如果这种对状态的描述和我所声称的不一致，我显然就会将自身建基于荒唐之中。

摩尔、弗雷格和罗素关注的问题体现了，分析哲学的出现根源乃是近代认识论所遇到的根本性危机，而维特根斯坦正是在他们的基础上，才建构了分析哲学的庞大体系，建立了解析世界的逻辑结构。

四　维特根斯坦解析世界的逻辑结构

在维特根斯坦的世界逻辑结构中，世界是事件的总和，事件是原子事件的总和，而原子事件是简单对象的序列。在他看来，世界是事件总和的意思是，它不是事物的总和，其意义在于一事物的名称实际上并不代表该事物，而只是对该事物具有如此这般性质、处于如此这般状态这一事实加以描述。也就是说，把日常名称归结为摹状词的本体论意义就是把日常事物归结为事实，而所发生的事情，即事实，乃是事态的存在。一个事态（事物之状态）乃是一些对象（事物）之组合。在这个层次上，一个事态被分析为逻辑分析的终极单元——简单对象。简单对象的名称是不可再分的语言单位，以这些简单名称为要素的命题不可再被分析，这些命题直接描述关于对象的事实，因而是真命题。正是这些真命题赋予其他可被分析的命题以意义，满足了语言描述世界的基本逻辑功能。[①]

正因为维特根斯坦将描述事实的真命题归于语言单位，他提出"全部哲学是语言批判"这一命题，这是维特根斯坦哲学的中心。和罗素一样，维特根斯坦继承了实证主义，认为语言表述经验事实，因而语言的表述必须局限在经验的范围之内。同时，维特根斯坦认为，由于语言或命题描写或摹写经验事实，因而语言或命题是经验事实的"图象"或"形象"，语言和经验事实的关系是投影与被投影者之间严格的一一对应关系。一个图式之所以能够描述一个事实是因为，图式的每一个组成部分与外界现象的每一个组成部分之间有一一对应的关系，这种关系是图式关系；联结图式各个组成部分的结构方式必须与联结被描述现象的结构相一致，这被称为图式的形式，图式和现实的一致就是形式的一致。维特根斯坦强调，图式的本质特征是逻辑特征，而语言是现实的图式。构成命题的语言符号与构成事实的要素具有同样的逻辑结构，或者说，两者具有同样的图式形式。

那么，既然每一事实都是由一系列的事态所组成，描述一个事实的命

---

[①] 赵敦华：《现代西方哲学新编》，北京大学出版社，2001，第74页。

题也应该由同样数量的一系列语言单位所组成，维特根斯坦将这样的命题称为基本命题。基本命题是在一定的逻辑结构中组成的命题，这种逻辑为数理逻辑中的真值函项关系。现实世界由事实、事态和简单物体这样三个层次组成，语言也相应包括命题、基本命题和简单名称这样三个层次。由于命题对应事实的逻辑图像，因而它必然在结构上与事实具有对应关系。要了解基本命题的句法结构，首先要弄清作为基本命题组成部分的名称的意义。维特根斯坦区分了名称和一般符号，认为名称的意义是对象，它作为代表对象的最简单符号在命题中起作用，而一般符号则不代表任何对象或者事实，它在命题中的意义或者作用是由它在命题中的连接方式决定的，而其本身只是构成命题的逻辑要素，是命题中的变项。这些变项的意义取决于它们在命题中的逻辑地位，而不是它们与事实或者对象之间的关系。维特根斯坦把命题看作其中所包含的符号的函项，由于所有命题都由基本命题构成，因而，所有命题也就是基本命题的真值函项。[①]

实际上，维特根斯坦哲学思考的最初目的并不是解决逻辑问题，而是通过对语言的逻辑分析，解决语言如何能够表达和描述世界的问题。他认为自然语言的语法结构往往误导了我们对它的使用，整个哲学都充满了由于这种语法形式的误导而带来的混淆，要根除这种混淆，关键就是要避免在不同的地方使用相同的符号，这就要求我们必须使用符号逻辑语法方面的语言。但包括逻辑语言在内的一切语言都是有限度的，我们只能够表达在经验范围之内能够表达的东西，而不能表达无法表达的非经验的东西，这些非经验的东西之所以不能表达，是因为超出了语言逻辑的范围，属于逻辑无法达到的领域。根据维特根斯坦的看法，一切能够表达的东西都是能够用逻辑形式描述的，但逻辑有限度，不可能表达一切，所以，"对于不可说的东西，我们必须保持沉默"。这就是维特根斯坦面对的逻辑不可说的难题。但是，维特根斯坦又对逻辑进行大说特说，这种矛盾遭到了他的老师罗素的批评。

## 五 分析哲学的语言论转向

维特根斯坦前期的思想陷入了逻辑不可说的困境，所以到后来，他不

---

[①] 刘放桐：《新编现代西方哲学》，人民出版社，2000，第267页。

再用逻辑分析的手段去建构世界和命题，而从对命题意义的静态逻辑分析转向对语言用法的动态分析。在他看来，人们对语词意义的寻找具有一个基本的前提，那就是人们总以为存在一种与语言的语词一一对应的经验对象或性质，但是，维特根斯坦指出，事实上并非如此。因为人们根本就不该提出这类问题，更不应该去寻求这类问题的答案。应该提出的不是"词的意义是什么"，而是"词的用途是什么"。因为一个孤立的词是没有任何确定意义的，它并不能确切告诉人们什么，只有把它结合在语句中才有意义，甚至同一个语句也要考虑不同的语境。总之，他认为，语言与人的活动密不可分地联系在一起，对于在现实中使用着的语言，不能抽象地进行普遍释义，只能"不问意义，只问用途"。

在维特根斯坦那里，语言并不单纯是静止的逻辑构造的产物，而是人类生活中的一种活动。它不仅包含语词和语句，也包含说话时的行为操作，只有把它们和人们的行为相联系，才能真正理解它们的意义。他将语言比喻为一种游戏，认为游戏有游戏的规则，语言也有说话者共同遵守的规则。因此，如果要正确地说话，不仅应该认识各种语句，而且必须懂得使用这些语词的规则，并按这些规则正确地使用及领会各种语词，否则就会产生词义的误解。[①]

维特根斯坦的语言游戏说是用来反对奥古斯丁图画的武器，他通过语言和游戏的对比揭示了语言用法的多样性、伸缩性、变动性和实践性，以便去掌握各种语言的用法和它们之间的关系。奥古斯丁图画和语言游戏说具有内在的逻辑关系，按照奥古斯丁图画，一个名称有没有意义取决于它是否指示一个实际存在的事物，把这个名称所命名的事物指示出来，是对这个名称定义真实性的最可靠证明，这被称为直接指称定义。然而，维特根斯坦反对把语言的全部意义归结为指称事物，也反对把语言的基础归结为直接指称定义的经验过程。他说，直接指称定义并不是脱离或超越语言的纯粹经验，它本身就是一种语言游戏，只有已经掌握了这种游戏规则的人才能运用和理解直接指称定义。按照奥古斯丁图画，对于一个完全不懂语言的人，我们可以用直接指称的办法来教他这种语言。维特根斯坦反驳

---

[①] 夏基松：《现代西方哲学教程新编》，高等教育出版社，1998，第43~44页。

说，实际上这是办不到的，因为手势、声音和符号的结合并不能使一个完全不懂一种语言的人了解这种语言的意义，手势可以用来强调我们所讲、所写的东西和所指的东西有关联，但它本身并不能代表我的意图。因此要理解一个直接指称定义，双方都要进入一种类似游戏的状态，在这个语言游戏中，双方必须就定义对象达成默契。

直接指称定义涉及的是语言的交流，那么人们要问，抛却语言的交流，一个人能否自我指示？维特根斯坦认为这也是不可能的。他指出，每一个人都会有"私人语言"，什么是"私人语言"呢？维特根斯坦假设有这样一个人，他每天都在日记中记下自己的一种特殊的心理感受"S"，只有他本人才理解"S"所代表的是一种怎样的感受，别人无法通过那种感受来理解"S"的意义，也就是说，"S"是只有他才能理解的私人语言。维特根斯坦提出了一个问题：如果这个人能用同样的符号来给发生在不同时间的感觉命名，他必须首先确定现在的感觉和以前的感觉是一样的，否则，他就不能把这两桩事情都称作"S"。这样的话，这个人就必须找到一个标准来衡量感觉，然而，维特根斯坦说，他是找不到这个标准的，因为将主观感觉当作遵守规则的标准只能是相对主义的呓语。比如，当我们面对沸腾的一壶水，我们表面上感觉到这是相同的"S"，但是，没有人能够保证，这次壶盖在"啪啪啪"地打着壶身，冒出一阵阵的水汽，是和过去一样，水达到了100度。因为也许壶里面装的不是水，也许这壶水在高原上，不到100度就开了。

从哲学上讲，承认私人语言是近代哲学的前提之一，维特根斯坦继承弗雷格和罗素的理论，从图像论转向语言游戏说，最终否定了私人语言，从逻辑上使对科学与真理的追求走上了语言分析的路径，代表着近现代哲学一个重要的走向：由认识论向语言论的转向。

## 第三节 现象学：哲学作为严格科学的理想

当分析哲学为科学主义提供认识工具，试图确立一种确定不移的基础之时，在人本主义中，现象学殊途同归，也走上了这样一条道路，被称为哲学作为严格科学的理想。胡塞尔说："现象学可以说是一切近代哲学之隐秘的憧憬。"① 我想胡塞尔一定是在说，现象学承载了所有近代哲学矛盾与冲突出口的全部内容，尤其是自古希腊哲学以来，一般与个别的关系在经历了唯名论与唯实论的斗争、经验论和唯理论的对立以后，似乎失去了其明确的表现形式，而现象学则重新拾起了这个表现形式，所以学者张祥龙说："现象学是由西方两千多年来的主流哲学中存在的内部困难和内部问题所引发的一场哲学运动。这个问题简而言之就是个别与普遍、现象与本质的关系问题。"②

## 一 胡塞尔现象学的意识及其意向性

在胡塞尔那里，现象学就是研究现象的学问，而所谓现象，其本意是呈现出来的东西，呈现不仅是对感官，而且也是对意识的呈现，感官只能认识事物的外表或某一侧面，意识却能够认识事物本身。而我们通常将事物本身理解为隐藏在现象背后的本体或者本质，它既是现象显现的场所，也是现象显现的过程，还是现象显现的对象，它们都是在意识活动中发生的。在这里，意识的活动与事物的呈现并非主客观的两极，呈现总是向意识的呈现，是通过意识活动在意识之中的呈现，因此是意识的自我显现。

如此一来，胡塞尔的意识就不是精神实体或主观的活动，而是一个揭示真理的过程，事物本身也并非是不依赖意识而存在的物质实体，而是在意识活动或人的存在过程中显现出来的内容。这种意识既非自然主义、唯物主义的物质——因为我们根本无法肯定物质世界的存在，也非经验主义或怀疑主义所认为的感觉经验——因为感觉经验是不确定的，只能是一种既非物质，也非感性经验的中性的纯粹自我意识或先验主观性。也就是说，哲学的真正对象是先验的自我意识或者纯粹意识。

胡塞尔追随布伦塔诺，认为自我意识或纯粹意识具有意向性。所谓意向性，就是意识指向某种对象的指向性，其实质是意识在自身活动中构造出种种对象的能力。胡塞尔断言，对象不在自我意识之外，而在自我意识之中。在他看来，自我意识不仅包容对象，而且赋予对象以意义。任何对象之所以成为该对象，是因为它具有特定的意义（含义），而对象的含义

---

① 胡塞尔：《纯粹现象学通论》（第一卷），李幼蒸译，中国人民大学出版社，2004，第98页。
② 张祥龙：《现象学导论七讲》，中国人民大学出版社，2011，第6页。

不是对象自身所固有的，而是自我意识所给予的。意向性最基本的功能是"对象化"，也就是说，意向把那些作为意识流组成部分的材料归于意向的对象。意向性也是意识活动的根本特征，即意识总是指向对象，指向某物的，但是意识的对象则不具有意向性，只能被意识所指向。意识总是对某物的意识，没有无对象的意识，意识与对象相互关联、相互构成。

胡塞尔用"意向性"建构起包括物理的和心理的、外在的和内在的对象在内的一切现象。他的问题不是我们所认识的对象是否存在，而是认识的对象是不是事物本身，或者说，它们对意识显示的内容是否纯粹。为了达到纯粹的意识，我们可以用排除法，把属于个人的、心理的因素一一排除在意识之外，排除不了的剩余就是纯粹的意识。在他看来，如果把与个人心理有关的意识内容都排除以后，剩下的"纯粹"意识没有什么实际的内容，就只剩下了意识的基本结构——意向性。意向性的纯粹性表现为：即使意识与外部实在没有发生关系，意识也因"指向"某物的活动而保持自身的自主、独立与完整。

胡塞尔将意向性问题拓展为两个问题：一是如何达到无前提的意识的本初状态？二是没有内容的意识如何构造出自己的内容。解决第一个问题的途径是现象学还原，解决第二个问题的途径是现象学构造。

## 二 现象学还原

胡塞尔提出的第一个问题实际上是如何认识既非物质又非感觉经验的中性的"自我意识"，他认为既不能采用传统的方法，也不能采用自然科学的方法，只能采用现象学特有的方法，即现象学还原法。他认为，现象学的最高理想就是回到事实本身，实现这一目标的途径就是对研究对象进行现象学还原，还原到意识活动中的"现象"领域，还原到意识现象的"本质"领域，还原到作为纯粹意识"先验自我"的先验现象学领域，确保事物本身在意识活动中得到清楚明白的显现。

现象学还原主要有先验的还原法和本质的还原法。先验的还原法又分为"悬搁法"或"括号法"。"悬搁法"即"排除世界，不对它做出任何直接的判断"；"括号法"就是"加上括号将它括起来，宣判它无效"。"括号法"又分为"历史的括号法"和"存在的括号法"。"历史的括号法"即否定一切传统知识的方法;"存在的括号法"是一种否定外部世界的方法。

胡塞尔先验的还原法是针对"自然主义态度"而言的。这种态度是指人类意识的自发性倾向,它使我们确信外部世界的存在,包含两种情形:一种情形是指人们在日常生活中对世界、对事物所持的态度,把世界及世界中的事物看成是独立于人、外在于人的客观存在,这种态度也称为常识的态度。另一种情形是指自然科学家在进行科学研究时所表现出来的态度,即不关心认识如何可能的问题,不去探讨认识的性质和可能的条件,而直接去探讨世界上自然事物的客观性质、结构、内在法则和变化规律等内容,这里预设了自然世界的客观存在。这两种态度的共同之点就是把世界当成一种理所当然的、无可怀疑的实在之物,表现出对外在事物坚定的信仰。胡塞尔彻底拒斥自然主义的独断态度,主张确立现象学的批判态度。在他看来,必须悬置"自然主义的态度",使这种未经审视的态度在认识中失效。这样,在意识中只剩下直接被给予的现象或纯粹意识材料,由此出发进行现象学直观、现象学分析和现象学描述,探究事物的本质,这就是现象学的态度。

除了先验还原,还有本质还原,所谓本质还原,就是把原初给予、直接呈现的意识材料还原为一种具有某种必然性的东西,或者说,在纯粹的意识现象中发现、找到能够确定一事物之为该事物的一般本质。在胡塞尔看来,纯粹意识或现象还不是绝对真理,因为它是一个"意识流",呈现给我们的是"直接经验"中各种变化不定的东西,而绝对真理永恒不变。只有进一步排除掉那些暂时的变化不定的东西,把握内在的、常住不变的本质,才最终把握了绝对真理。要从"变化不定"的纯粹意识和现象中寻找固定不变的本质或绝对真理,必须通过"本质的还原法",这是一种直观的方法,即对事情"直接把握"的方法,它的基本原则是"面向事实本身"。"面向事实本身"实际上就是要探求、揭示事物的本质,因而需要进行本质的还原。

胡塞尔认为,现象学意义上的本质就是现象,主要指现象中所呈现出来的能够决定事物本身的东西,包括一般对象、共相、一般事态和一般关系。本质不是与现象相对立的东西,本质也是一种现象。个别性的现象具有经验上的偶然性,经常变化,而本质的现象是一种先天观念,是绝对的、必然的，具有自在性的特征，永恒不变。对本质现象的认识要通过本质直观，使用本质直观的办法认识和把握事物的本质，必须找到可靠的、有效的出发点。这种出发点只能是直接的被给予之物，也就是经过现象学的中止判断之后所剩余的纯粹现象。达到纯粹的现象之后，借助对个别对象的直观、体验达到对一般性质的直观、体验，使之清楚明白地显现，从而实现本质的还原。

### 三 现象学构造

经过本质的还原，现象学解决了意识领域中本质性对象的认识问题，回答了揭示经验自然科学尤其是本质性科学内在结构和规律的可能性问题，确立了形式本体论和实质本体论。但是，对认识本身的可能性问题，对事物、对象、世界本身的存在方式和构成问题还没有给予明确的回答，这正是由先验自我来解决的问题。在胡塞尔看来，这才走到了现象学的入口。

先验自我是一切认识形式的起点和源头，这种自我不是一种与肉体相结合的实体，它与康德的自我意识更为接近。康德严格否定、排除经验性特征，强调先天性意义，但康德的自我意识具有某种具有特定内容的主观性，是由先天范畴构成的主体性意识，而胡塞尔的先验自我是纯粹意识活动的承担者，其本身虽没有特定性内容却构造意向性内容。但胡塞尔又同康德一样，认为先验自我的构造从本质上是一种综合活动，他将这种综合活动区分为主动的综合和被动的综合。被动的综合指自我意识对被给予材料的综合，它之所以是被动的，是因为它有待材料的给予，不能从自身构造出所需要的材料。主动的综合指自我意识在显现过程中构造的现象，是在流动中形成的思想型相。现象学构造是从不确定的、有前提的事实到确定的、无前提的"现象"的显现过程。

胡塞尔的先验自我是意识活动的源泉和基础，也是在意义上构造世界的基础和原点，从而，先验自我成为知识的可能性和世界存在可能性的最后保证。但是，先验自我隐含唯我论的理论困境，引发了对交互主体性的关注。

交互主体性是胡塞尔现象学成败的关键。他的现象学确立了一个具有绝对无可怀疑明证性的基点——纯粹自我意识，事物、对象和客体在纯粹的先验意识之中被构成。具有认识能力的主体不仅仅包含自己，也包含他人或者另一个自我，而他人或另一个自我显然不是一般的物和客体，而是与我一样的认识主体。胡塞尔认为，对他人的构造必须以先验自我为基点。他首先区分了"本己之物"和"非本己之物"、"内在之物"与"超越之物"。经原初还原之后确立起来的具有明证性的东西就是本己之物，也就是先验自我，然后以此为根基实现对其他主体的构造。对其他主体的把握首先起源于自我对他人躯体的感知和经验。他人的躯体及其行为、举止、动作对我显现，成为当下被给予的东西，使我能够将其统摄为与我同样的心物统一体，认识到他是一个具有意识、心灵和精神的东西，也就是另一个自我。

先验主体交互地构造的世界是一个"人的世界"，这是一个客观性世界，这个世界是交互主体在观念上和谐地实现的并能够持续的经验。在胡塞尔看来，对文化周遭世界的构造也包含在对客观世界的构造之中。文化世界虽然具有不同于自然的特殊性，但因为每一个群体都先天地处于一种交互主体性的统一性之中，那么它们必然先天地处于对文化世界的共享之中。但同时，每一个群体也可能与其他群体没有实际的联系，是相互独立的，它们完全可能从完全不同的角度来观照世界、构造世界，所以每一个人都是一个独特的文化周遭世界，导致主体建立起不同的文化模式和文化形态。

但胡塞尔又认为，文化世界在本质上并不取决于人的生活经历和劳作，而是取决于多个先验自我本身的理性构造能力。两个不同的文化世界必然只是这些交互主体性的群体的周遭世界，而且只是各自不同的群体所共同构造的客观世界的某一特定方面。在胡塞尔看来，先验的交互主体性决定着世俗的交互主体性，这使人们的现实交往成为可能。他提出了一个"主体间性世界"的概念，认为当我们通过意向性知觉到他人时就觉察到了他人的自我，以及由自我与他人的自我构成的"主体间性世界"，以及与此相关的"对象世界"的存在。他将"主体间性世界"称为"生活世界"，这是一个自我与他人的自我共同生活于其间的世界。

## 四 生活世界

早在《纯粹现象学通论》中，胡塞尔就已经提出了描述生活世界的任务，其目的是试图回答科学世界和生活世界的关系，揭示理论科学与自然科学的真正基础和发源地，同时以此来批判欧洲文化发展中的自然主义、科学主义、客观主义和实证主义，找回人性的价值和历史的意义，以拯救科学领域与知识领域中的危机。

在胡塞尔看来，生活世界是一个生活主体从他的角度所体验的世界，所以这个世界首先是主体性的世界，也就是说，是从一个主体的特殊视野经历和体验的世界。这个世界与每个人直接相关，每个人都有自己独特的心理体验、意识经验、兴趣指向和价值选择，以及自己独特的生活需要和生活目标，所以生活世界是主观的、相对的，表现为"每个具体人的世界"。

然而，生活世界是许多主体而不是一个主体共同地生活于其中，所以生活世界又是一个主体间性世界。正是基于生活世界的主体间性，生活世界成为人们所直观、所经验的事物的总体，这些事物不仅包括已被意向和经验到的事物，还包括潜在的将被体验到或者能够被经验的事物。由于生活世界具有经验上的原初性和在先性，生活世界就成为自然而然的、理所当然的世界，成为前科学的、非客体性的世界。

很显然，胡塞尔认为生活世界是主体的意向相关物，但正是这个主观相对的前科学的世界却是科学唯一可能的起点。生活世界之所以具有这种奠基性意义，是由于生活世界具有主体性和在先的给予性。从科学理论本身形成的来源上看，原初的、给定的生活经验是科学概念、科学理论形成的基础和前提。生活世界先于科学世界，经验世界先于理论世界。我们之所以熟悉这个世界并非源自科学对我们的教导，相反，正是我们在这个世界中追求知识才有了科学活动的目标。当科学的总体建构被人们所关注的时候，感知世界构成了日常经验，反而使本原成为我们建构的出发点。

近代以来，自然科学逐渐取代了生活世界，科学也取代了哲学从而导致自身的危机。为了克服科学的危机，应当回到原初的、奠基性的生活世界，通过历史的还原找回科学的真正发源地，以此确立人的价值与意义。胡塞尔认为这正是哲学的任务，或者说是先验现象学的使命。早在《纯粹现象学通论》中，胡塞尔就已经明确了先验现象学的目标，不过，直到在《欧洲科学的危机与超越论的现象学》中，胡塞尔才对生活世界做了全面思考。他认为，真正的哲学应该致力于改善人类，而不只是关心与人类具体福利有关的科学真理。他致力于去设置科学的哲学基础，并且按照现象学分析的方法进行了澄清。他的现象学从严格科学开始，终结于生活世界。这不仅是他的个人历程，也反映了整个现象学运动的走向。胡塞尔以后，现象学所关注的，实际上都是所谓的生活世界。

## 第四节　存在主义：凸显人主体性的自由

在今天的哲学争论中，生活世界已经占据了哲学争论的核心位置，在经过存在主义和解释学的过渡后，以后现代的方式启发人们思考。不过，生活世界的概念出现了，也随之迎来了澄清这些概念的时刻，按照哲学界一些古老的传统，作为现代哲学的使命，追寻终极的哲学维度再次成为我们的目标。在胡塞尔之后，接过现象学哲学使命的是存在主义，胡塞尔的现象学是存在主义的来源，现象学主张"回到事实本身"，要求人们把最熟悉、最本质、最切近的东西当作哲学的研究对象，而海德格尔的存在主义把胡塞尔所说的"现象"从"先验自我"领域转到"人的存在"领域，通过探讨人的恐惧、忧虑和死亡等非理性的东西去启迪和说明人生的意义，它和现象学的共同之处是反对实证主义。然而，在胡塞尔看来，存在主义背叛了现象学。在胡塞尔的理解上，现象学建立的目的之一确实是反对实证主义，因为实证主义推崇经验证实，他们只关心自然界而不关心人生，是残缺不全的理性主义，胡塞尔的目的是用现象学完全的理性主义反对实证主义残缺不全的理性主义。但是到了存在主义，尽管他们也反对实证主义，然而他们却完全放弃了自然界而只关心人生问题，致使在方法论上走向了非理性主义。[①] 在胡塞尔看来，虽然人的情感和判断也是哲学的研究对象，但不是哲学研究的全部，实证主义丢掉了人生问题，然而存在主义丢掉了自然问题，他们以关切人的境况、尊重人的价值为标榜，强调人意识自由存在的本体论，主张非理性临界体验的认识论，注重个人主义自我造就的伦理观，宣扬积极的"悲观主义"，使哲学完全转向了人生问题，基尔凯郭尔就是他们的先驱。

---

[①]　张庆熊：《欧洲科学危机和超验现象学·译者的话》，上海译文出版社，2005，第12页。

## 一 基尔凯郭尔使"存在"再次成为哲学的目标

在基尔凯郭尔以前，形而上学早非哲学研究的对象，尤其是实证主义之后，形而上学成为一条被痛打的"落水狗"，这种状况一直到基尔凯郭尔才得以改变，存在本身再次成为哲学研究的目标。然而，虽然基尔凯郭尔恢复了存在的地位，但存在在他那里只是一个适用于个体的概念，已经不再是知识论意义上的存在了。在基尔凯郭尔看来，存在意味着一个人自己的生活过程，包括自我参与、自我选择和自我实现三个环节。自我参与就是以自己特有的方式生活，表现为积极主动地参与人生的全过程，而不是随波逐流地附从于他人的生活方式。自我选择就是自我参与过程中面临的选择，人不是动物，不被驱向一个预定的目标，生活中充满着各种可能性，参与生活就是自由地选择自己的生活道路。自由选择是人生的冒险，只有在结果不确定的情况下做出的选择才是自由的选择，否则只不过是被已知的目标所预定的手段。自我实现是把人变得越来越个体化，同时也越来越脱离社会存在的过程。个人的责任感来自自我参与和自我选择，只有一个存在的个体才会为自己选择和参与的后果承担全部责任，而群体意识则为推诿扯皮提供了借口，一个随波逐流的人在任何时候、任何情况下都会把责任推卸给群体。

由存在的三个环节可知，基尔凯郭尔的存在强调了个体性，突出了人的独一无二和无可代替。这种个体人的行动和创造都是非理性主观体验的表现，而这种主观体验则由厌烦、忧虑和绝望构成。厌烦可分为有对象的厌烦和无对象的厌烦，有对象的厌烦只是厌烦的表象，无对象的厌烦才是真实的、不可名状的厌烦自身。忧虑是厌烦的深化，而绝望则是人企图寻求快乐以掩盖忧虑而不可得所导致的结果，它是一种无法逃避的灼人精神状态，其意义在于使人体验到向外寻求享乐生活之无济于事，从而向内探求自我的真实存在以返回主观性，在自我的主观性中寻求与上帝的交往。

在基尔凯郭尔看来，这样一个非理性的主观体验是一个从感性到理性，再到非理性的由低级向高级的飞跃过程。它起始于感性阶段，在此阶段，生活为感觉、感情所支配，道德与宗教不起作用，起作用的是审美，典型人物是唐璜，他以爱美之心追求无穷享受，使追逐女性变成一场无聊的游戏，感官刺激在百无聊赖的重复中变成空虚而又痛苦的煎熬。所以，感性阶段又称审美阶段。第二阶段是理性阶段，人们为道德准则所支配，追求普遍性和理性，生活以善为明确目标，典型人物是苏格拉底，他相信自己的意志能克服自身的弱点，相信道德自律和自我完善的可能性，但在道德生活中将不可避免地要面临理想与现实之间的矛盾，这一矛盾导致在道德意识中的犯罪感和内疚心理，迫使人们或者沉溺于犯罪感而不能自拔，或者皈依上帝去寻求拯救。所以这一阶段又称伦理阶段。第三阶段是非理性阶段，在此阶段，个人与有人格的上帝直接沟通，典型人物是亚伯拉罕，他听从上帝的命令牺牲无辜的儿子伊萨克[①]，不追求普遍的道德律而听从上帝的声音，毫无理性、充满悖谬。但是，荒谬始终伴随信仰的情绪，成为检验信仰强度的尺度。所以，非理性阶段又称宗教阶段。

## 二 "存在"的意义转换：人的存在——"此在"

从理论根源上分析，虽然有神论的存在主义与基尔凯郭尔的思想有一定关系，但是一般而言，存在主义与现象学的关系更为紧密。海德格尔重提现象学中的人生意义问题，并将古往今来所有哲学本体论的基本问题归结为"存在"（das sein）问题。在海德格尔看来，几千年来哲学家将存在与存在者混淆了，表面上看，全部西方哲学都在谈存在，但实际上，他们所谈论的问题都是存在物，这是存在论的区分。海德格尔认为，存在者就是已经存在，或已经显示出存在的东西，但存在并不是存在者，它不具有存在者所具有的对象性和内容的规定性，只能是存在者的存在。就本体论

---

[①] 圣经《旧约》中说，在人类遭遇洪水之后，挪亚的家族繁衍到世界各地，其中有个名叫亚伯兰的闪族人被耶和华（上帝）看中，上帝要他在世上替天行道。上帝让亚伯兰离开闪族往南迁移，他受神的指示，扶老携幼，辗转迁徙到迦南的幔利橡树林定居。上帝令亚伯兰改名为亚伯拉罕，并使他家业大兴，后来得了一子，取名伊萨克，爱之如掌上明珠。一天，上帝突然来到亚伯拉罕家，命他将爱子伊萨克作为牺牲献给耶和华。笃信上帝的亚伯拉罕甘愿忍受这一残酷的天命，带着孩子和祭具到摩利亚山上去行祭。父子俩到了山上，亚伯拉罕做好一切准备，正欲将儿子放上祭坛动刀砍杀时，突然霹雳一声巨响，天使飞来拉住亚伯拉罕的手不准他杀子，告诉他这是上帝试探他是否虔诚。这一考验超出了凡人承受的最大限度，因此被视为毫无理性的悖谬之事。

而言，存在优先于存在者，因为任何存在者必先存在，才能是既定的存在者，否则就不成其为存在者了，但过去的形而上学所关心讨论的都是"存在者"的问题，而不是"存在"这个根本性问题，因而他们的哲学都是无根的，这样，他就在本体论上实现了一场伟大的哥白尼革命。

  在海德格尔看来，传统形而上学给人的启示是，存在论不能直接从存在的一般意义开始，它的出发点必须是存在物，但存在论的出发点不能是一般的存在物，而必须是这样的存在物，它的存在是其他存在物存在的基础，对它的分析能导致对一般存在的把握。人就是这样的存在物，因为只有通过人的存在，其他事物才得以显示自己，人的存在是其他事物存在的先决条件。海德格尔用"此在"（Dasein）这一名称指称人这样的存在者，他认为要探讨存在的意义必先探讨"此在"的意义，而"此在"就是"此时此地"的"存在"，即人的亲自存在——"亲在"。海德格尔断言，领悟"此在"是领悟"存在"的切入点，因为人是唯一能领悟自己存在（此在）的存在物，通过领悟"此在"，进而把握整个存在的意义，是领悟"存在"的最好途径，也是唯一途径。在他看来，只有人才能追问存在意义的问题，而追问存在意义问题本身就蕴含"此在"的概念。人是唯一关心其他存在物的存在，是能够对于存在的一般意义提出问题的存在者，是一个与存在的意义最贴近的存在者。当人们追问存在意义问题的时候，他就已经成为"此在"了，而"此在"是存在论的出发点。

  "此在"的本质在于它的存在，这个存在者为之存在的存在，总是我的存在。海德格尔区分了"此在"存在的本真状态与非本真状态。本真的存在是自我的真实存在，非本真的存在是被平凡的、公众的生活所掩盖的个人存在，即"共在"。只有通过非本真的存在状态才能达到本真的存在状态，只有通过对大量日常生活现象和心理体验的分析才能揭示"此在"的本真状态。非本真的"共在"有两种情况：一是让自我消失在他人之中，二是用自我代替他人。消失在他人之中的自我是"常人"（they），"常人"是集体的、匿名的自我，其特征是服从、平凡、迁就、公众性、不负责任和适应感。这些特征是一个过程，开始于不太情愿的服从，逐步丧失自己的个性，最后与集体的生活方式完全趋同，随波逐流，人云亦云。至于用自我状态代替他人的非本真状态，海德格尔用了一个专门的术语"介入"（leap-in），意思是越俎代庖，操办他人事物。与"介入"相反的状态是"超脱"(leap-ahead),海德格尔认为这才是"共在"的本真状态。在"超脱"的状态中,自我保持了与他人的距离,达到了自我与他人之间的平衡,同时又能以我为主,回应他人。

三 "此在"的存在方式:时间

在海德格尔看来,存在的意义在于时间,时间有过去、现在和未来三种状态,分别对应于"此在"存在的三种方式:沉沦态(falling)、抛置态(thrownness)和生存态(existentiality)。每一种存在状态都有一种相应的显示方式,每一种显示方式又有本真与非本真之分。

沉沦态指"此在"的存在被它一直存在着的状态所决定,沉沦在过去是,现在仍然是的既定状态之中。沉沦态主要由心态所揭示,心态是由业已形成的生活条件和状况所形成的持续的情绪。心态的非本真状态是"恐惧",恐惧揭示的是逃离现实的态度,在现实的压力下孤独沮丧、忧心忡忡、闷闷不乐,即使好的心境也不过是如释重负之感。揭示沉沦态本真状态的是焦虑(anxiety),焦虑源于这样的生活态度:把生活看作不可推卸的重担,并因此想方设法迎接生活的挑战,即使获得暂时的成功,也仍有"人无近忧,必有远虑"的压力。

抛置态指"此在"的存在局限于现有的生存状态,如同被抛置在一个正在进行的生活进程之中。抛置态主要由语言来揭示,语言作为语词的活生生的流动过程,把过去的和将来的内容都转化为当下状态。语言的本真状态是"言谈",言谈奠基于语言的内在结构,根据对过去的解释和对将来的理解,把语词符号加以连接。语言的非本真状态有三:闲谈、好奇和含混。闲谈是道听途说、流言蜚语、人云亦云的议论;好奇是对与己无关的目标走马观花似的了解,以获得无所用心的印象;含混是揣测公众心理的见风使舵的解释,这三者都是以常人的语言掩盖本真的自我。

生存态是"此在"设计并实现自己可能性的面向未来的生活状态。"理解"是解释生存态的主要方式。理解是对自己未来的前途、对现在的处境加以抉择和对过去的事件加以解释。本真的理解是设计(projection),意思是"抛将出去"。如果说,沉沦态是对世界的一种"归顺",那么,设计将是一种相反的态度,它把自己的计划加诸世界,使可能性改变现实,让世界适应自己。非本真的理解表现为等待、观望和忘记，这些都是对自己的未来采取的敷衍了事和得过且过的生活态度。①

上述三种存在状态的时间性都是相对的，就是说，每一存在状态都包含着过去、现在和未来的因素，只不过各以一种时态为主，分别显示为不同的生活方式和态度。海德格尔用一个专有词组 ahead of itself——in already Being——in a world 表示"此在"的全部存在过程，ahead of itself 表示"先于自身的"，代表着将来式；in already Being 表示"已经寓于的"，代表着过去式；而 in a world 表示"在世之在"，代表着现在式。每一式都依附于其他两式，三者相互依存形成一个完整的过程，表示"此在"完整的存在状态。揭示"此在"完整存在状态的过程是"烦"（care），"烦"是烦恼和烦神的一般形式，烦恼的对象是特定的事物，烦神的对象是特定的人，而"烦"本身却没有特定对象，它是一般的人生态度。"烦"与人终身相伴，人从诞生那一天起就已把他的存在交由"烦"来支配，为何如此呢？因为"烦"所揭示的是"此在"存在的全部结构。

正因为"烦"是此在的完整状态，所以"烦"是一种摆脱不掉的心情，揭示了人的当下处境。人为什么而烦？他的"烦"显示了一种与生俱来的潜在性，人已经存于世界之中，"烦"是过去的延续，揭示的是将来—过去—现在的整体结构。"烦"使他人感受到了他的现实性和可能性、抛置性和沉沦性，使他人感受到了他的自由和业已形成的特征，以及他周围的环境与他的选择等。如果人不胜其烦，感到可畏，就会滑入非本真的状态，在"他人"的庇护下取消自我。"畏"（fear）是非本真的"烦"，这种意义上的畏不是沉沦态的恐惧，它没有具体对象，"畏"与"烦"一样，仅仅是一般的人生态度，揭示的是"此在"的整体存在状态。"烦"的本真，也是最后的形式，是"面对死亡的决断"，这一本真状态包含先行的、良知的、决断的三个因素。决断是当下抉择，先行是未来展望，良知是对以往体验的呼唤。在此在状态中，最后的可能性渗进了现实，切断了未来，并保存在已经实现了的过去之中。只有在面向死亡的心境中，人才体验到存在的全部意义——对它的全部可能性的依附、设计与实现。

---

① 赵敦华：《现代西方哲学新编》，北京大学出版社，2001，第61页。

### 四　萨特的绝对责任与绝对自由

实际上，海德格尔虽然是在对人的存在问题进行分析，其目的却是揭示真理的意义，他所追求的，无非是"超越人的自在的真理之本质"。真理与自由乃是西方哲学基本问题"一"与"多"基本关系的两端，真理催生了自由，乃是科学理性催生资本理性的必然意义，但这一任务只有在萨特的"自由"中才得到完全的实现。作为存在主义者，萨特接过海德格尔所未能完成的任务，他的分析也从"存在"开始。那么，什么是存在呢？萨特认为，存在既不是唯物主义者所讲的物质世界的客观存在，也不是唯心主义者所讲的客观精神，而是人的实在即"自我"，萨特将存在诉诸"自我精神"和"主观性"，这就与海德格尔在某种意义上达成了沟通。

萨特从纯粹的主观意识出发，将存在划分为两个截然不同的领域：自在存在和自为存在。所谓自在存在，是指存在不是被创造出来的，也不是自己创造自己。它没有内在性，没有自身对自身的关系，既独立于上帝又独立于精神。所谓自为存在，则指人的主观意识，它是真正的存在，其最大的特点是非实在性，也就是一种"虚无"，因此它不受任何东西包括自身的束缚。它完全是主动的、自由的、不断否定和创造着自身的，不断展示和维系着他物的。萨特认为自在存在和自为存在并不是各自独立、互不相关的，二者联系在一起，这种联系不是别的，正是自为存在本身，自为存在就是自在存在的纯粹虚无化。

萨特关于自在存在与自为存在的区分里没有上帝的位置，表明了其反对决定论的立场，他主张人的本质由人的自由本身创造，所以存在先于本质。在他看来，人首先要存在、露面、出场，然后才能表明其本身。人首先是一种单纯的主观性存在，他的本质由这种主观性自行创造出来。人能够自由选择自己，造成自己的本质，这是人与物相区别的根本标志。人以外的事物是不可能先存在而后获得其本质的，它们总是先有本质，而后才有存在，本质先于存在。

在萨特看来，正是存在先于本质导致了自由。决定人本质存在的是一个自由选择的过程，在以前，宗教决定论认为上帝是存在的源泉，启蒙运动虽然否定了上帝，但又假设了一个人性作为人存在之前的本质，而萨特的存在主义将上帝不存在的后果推演到底，得出了存在先于本质的结论。在这里，人的存在就是人的自由，存在在先就是自由在先、存在先于本质的意思就是人的选择造就了他自己。既然自由选择是绝对的，那么，绝对的自由就产生了绝对的责任，人没有上帝对其进行约束可以自由地选择，但也意味着他要为自己的自由选择承担全部后果，他不能将责任推给自己无法控制的条件，说成是命中注定、不可避免、迫不得已、顺乎自然、随波逐流，等等。

正因为如此，萨特的绝对自由带给人的不是什么幸福和喜悦，而是苦恼的孤独无依、惶恐不安和畏惧责任。他同海德格尔相似的地方在于，他认为人是孤独无依的，人虽然孤独无依，但由于生产资料的匮乏，人又有与他人交往的必要，产生了人与人的关系，这种关系不是内在关系，而是外在关系，本质上不属于人的关系，而属于物的关系。萨特又同海德格尔不同，海德格尔虽然指出了人的存在有本真和非本真两种状态，但他并没有说出出现这两种状态的差别其背后的原因，而萨特则明确指出了人的存在与自由之关联。但正因为如此，人不是追逐自由，而是在千方百计地逃避自由。绝对的自由意味着选择的绝对自由和承担选择后果的绝对责任，因此自由不是人的选择，不是外在于人的目标，而是他存在和意识的内在结构。任何有意识的人都是自由的，任何存在着的人都是自由的，绝对的责任和随之而来的苦恼是人为他的自由所承担的责任。但人不能逃避自由，却能够找出种种借口推卸责任，这就是自欺。自欺当然也是一种自由选择，却采取了决定论的形式。自欺的对象与其说是别人，不如说是自己。

在萨特那里，自由是一种选择权，它的基础是自我，而人对自己行为自由选择的可能性是他最重要的本性。萨特又否认道德的客观标准，认为每个人有自行选择自己道德标准的自由。他说，没有先验标准，每一个选择都是绝对自由的；没有因果关系，没有任何客观的必然性束缚自我的自由选择。他说，因为自由，自我的行为应向自己负责；个人的行为应对他人负责，而个人与他人的总体行为应向全人类负责，这就是人的意义和人的价值。萨特的自由观反映了西方哲学思维理性催生理论理性，理论理性催生资本理性的结果，到了人类进入资本理性的时代，民主就成为自由的外在形式。

# 第三章　哲学与科学的同一

> 哲学乃是对未知者及未确知者（如伦理、美学、政治等）假设的说明，是围攻真理的第一道战壕；科学为已经攻克的土地；再后面就是安全的区域了，知识和艺术便在那里建筑起我们这个未完美但已惊人的世界。
>
> ——李朝东

胡塞尔说："自最初的开端起，哲学便要求成为严格的科学，而且是这样的一门科学，它可以满足最高的理论需要，并且在伦理——宗教方面可以使一种受纯粹理性规范支配的生活成为可能。"[①] 如果说，一般与个别的视域是科学与民主的起源，那么，胡塞尔的现象学则承载了科学与民主的全部意义，这也是胡塞尔哲学作为严格科学的理想之所以重要的原因。

严格说来，胡塞尔的理论批判是从《逻辑研究》开始的，尽管《逻辑研究》并不是他的第一部著作，他的第一部著作是《算术哲学》。然而，《算术哲学》出版以后，遭到了弗雷格的批评，弗雷格说："当我读到这部著作，我开始认识到由于心理学侵入逻辑而带来的灭顶之灾，我认为我的任务就是彻底地揭示这种灾难。"[②] 弗雷格的态度引起了胡塞尔的反思。因此在《逻辑研究》第一卷（又称《纯粹逻辑学导引》）中，胡塞尔一反《算术哲学》中的做法，开始批判心理主义。他首先反驳了心理主义的结论，然后又反驳了心理主义的论据，最后提出了纯粹逻辑学的任务：确定

---

[①] 张庆熊：《欧洲科学危机和超验现象学》，上海译文出版社，2005，第1页。
[②] 斯鲁格：《弗雷格》，中国社会科学出版社，1989，第94页。

含义、寻找规律和建立理论。

《逻辑研究》第二卷实际上是对第一卷所提出的纯粹逻辑学任务的展开，他从认识论的角度完美阐释了表述与含义、一般与个别、整体与部分、独立与非独立，以及意向体验及其内容和认识论启蒙的基本原理。正是这六项研究使胡塞尔重返形而上学，为形式化的演进进行了完全奠基。

形式化是胡塞尔的一个目的，也是其将哲学建立为严格科学的一个基础。形式化问题自古希腊时代就已经开始得到讨论，对它的关注一直持续到今天。西方哲学中形式化的发展史，就是一部将哲学建构为一门严格科学的形而上学史。

## 第一节 胡塞尔批判心理主义

形而上学曾经有过辉煌的历史，"一段特定的时间内，作为形而上学理论样式的哲学似乎成了科学之科学的代名词"[①]，然而，近代以来，西方哲学发生了本体论向认识论的转向。认识论时代的来临，使形而上学处于危机之中。

### 一 形而上学的衰落与心理主义的兴起

本体论向认识论的转向是在经验主义和理性主义两条道路上进行的，它集中表现为理性和信仰的矛盾。在形而上学本体论中，作为理论基础的本体一般都具有终极背靠的意义，如柏拉图的"理念"、亚里士多德的"形式"、经院哲学的"神"，等等。这些终极背靠"具有超越知识成为信仰的意味"[②]。然而，认识论试图把本体的范畴推演转化为思维主体的理智认知活动，使认知超越有限以达到无限而取代对无限的信仰，并以自然科学的极度繁荣显示了自身的强大威力，致使在哲学中成熟完善的各门自然科学逐渐从哲学中脱离出来而导致哲学的虚无化，被"称为一切科学的女

---

[①] 陆杰荣：《论形而上学的当代命运及意义》，《辽宁大学学报》（哲学社会科学版）2005年第2期，第1页。

[②] 李朝东等：《西方形而上学及其现代命运》，《兰州大学学报》（社会科学版）2013年第5期，第32页。

王"的形而上学，此时，"时代的流行口吻导致对它表现出一切轻视，这位老妇遭到驱赶和遗弃，像赫伯卡一样抱怨到：modo maxima rerum，tot generis natisque potens-nunc trahor exul，inops-Ovid，Metam.（不久前我还是万物之首，因子婿众多而君临天下，而今却被放逐，一无所有"。——奥维德：《变形记》）[1]

伴随形而上学的衰落和自然科学的繁荣，心理主义产生了。"心理主义事实上是19世纪中期自然主义的直接产物"[2]，它"泛指关于观念的本质和存在规律研究中的这样一种简单的信念和原则，即应该并能够把观念还原为心理生理过程而加以自然科学式的处理，因此一切观念规律都可以看作心理学规律，应该使用心理学的研究方法"[3]。究其原因，心理学的产生完全是形而上学主客关系自身矛盾的激化。早在古希腊自然哲学时期，主客体的关系就被巴门尼德界定为"思维与存在的同一"[4]，这一"同一"在柏拉图那里走向了分离，思维是主体，存在是客体，思维与存在的关系成了主体对客体的认知关系。然而，柏拉图对主客体的分离是初步的、不自觉的，主体认知客体本质的活动表现为本质自身的范畴演绎过程所遵循的理性思维逻辑原则，思维主体淹没于存在客体之中。到了近代，认识论重新唤起了主体意识的觉醒，以主体原则的自觉化为标志的认识论致力于去解决本体论范畴演绎的困难，将内省当作哲学研究的有效方法，从而导致了心理主义，这在经验论者那里表现得最为明显。

二　从心理主义到胡塞尔：知识究竟何以可能？

通常认为休谟是第一个近代认识论意义上的心理主义哲学家，但实际上霍布斯才是心理主义的源头。霍布斯继承基督教哲学唯名论的传统，认为知识和观念起源于感觉，任何知识都从感觉经验开始。在他的《逻辑学》中，他总结他的理论纲要为：感觉—意向—言辞（符号）—符号之间

---

[1] 转引自〔德〕康德：《纯粹理性批判》（注释本），李秋零译注，中国人民大学出版社，2011，第3～4页。
[2] 斯鲁格：《弗雷格》，中国社会科学出版社，1989，第94页。
[3] 崔平：《对心理主义和反心理主义之争的超越性批判——为反心理主义制作"认识断裂"论证》，《学术月刊》2000年第9期，第37页。
[4] 《西方哲学原著选读》（上册），商务印书馆，1982，第31页。

的联结（逻辑）。① 霍布斯的意义在于将逻辑学开辟为心理主义和反心理主义的主战场，在他这里，概念被简化为符号，判断简化为符号之间的关系，推理指符号之间的联结。他的机械论哲学将哲学的研究对象限定于因果联系之中，为休谟联想主义的心理主义的产生埋下了伏笔。

霍布斯以后，洛克提出了观念论的哲学。观念按照来源被分为感觉和反省，感觉是在外界刺激下发生的活动，反省则是心灵自发的活动。这种心灵自发的活动是一种明确的心理主义。在此心理主义指导下，观念被区分为简单观念和复杂观念。简单观念是一种心灵中的概念，它构成知识的直接对象、材料和要素。心灵不能毁灭简单观念，只能把简单观念组合成复杂观念，把复杂观念分解为简单观念。而简单观念构成复杂观念的方式是算术关系相加、并列和相减，这样得到的观念被称为复合观念、关系观念和一般观念即共相。洛克还认为，心灵使用观念的材料建构知识，"知识不外是对于我们的任何两个观念之间的联系与符合"②，我们比较观念之间是否相符合，并且根据是否相符合的知觉的明白程度将知识分为直觉知识、证明知识和感性知识。

由于洛克将反省看作与感觉相并列的认识的来源，从而陷入了"双重经验论"，为贝克莱主观唯心主义的观念论打开了大门。贝克莱哲学的出发点是洛克的观念，他认为，人类知识的对象是观念，观念包括：①由感官印入的观念；②由于人心的各种情感作用而感知到的观念；③借助记忆和想象而形成的观念。他从这一前提出发得出结论：我们所知道的只是观念，而不是观念之外的事物，即"存在就是被感知"③。

贝克莱此言一出，举世皆惊，人人都知贝克莱的观点是错的，但是谁也找不到方法去驳倒他，甚至极端怀疑论者休谟还沿着贝克莱怀疑主义的道路走下去。休谟说，太阳今天从西边落下去，明天还会不会从东方升起来？没有人能给出确定的答案，但我们明明知道太阳明天将会从东方升起。休谟的心理主义只承认感觉经验的存在，完全守住感觉经验，一切诉诸感觉经验，将知识分为观念关系的知识和事实的知识。观念关系的知识

---

① 沈荣兴：《逻辑学中的心理主义和反心理主义述评》，《苏州大学学报》（哲学社会科学版）1988 年第 1 期，第 6 页。
② 《西方哲学原著选读》（上册），商务印书馆，1982，第 563 页。
③ 《西方哲学原著选读》（上册），商务印书馆，1982，第 502 页。

指通过观念关系的比较而形成的抽象科学和证明知识，主要指数字和逻辑；事实的知识也不外于观念关系，而需要寻求另外的知觉（印象和观念）才能判断原先观念之间的关系，并进而对判断的真假做出检验。为区别这两种知识，休谟提出了综合命题和分析命题的区分，这种区分直接导致康德的先天综合判断。

康德哲学观的本意是反心理主义的，他试图建立的形式逻辑和先验逻辑都摒弃了感觉而强调理性思维对认识的重要作用。康德的批判使心理主义和反心理主义达成了一个理论理性的共识：对理性主宰地位的认可。[①] 但是，康德并没有完成批判心理主义的任务，他的哲学只能说是在认识论这个框架内对心理主义和反心理主义的一种调和。康德以后，心理主义发展的势头呈燎原之势，在近代达到了空前的繁荣。

### 三　根本性的问题：逻辑学的基础是不是心理主义

胡塞尔所面对的正是一幅心理主义全面繁荣的图景：实证主义牢牢占据了哲学家的思维，逻辑学已经由形式的和形而上学的逻辑学走向了心理主义的逻辑学，归纳主义的逻辑学思想就是这个时代的突出代表。对于归纳主义的逻辑学来说，科学的信仰促使他们去寻求不变的真理，然而，"科学的信念无力将个体的信念与普遍有效的真理相区分，在这种状况下，向原则问题的回溯便仍然是一项需要解决的任务"。[②] 胡塞尔致力于这项任务，这在《纯粹逻辑学导引》一开始就进行的关于逻辑学划界的争论中表现得非常明显，争论主要有四个方面：一、逻辑学是一门理论性学科还是一门实践性学科（一门工艺论）；二、它是否独立于其他科学，尤其是独立于心理学或形而上学；三、它是不是一门形式学科，或者像人们习惯上说的，它是否"仅仅与认识的形式"有关，它是否也须注意认识的"质料"；四、它是否具有先天的和证实性学科的特征，还是具有经验的和归纳性学科的特征。[③] 对于传统的经验主义逻辑学家而言，"逻辑学是一门依

---

① 倪梁康：《心理主义的问题与理论哲学的观念》，《吉林大学社会科学学报》2003年第4期，第59页。
② 胡塞尔：《逻辑研究》（第1卷），上海译文出版社，1994，第2页。
③ 胡塞尔：《逻辑研究》（第1卷），上海译文出版社，1994，第4~5页。

赖于心理学的工艺论，这样，它本身便不可能具有那种形式的和论证的特征，即不可能具有算术……所具备的那些特征"。而在反心理主义者看来，"逻辑学是一门理论的、独立于心理学的并且同时是形式的和论证的学科"[①]。于是，确定逻辑学理论基础的问题便自然而然成为一项急迫任务。

在胡塞尔以前，心理主义作为逻辑学的理论基础似乎是不言自明的，穆勒就说："逻辑学不是一门与心理学相区别并与之相并立的科学，如果逻辑学是一门科学，那么它就是心理学的一个部分或一个分支，它与心理学的区别一方面类似于部分和整体的区别，一方面类似于工艺论与科学的区别。逻辑学的所有理论基础都来自心理学，而且，逻辑学中包含了心理学对工艺论规则的所有必要论证。"[②] 利普斯甚至认为，逻辑学只能作为心理学的一个组成部分而被纳入心理学之中。[③] 他们的回答代表了当时心理主义的一般态度："那些赋予逻辑学以特征标记的定律包含在心理学的领域内——没有理由对一门新的理论科学，尤其是一门可以在更狭窄和更精确的意义上配得上逻辑学这个名称的科学进行划界——心理学为逻辑的工艺论提供了唯一的和充足的理由根据。"[④]

这种看法存在一个固有的矛盾，胡塞尔就曾举毕达哥拉斯定律为例去证实："'我知道，毕达哥拉斯定律是真实的'……我可以证明这个定律；后一句话当然也可能是这样的：……'但我忘了如何证明它'。"[⑤] "在这里，证明是主观的活动，定律则是客观的定律。换言之，心理活动是主观的，逻辑规律是客观的；前者的主观性如何能推导出后者的客观性？……思维的联系如何过渡到思维内容的逻辑统一上去？"[⑥] 因此，反心理主义者给予了心理主义者以根本性的驳斥，他们说，"心理学对思维的考察在于研究：思维是怎样的；逻辑学对思维的考察在于研究：思维应当怎样。所以，心理学研究的是思维的自然规律，而逻辑学所研究的是思维的规范规

---

① 胡塞尔：《逻辑研究》（第1卷），上海译文出版社，1994，第5页。
② J. S. 穆勒：《对威廉·汉密尔顿爵士的哲学的考察》，第5版，第461页。转引自《逻辑研究》（第1卷），上海译文出版社，1994，第44页。
③ 胡塞尔：《逻辑研究》（第1卷），上海译文出版社，1994，第44页。
④ 胡塞尔：《逻辑研究》（第1卷），上海译文出版社，1994，第43～44页。
⑤ 胡塞尔：《逻辑研究》（第1卷），上海译文出版社，1994，第9页。
⑥ 倪梁康：《心理主义的问题与理论哲学的观念》，《吉林大学社会科学学报》2003年第4期，第59页。

律"①，二者研究的内容有根本的区别。反心理主义最早的代表之一康德就认为，逻辑学的问题"并不在于偶然性的规则，而在于必然性的规则——问题不在于我们是如何思维的，而在于我们应当如何思维。因此，逻辑学的规律必定不是从对理性的偶然使用中，而是从对理性的必然使用中获取的……我们在逻辑学中不是要知道：知性是如何的以及知性如何思维，它迄今为止在思维中是如何进行的；而是要知道，它在思维中应当如何进行。逻辑学应当教会我们如何正确地运用知性，即与知性自身相一致的运用知性。"②

心理主义的逻辑学家对反心理主义者的批判进行了回答和反驳，他们说，对知性的必然性使用也是一种对知性的使用，它连同知性本身一起属于心理学。思维应当怎样仅仅是思维怎样的一个特例。反心理主义者会说，心理学具有与逻辑学不同的任务，心理学的任务在于规律性地探索意识过程之间的实在联系以及意识过程与有关的心理心境和身体组织中对应的过程之间的实在联系；而逻辑学的任务不询问智力活动的因果性起源和结果，而是询问它们的真理内涵，但逻辑学怎么能撇开因果联系的问题不谈呢？它怎么能够不研究自然的联系就去寻求观念的联系呢？人们应当做什么的问题始终可以被回溯到人们为达到某个目的必须做什么的问题上去；而这后一个问题与另一个问题又是一致的，即这个目的事实上是如何达到的？甚至下面这个常被重复的论据也没能动摇心理主义派别坚守的信念：逻辑学建立在心理学基础上的可能性就和逻辑学建立在其他科学基础上的可能性一样小，因为每门科学都只有通过与逻辑规则相和谐才能存在，每门科学都已经设定了这些规则的有效性，心理学也不例外。因此，将逻辑学建立在心理学基础上的愿望是一种循环。

胡塞尔进一步考察了这个循环，他认为，一门科学设定某些规则的有效性，这可能是指：这些规则是它论证的前提；但它也有可能是指：它们是科学为了成为科学而在操作中所必须遵循的规则。但是心理主义将根据逻辑规则进行推理与对逻辑规则进行推理看作一回事，因为它认为只要对

---

① 胡塞尔：《逻辑研究》（第1卷），上海译文出版社，1994，第45页。
② 康德：《逻辑学》，载哈滕斯坦主编《康德全集》（第八卷），1867，第15页。转引自《逻辑研究》（第1卷），上海译文出版社，1994，第47页。

逻辑规则进行推理就会产生循环，正如一个艺术家在对美学一无所知的情况下也能创作出优美的作品一样，一个研究者也可以在不回溯到逻辑上去的情况下给出自己的证明，所以逻辑规律也可能不是这些证明的前提。为此，胡塞尔进行了反驳，他认为：心理主义者的论据仅仅说明了：心理学参与了对逻辑学的奠基，但并不代表着只有心理学参与了对逻辑学的奠基，也不意味着心理学主要参与了对逻辑学的奠基，就是说，心理学并没有为逻辑学提供在我们所规定的意义上的根本基础。① 相反，只有在一门"纯粹逻辑学"的意义上，我们才能找到"作为一门自然划界的、自身封闭的科学"，这种科学"应当具有其独立于所有心理学的此在"。②

四 对心理主义结论的反驳：心理主义必将走向相对主义怀疑论

假如我们暂时搁置逻辑学的基础问题，那么我们将会发现，心理主义的一个最基本结论是：在模糊的理论基础上只能建立起模糊的规则。只需看看心理主义者的主张便知道这是清楚明白的：穆勒认为物是感觉的恒久可能性，而规律仅仅是心理的联想。斯宾塞认为人的知识不能超出经验之外，自然界和社会发展不存在客观规律，而只存在"力的恒久可能性"。马赫则将世界看作要素，而物是要素的符号，一切科学理论都只是"作业假设"，"作业假设"没有绝对的正确与错误之分。阿芬那留斯"费力最小原则"的标准是"心理物理反应的合理性"或"满意感"，哲学思维是人们不断消除不满意感的手段，这样，哲学就成了关于记述最满意感的纯粹经验之学。

胡塞尔对这样的结论极不满意，他认为这种结论改变了规律的意义，否认了真理的存在。他说："如果心理学规律缺乏精确性，那么逻辑学的规定便也必定如此。毋庸置疑，有些逻辑学的规定的确带有某种模糊性，但确切意义上的逻辑规律，即那些作为论证规律构成逻辑学的真正核心的逻辑规律，如逻辑的原则、三段论的规律、多种多样的其他推理方式的规律……具有绝对的精确性。"③ 如果我们要把这些精确性与经验

---

① 胡塞尔：《逻辑研究》（第1卷），上海译文出版社，1994，第46~49页。
② 胡塞尔：《逻辑研究》（第1卷），上海译文出版社，1994，第49页。
③ 胡塞尔：《逻辑研究》（第1卷），上海译文出版社，1994，第53页。

的不确定性相混淆，使它们的有效性依赖模糊的状况，我们就从根本上改变了这些规律的真正意义。逻辑规律不能仅仅是经验的规律，即大致的原则。①

针对批评，心理主义者精致修改了自己的结论，使心理学的规范建立在精确思维规律（比如矛盾律和数学规律）的基础之上，这就是心理主义的第二个经验论结论。但胡塞尔认为，这样的努力是无济于事的，因为没有一条自然规律是先天可知的，也没有一条自然规律是明确自证的，经验主义者论证或证实这种规律的唯一途径是对经验的个别事实进行归纳。但归纳并不论证规律的有效性，而只论证这个有效性的或高或低的或然性；明确得到证实的是或然性而非有效性。据此，建立在心理主义基础上的逻辑学规律也必然会被归入或然性的档次。②

心理主义的第三个经验论结论是：对逻辑规律的认识来自心理学的事实性，逻辑规律是心理学事实的转变，它本身必定具有心理学的内涵，并且在双重的意义上，这些规律必须是心理之物的规律而且同时设定和包含心理之物的存在。胡塞尔说，这个结论很显然也是错误的。因为没有一条逻辑规律自身包含事实材料，同样也没有一条逻辑规律自身包含想象或判断或其他认识现象的存在。没有一条逻辑规律是心理生活的事实性规律，就是说，它既不是想象的规律，也不是判断的规律，更不是其他心理体验的规律。真实意义上的规律和纯粹数学规律相同，它们既不在论证上，也不在内容上以心理学的东西为前提。人们不应当把对一个规律所主张的心理学前提或心理学组成与这个规律内容所具有的逻辑成分混淆起来。③

心理主义的这些经验论结论使他们在对一些基本规则的解释中处处陷入矛盾，比如对矛盾律的解释，他们将它的原初基础定位于"信仰与不信仰"的"两个不同的精神状态"，认为它们相互排斥，每个肯定的现象与它的否定都处于尖锐的对立状态，一个现象出现的地方，另一个现象总是不出现，并进而将三段论定位于由对矛盾律的解释所得出的一个自然而然的结论。胡塞尔剖析了这些观点，他说：两个相互矛盾的定律不同为真并

---

① 胡塞尔：《逻辑研究》（第1卷），上海译文出版社，1994，第53页。
② 胡塞尔：《逻辑研究》（第1卷），上海译文出版社，1994，第53页。
③ 胡塞尔：《逻辑研究》（第1卷），上海译文出版社，1994，第59~61页。

且在这种意义上相互排斥,这是一个原则;光明与黑暗、声音与寂静相互排斥,这是对事实的一般化。虽然这些事实与矛盾的定律相关,但我们没有任何理由将这些事实与逻辑规律联系在一起。心理主义者关于意识两端的逻辑原则之基础的绝对常规只是一条同语反复。它们会带来一种奇怪的后果,即除了无矛盾的思想联系之外根本就没有也不可能有其他的联系。①这里可以看到一种意义双关性所带来的结果:对两个相互矛盾的定律不同为真这种逻辑规律的明察被等同于一种对心理学上无能为力的本能的和所谓直接的"感觉",即无能力同时进行相互矛盾的判断行为。明证性和盲目的信仰、精确的一般性和经验的一般性、事态的逻辑不相容性和信仰行为的心理学不相容性,就是说,不能同为真与不能同时信在这里被融为一体,这样它必然会到达一种怀疑论的结论。

胡塞尔指出:所有形式的心理主义都是相对主义,因为事实上所有心理主义的变种和扩展都是相对主义,只是一种未被人们始终认识到和未被明确承认的相对主义而已。无论心理主义是以"先验心理学"为依据并相信自己能作为形式唯心主义来拯救认识的客观性,还是以经验心理学为依据并把相对主义作为不可避免的事实接受下来,结果都是一样的。他从语词的意义、种类的构造、真理的源泉、种类的存在等几个方面批判了相对主义,认为真理的相对性导致世界存在的相对性。因为世界无非是对象的整体统一,这个统一与所有事实真理的观念系统相符合并且无法与这个系统分开,所以人们不可能将真理主观化而将真理的对象视为绝对自在的存在。

胡塞尔对相对主义指责的本质核心在于:相对主义明显是在反驳直接直观的明证性,即反驳在合理的而且也是必不可少的意义上"内在感知"的明证性。以直观为依据的判断只要意向地超越出事实性内涵材料的内涵之外,对这些判断所具有的明证性的否认便是合理的。但只要这些判断的意向仅朝向它们的内涵自身,只在它们真实的自身之中找到充实,那么它们便是真正明证的判断。心理主义的谬误之处就在于以指向自身内涵之外的意向去直观自身,因此必将失去其合理的基础。

---

① 胡塞尔:《逻辑研究》(第1卷),上海译文出版社,1994,第68~69页。

## 五 对心理主义论据的反驳：心理主义的三个成见

在批判了心理主义的结论之后，胡塞尔转而溯及批评心理主义的论据，他竭力证明：心理主义所依据的那些被误认为具有自明性的东西，实际上是错误的成见。

第一个成见是："支配心理之物的那些规定显然是建立在心理学基础上的。因此，认识的规范规律也必须建立在认识心理学的基础上。"① 胡塞尔指出，这个成见源自三段论的原则——特征的特征也就是实事本身的特征，这种理解很显然将错误的定律当作对所指思想的表述。任何普遍真理，无论它属于哪一个理论领域，都可以用来论证正确判断的一般规范。逻辑规范并不以任何方式显示自己有特别之处。根据它们的固有本性，它们不是规范的真理，而是理论的真理，并且作为这种真理，它们和其他所有科学真理一样，可以被用来对判断进行规范。而在这个问题上，心理主义者和反心理主义者都存在错误。反心理主义者的错误在于将认识的规则说成是逻辑规则的实质，因此，形式逻辑以及与它有同等权利的形式数学的纯粹逻辑特征便无法获得它们应有的有效性；而心理主义者们的错误在于他们误认了公理，因为很有可能，甚至就存在一些并不建立在心理学之上的判断规则，但他们不能认识到这一点。②

"根据心理主义者的第一个成见，认识的规则必须显而易见依据于认识的心理学，为了论证第一个成见，心理主义者诉诸于所有逻辑的事实性内容"③，这就造成了心理主义的第二个成见，在他们看来，人们将与心理现象有关的定律和理论排除出心理学之外的做法是奇怪的，任何哪怕仅仅将逻辑的一部分从心理学中异化出去的企图都是根本错误的。胡塞尔反驳说：纯粹数学按此说法也将成为心理学的一个分支，因为纯粹逻辑学教义和算术教义之间是天然相近的，它们具有理论上的统一性，以至于人们经常肯定：对于逻辑学来说合理的论据，必然也可以运用于算术。④

---

① 胡塞尔：《逻辑研究》（第1卷），上海译文出版社，1994，第35页。
② 胡塞尔：《逻辑研究》（第1卷），上海译文出版社，1994，第118~120页。
③ 胡塞尔：《逻辑研究》（第1卷），上海译文出版社，1994，第46页。
④ 胡塞尔：《逻辑研究》（第1卷），上海译文出版社，1994，第146~147页。

心理主义的第三个成见是:"所有真理都处在判断之中。但是我们只是在判断明证的情况中才将一个判断断定为真。"① 如果不是"明证性"这个条件,我们几乎可以将心理主义的这个成见与胡塞尔批评过的相对主义等同起来,那么,明证性如何理解呢?胡塞尔说:"明证性这个词——人们这样说——标志着一个特殊的、对于它的内在经验来说是熟悉的心理特征……这保证了与它相联结的判断的真理性。"②

胡塞尔说,我们暂且不论所有真理是否处于判断之中,但我们绝不会怀疑,认识真理并合理地提出真理是以发现真理为前提的,我们也必须承认:纯粹逻辑学的定律与心理学的明证性材料有某种关系,并且在某种意义上提供了这些材料的心理学条件。纯粹逻辑学的定律本身虽然不会对明证性和明证性的条件做出任何陈述,但这些定律只要被运用或者说被转用,它就能获得那些与明证性体验的关系。人们可以发现,通过对某些明证性定律的先天可能的明证性改造,人们只要愿意便可以从任何纯粹逻辑学规律中发现明证性条件,但即使我们放弃了纯粹逻辑学定律的原本形式并将它们改造成为相应等值的明证性定律,心理学也无法从中获得以作为它的固有财产加以运用的东西,因为它们是一门经验科学,一门关于心理事实的科学,它们的可能性是实在可能性的一种情况,但是明证性的可能性是观念的可能性,虽然它们是一种可能的心理体验,但这种明证性在心理学上也是不可能的。③

胡塞尔认为:"在这场争论中,最终的澄清说到底也依赖于对最根本的认识论区别,即对实在之物和观念之物区别的正确认识,或者说,依赖于对所有在自身中体现了这两个最根本区别的那些区别的正确认识。它们便是那些一再被强调的在实在的和观念的真理、规律、科学之间的区别,实在的和观念的(个体的和特殊的)一般性和个别性等等之间的区别。"④ 但是,完成了认识论的重要划分并不意味着正确把握住了它们的认识论本质,必须明晰地理解,观念之物自身是什么?它与实在之物的联系是什么?观念之物怎样与实在之物相联系?观念之物如何寓于实在之物中并且

---

① 胡塞尔:《逻辑研究》(第1卷),上海译文出版社,1994,第157页。
② 胡塞尔:《逻辑研究》(第1卷),上海译文出版社,1994,第157页。
③ 胡塞尔:《逻辑研究》(第1卷),上海译文出版社,1994,第159~162页。
④ 胡塞尔:《逻辑研究》(第1卷),上海译文出版社,1994,第163~164页。

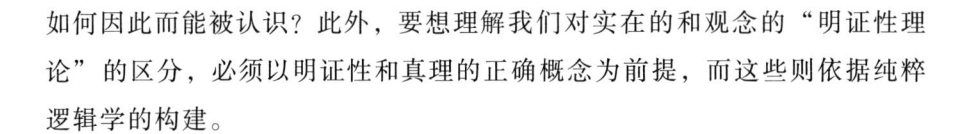

如何因此而能被认识？此外，要想理解我们对实在的和观念的"明证性理论"的区分，必须以明证性和真理的正确概念为前提，而这些则依据纯粹逻辑学的构建。

### 六 纯粹逻辑学的理想：含义、规律与有效性

胡塞尔在反驳心理主义的结论时就说，反心理主义者"尽管在对纯粹逻辑学的定义和构造方面不很成功，它们在这一点上却接近了纯粹逻辑学，即：他们注意到了在传统逻辑学中理论上相互联系的真理的丰富性，这些真理既不能被归入心理学，也不能被归入其它具体科学，因此这些真理使人们想到一个特有的真理领域。而如果它们恰恰就是那些与所有逻辑规则最终相联系的真理，并且因而就是那种在谈到时所首先必须考虑的真理，那么人们就会把它们看作整个逻辑学的本质并把它们的本质统一称之为'纯粹逻辑学'。"[①] 这里胡塞尔提出了纯粹逻辑学的理想，《逻辑研究》的第二卷取名叫"现象学研究与认识论"，就是为了构建这个理想。

对于胡塞尔来说，纯粹逻辑学概念的提出将他与穆勒的逻辑观直接相对立。相比之下，似乎康德的逻辑观和他走得更近，但这也并不意味着他就赞同康德逻辑观的内容，因为康德的知性、理性作为某个规范性思维行为的能力在自身的概念中以纯粹逻辑学为前提而本身并不就是纯粹逻辑学。因此，按照胡塞尔的说法，似乎赫巴特比康德离纯粹逻辑学概念更接近。赫巴特的接近是因为他与康德相对，重新提出了莱布尼茨的观念。莱布尼茨为改造逻辑学做出了锲而不舍的努力，他力图达到这样一个目标：将经院哲学逻辑学进一步发展成为一门具有数学形式和严格性的学科，一门在最高和最广泛意义上的普遍数学。因此他以天才的直觉预见到了逻辑学自亚里士多德以来的最伟大收获：概率论以及在19世纪后半期才成熟起来的（三段论或反三段论）对推理的数学分析。他的组合使他成为纯粹流形理论这门与纯粹逻辑学相近，甚至内在地结合在一起的学科的精神之父。这一切表明，他已经立足于纯粹逻辑学观念的基础之上。

这种纯粹逻辑学的观念是一种科学上的统一。胡塞尔将科学分为经验

---

① 胡塞尔：《逻辑研究》（第1卷），上海译文出版社，1994，第51页。

科学、规范科学和观念科学。在心理主义者看来，这种统一是一种人类学——思维行为、思维心境连同某些有关的外在活动的统一，是一种经验科学的统一。但在反心理主义者看来，使科学成为科学的东西，怎么可能是一种思维行为的心理联系呢？他们认为这种统一应该是一种规范科学的统一。但是，心理主义者却将规范科学看作经验科学的一个特例，因为它仅仅将逻辑的基本规律看作思维规律，这些规律的作用仅仅是使思维规范化。胡塞尔在批判了心理主义以后，在更高层次上提出了科学的统一，即理论科学的统一，这种理论科学是某种客观的或观念的联系，它们使这些思维行为具有统一的对象关系并且在此统一性中具有观念的有效性。界定观念的有效性便成为他所面临的首要任务，或者说，论证纯粹逻辑学的可能性以及确定它的可能范围便成为纯粹逻辑学应当承担的基本任务。这些任务被胡塞尔分为三个层次，它们是纯粹逻辑学所面临的三项任务。

第一个层次是确定纯粹含义的范畴、纯粹对象的范畴以及它们之间有规律的复合。"这里的基本目标在于概念的确定和澄清"[1]，因为"被给予的理论是一种对被给予的各种定律的演绎联结，而这些演绎联结本身则是某种对被给予的各种概念的联结"[2]，"无论纯粹逻辑学的范围扩展的有多远，它都必须建基于观念含义范畴的意义之上，并且因此必须是一门与含义本身以及含义规律有关的科学"[3]，因此"必须确定所有这些概念，必须个别地研究它们的'起源'"[4]，"要想达到这个目的，我们就只能在相应性的观念直观中将本质直观地当下化，或者，如果我们所涉及的是复杂的概念，就只有去认识寓居于这些概念之中的基本概念的本质性以及认识它们联结形式的概念的本质性。"[5]

对建立在这些范畴中的规律和理论的寻找便是胡塞尔为纯粹逻辑学所确定的第二项任务。这里的"含义规律"所指的是什么呢？胡塞尔认为，它们是一些在含义的复合体中起支配作用并且具有将含义复合体的意义与

---

[1] 倪梁康：《现象学的始基》，中国人民大学出版社，2009，第18页。
[2] 胡塞尔：《逻辑研究》（第1卷），上海译文出版社，1994，第211页。
[3] 倪梁康：《胡塞尔〈逻辑研究〉中的纯粹逻辑学观念》，《江海学刊》2003年第3期，第31页。
[4] 胡塞尔：《逻辑研究》（第1卷），上海译文出版社，1994，第212页。
[5] 胡塞尔：《逻辑研究》（第1卷），上海译文出版社，1994，第213页。

无意义区分开来的功能。比如我们说"金山"这个词语,它是有意义的,尽管它没有所指的对象;但是我们说"木的铁"就没有意义,这就是含义规律给我们带来的规范结果。但含义规律还不就是确切意义上的"逻辑规律",胡塞尔将这两种规律的区别概括为:含义规律"赋予纯粹逻辑学以可能的含义形式,即复合的、具有统一意义的含义的先天形式,这些形式的'形式'真理或'对象性'才是由确切意义上的'逻辑规律'来制约的"。①

除此之外,胡塞尔还提到了另外一种逻辑规律,即纯粹逻辑语法学的规律,它同样不是确切意义上的逻辑规律,但是又属于纯粹逻辑学的领域,他说:"在纯粹逻辑学之内存在着一个不考虑所有对象性的规律的领域,这些规律不同于在通常的和确切的意义上的逻辑规律,它们有充分的理由可以被称之为纯粹逻辑语法学的规律。"② 纯粹逻辑语法学的规律与纯粹含义学的规律密切相关,因为谈到含义必然会谈到表述,在表述和含义之间存在一种内在的联系:表述是有含义的符号。③ 胡塞尔强调,纯粹逻辑语法学同样区别于逻辑学,每一个语词可能都是有意义的,但并非每一个复合词也具有意义,比如"国王但是或者吃饭类似",对这些须避免的无意义的任务必须被归结给纯粹逻辑语法学。④

建立有关可能的理论形式的理论,这是胡塞尔认为纯粹逻辑学应当担当的第三个任务,也是最终任务。这也是从澄清范畴(含义)——第一项任务,到寻找规律——第二项任务所必然到达的一个结论,胡塞尔将其称为纯粹流形论。

流形这个概念被胡塞尔用来表示"空间所具有的一种纯粹的范畴形式,也就是说,流形是这样的一个观念种属,'我们的'空间构成这个观念种属中的一个个体个别性,但它并不构成这个观念种属中的一个最终的特殊差异。"⑤ 一门流形论的最一般观念就是这样一门科学,它确定组织各

---

① 倪梁康:《胡塞尔〈逻辑研究〉中的纯粹逻辑学观念》,《江海学刊》2003 年第 3 期,第 30 页。
② 胡塞尔:《逻辑研究》(第 2 卷上册),上海译文出版社,1998,第 324 页。
③ 倪梁康:《胡塞尔〈逻辑研究〉中的纯粹逻辑学观念》,《江海学刊》2003 年第 3 期,第 32 页。
④ 倪梁康:《胡塞尔〈逻辑研究〉中的纯粹逻辑学观念》,《江海学刊》2003 年第 3 期,第 32 页。
⑤ 胡塞尔:《逻辑研究》(第 1 卷),上海译文出版社,1994,第 218~219 页。

种可能理论（或领域）的本质类型并研究它们相互间的规律性关系。胡塞尔借用流形论这个数学的概念以说明存在这样一个一般的领域，如果在这个领域纯粹逻辑学能得到充分的展示，那么它将成为一门包罗万象理论的最高抽象，成为一门关于一般理论的理论科学的最终目的和最高目的。在这里，具体科学和一般理论科学具有如下一种关系。他以数学为例说："数学家在构造数、值、推理、流形的理论时，不需要去最终明察一般理论的本质以及决定着这些理论的概念和规律的本质。所有特殊科学的情况也与此相似。'自然秩序上的在先之物'恰恰不是'为我的在先之物'……使一般的、富有实践成效的科学成为可能的东西不是这种本质性的明察，而是科学的直觉和方法……哲学不想插手特殊研究者的工作，而只想明察他在实事方面的成就的意义和本质。对于哲学家来说，我们熟悉这个世界，我们拥有作为公式的规律，根据这些规律，我们可以预言事物未来的进程，可以重构事物过去的进程，但这还不够，他还要弄清'事物'、'进程'、'原因'、'结果'、'空间'、'时间'等等的本质；此外，他还要弄清，这些本质对思维着它们的思维的本质，对认识着它们的认识的本质，对意指着它们的含义的本质等具有哪些奇特的亲和性。如果说科学为了系统地解决它的问题而建造起各种理论，那么哲学家则要询问，理论的本质是什么？是什么使理论得以可能，如此等等。只有哲学研究才为自然研究者和数学家的成就提供了补充，从而使纯粹的和真正的理论认识得以完善。"①

这样，胡塞尔就完成了对心理主义作为逻辑学基础的批判，并通过纯粹逻辑学三个层次的论证指向了一门新的、纯粹理论的、具有先天纯粹论证性特征的纯粹逻辑学的构建。关于这个构建，倪梁康先生有一句经典的评论："说到底，如何来命名在纯粹逻辑学的这个标题下的各门学科及其实事领域，这只是一个技术方法的问题"，它"最终是由这个根本的奠基层次所规定的：首先是原始的含义因素与含义结构，其次是它们的复合规律和变更规律，最后是它们的有效性规律"。②

---

① 胡塞尔：《逻辑研究》（第1卷），上海译文出版社，1994，第222页。
② 倪梁康：《胡塞尔〈逻辑研究〉中的纯粹逻辑学观念》，《江海学刊》2003年第3期，第34页。

## 第二节　表述与含义的观念分析

在胡塞尔对纯粹逻辑学的构建中，他给予范畴的确定以基础性地位，认为"观念含义范畴的意义……以最一般的方式规定着那些使科学在客观方面得以成为科学的统一性"①。《逻辑研究》的第二卷包含六项研究，第一项研究的内容就是范畴的意义。

### 一　符号概念的双重含义：表述与指号的区分

在《第一研究》中，胡塞尔的分析由符号（Zeichen）概念的双重含义开始。所谓符号，在胡塞尔看来指的是"任何一个指示或隐含着某个在它之外的东西的存在的对象或现象"②，它"根据其是否具有'含义'（Bedeutung）或'涵义'（Sinn）而分割为'表述'（Ausdruck）和'指号'（Anzeinchen）③ 两个部分"④。人们常常在同一个意义上使用表述和符号这两个术语，但根据胡塞尔的划分，表述仅指有含义或涵义的符号。从客观上看，表述具有自身确定、不因人而异的含义，比如"二次幂的余数"；从主观上看，即从作为行为的实在关系方面的角度去看，表述是一个可理解的体验，比如"我们'看'到他的痛苦和愤怒"，语言的表述者和语言的倾听者都处于一个可理解的心理体验之中，因而表述是有意义的，也是有含义的。⑤

---

① 胡塞尔：《逻辑研究》（第2卷下册），上海译文出版社，1999，第255页。
② 朱耀平：《意义幽灵与语词肉身的二元对立的消解——德里达对胡塞尔意义理论的反思与解构》，《武陵学刊》2012年第2期，第13页。
③ 关于 Anzeinchen 的翻译，国内至少有三种译法，一是浙江大学倪梁康教授将其译为"信号"，二是中山大学方向红教授将其译为"指号"，三是苏州大学朱耀平教授将其译为标志。本书（乃至现象学）中讨论的 Anzeinchen 特指一种没有含义或涵义的符号（Zeichen），和汉语语境中的信号指"运载消息的工具"有明显的区别，所以译为信号似有不妥；本书采用方向红教授的译法，将其译为指号，将《逻辑研究》中频频出现的另外一个词 Bezeichnen，按照倪梁康教授的译法译为"标志"或"标识"。凡本书引用倪梁康教授的译作，涉及 Anzeinchen 这个词的，一律将信号改为指号。下不再注明。
④ 方向红：《论德里达与胡塞尔的符号学之争》，《江苏社会科学》2003年第1期，第38页。
⑤ 方向红：《论德里达与胡塞尔的符号学之争》，《江苏社会科学》2003年第1期，第38页，略有改动。

但是，尽管符号都是某种东西的符号，都指示或隐含着某个在它之外的东西的存在的对象或现象，却并不是每个符号都具有一个含义、一个借助符号而"表述"出来的"意义"。那种不具有含义或涵义的符号叫指号。在这里，指号是单纯的符号，它不代表某种意义，也不代表某种东西，我们也可以将其称为记号（Kennzeichen）或标号（Merkzeichen）。

指号不具有含义并非意味着指号没有意义，胡塞尔说，"我们将火星上的运河称为智慧的火星人存在的符号，将化石骨骼称为太古动物存在的符号"①，这些符号都是指号。指号还包括一些"回忆符号，如手绢包着的一个可爱的纽扣，纪念碑等等"②。他对指号下了一个定义："在真正的意义上，一个东西只有当它确实作为某物的指示而服务于一个思维着的生物时，它才能被称之为指号。"③

这种指号不同于主观意义上和客观意义上的表述，因为指号既不像在体验性表述或行为的实在性关系表述中那样，"在表示者的意识中与被表示的体验是同一个现象"④，也不像在作为对象或行为内容的观念表述那样，具有一个不因时间、地点、人物而转移的确定含义。

指号所具有的意义在于指示、指明和证明。在指示的意义上，烙印是奴隶的符号，旗帜是民族的符号。在这里，"特征"作为"特性方面的"状况恰当展示它们所属的客体。人们可以为了指示的目的而随意选出适当的物体、过程并且对这些物体与过程做出规定以便让他们作为指号起作用。而且，无论它们是否起作用，或者是否起到我们想要它们具有的作用，它们都是有意义的。比如，可以选定烙印作为奴隶的符号，我们也可以选定割去一只耳朵作为奴隶的符号，烙印或者缺耳作为奴隶的符号是随机的、不固定的，烙印和缺耳本身不具备含义，它所具备的含义是我们赋予它们的意义，是我们让烙印或缺耳具有对奴隶的指示作用，即便在现实生活中它们没有起到我们想要它们具有的作用。这种为了指示的目的随意造出的符号叫作"标志"或"标识"（Bezeichnen），这一方面是就这个创造了指号的行为而言（烙印、割去一只耳朵等），另一方面是在指示本身

---

① 胡塞尔：《逻辑研究》（第2卷上册），上海译文出版社，1998，第27页。
② 胡塞尔：《逻辑研究》（第2卷上册），上海译文出版社，1998，第27页。
③ 胡塞尔：《逻辑研究》（第2卷上册），上海译文出版社，1998，第27~28页。
④ 胡塞尔：《逻辑研究》（第2卷上册），上海译文出版社，1998，第33页。

第三章　哲学与科学的同一

的意义上，即是说，就指示的或被称呼的客体——奴隶而言。

　　胡塞尔的以下一段话描述了这种指示作用的发生过程，"某些对象或事态的存在为人现实地知晓，但它们却在这样一种意义上为人们指示了另一些对象或事态的存在，即：对一些事物存在作为信仰或推测另一些事物存在的动机（并且是一种不明的动机）为人们所体验。各种指示的和被指示的事态是在思维者的判断行为中构造出自身，而上述行为便在这些判断行为之间建立起一种描述性的统一。"①

　　这个"描述性的统一""不仅包含了对指示的指明（Hinweis），而且还包含了对真正推理和论证的证明（Beweis）"②。然而，指示是不明晰的，它并不建构于客观确然的含义之上或者众所周知的定律之中，"在指示的状况中不可能有明晰性，也可以客观地说，在指示的情况中不可能有对有关判断内容的观念联系的认识"③。指明或者证明却是明晰的，它们源自推理，源自前提和结论之间的一种固定关系，"在这里所表现出来的是一种观念的合规律性，这些合规律性超越出了那些在此时此地（hic et nunc）由各种动机联结起来的判断，并且，这种合规律性在超经验的普遍性中把所有具有同一内容的判断本身、甚至把所有具有同一形式的判断本身归结在一起。"④

　　胡塞尔对指示的区分让我们想起休谟对联想的定义：两种现象恒常结合在一起在我们头脑中引起的习惯性联想。胡塞尔自己也说："指号这个概念起源于心理事实之中，它在心理事实中抽象地得到把握。这些心理事实包含在一个更广泛的、被历史地称之为'观念联想'的事实组中。"这个观念联想"不仅包含着联想规律所表述的东西，包含着通过'重新唤起'（Wiedererweckung）而引起的'观念共现'（vergesellschaftung）的事实所表述的那些东西，而且包含着更多的事实，在这些事实中，联想通过对特殊性质和统一形式的创造而在这些事实中显示自身。联想不仅把内容唤回到意识之中，而且让意识根据内容本质的规律性规定把这些内容和现

---

　　①　胡塞尔：《逻辑研究》（第2卷上册），上海译文出版社，1998，第28页。
　　②　胡塞尔：《逻辑研究》（第2卷上册），上海译文出版社，1998，第28页。
　　③　胡塞尔：《逻辑研究》（第2卷上册），上海译文出版社，1998，第29页。
　　④　胡塞尔：《逻辑研究》（第2卷上册），上海译文出版社，1998，第29页。

有的内容联结在一起。"① 它"从单纯的共同存在之物中构造出相互属于之物，或者更确切地说，从单纯的共同存在之物中构造出各个相属地显现着的意向统一，这就是联想功能的连续成效"②，从而"一个对象或事态不仅使人们回想起另一个对象或事态并且以这种方式指出另一个对象或事态，而且，一个对象或事态同时还为另一个对象或事态作证，建议人们去设想另一个对象或事态的存在。"③

## 二 表述与指号的交织：指示

指号的功能在于指示，然而它却"不表述任何东西，如果它表述了什么，那么它便在完成指示作用的同时还完成了意指的作用"④。在这个意义上，指号就已经不再是指号而是一个表述了。"意指并不是一种在指示意义上的符号存在。意指的范围比较窄，因为意指——在告知的话语中（in mitteilend Rede）——总是与那个指号存在的状况交织在一起，而指号则论证了一个较广的概念，这是因为指号可以摆脱这种交织的状况而单独出现。"⑤

不仅仅指号才具有指示的功能，胡塞尔也在指示的领地划分出一块给予表述——只不过表述除了指示的功能之外，还多了意指的功能而已。他将表述划分为"在交往功能中的表述"和"在孤独的心灵生活中的表述"。他首先设定，"每句话语，话语的每个部分，以及每个本质上同类的符号都是表述，而此话语是否被说出，是否在交往的意图中朝向某些人，都是无关紧要的"⑥，并且与此相反，他"将表情和手势排除在表述之外，这些表情和手势无意地，至少不带有告知意向地伴随我们的话语，或者，在这些表情和手势中，一个人的心灵状态即使不通过话语的作用也可以得到使周围的人可以理解的'表述'"⑦

---

① 胡塞尔：《逻辑研究》（第 2 卷上册），上海译文出版社，1998，第 31~32 页。
② 胡塞尔：《逻辑研究》（第 2 卷上册），上海译文出版社，1998，第 32 页。
③ 胡塞尔：《逻辑研究》（第 2 卷上册），上海译文出版社，1998，第 32 页。
④ 胡塞尔：《逻辑研究》（第 2 卷上册），上海译文出版社，1998，第 26 页。
⑤ 胡塞尔：《逻辑研究》（第 2 卷上册），上海译文出版社，1998，第 26~27 页。
⑥ 胡塞尔：《逻辑研究》（第 2 卷上册），上海译文出版社，1998，第 33 页。
⑦ 胡塞尔：《逻辑研究》（第 2 卷上册），上海译文出版社，1998，第 33 页。

## 第三章　哲学与科学的同一

对于胡塞尔来说，表情和手势属于指号的范畴，因为"它们并不像表述一样，在表示者的意识中与被表示者的体验是同一个现象"，它不具有任何含义。那么，具有含义的"在交往功能中的表述"和"在孤独的心灵生活中的表述"是否属于指号的范畴呢？

在"交往功能中的表述"那里，胡塞尔认为："只有当言谈者怀着要'对某物做出自己的表示'这个目的而发出一组声音（或写下一些文字符号等）的时候，换言之，只有当他在某些心理行为中赋予这组声音以一个他想告知于听者的意义时，被发出的声音才成为被说出的语句，成为告知的话语。但是，只有当听者也理解说者的意向时，这种告知才成为可能。"① 此时，"相互交流的人具有息息相关的物理体验和心理体验，这两种体验之间的相互关系是通过话语的物理方面而得到中介的……说与听，在说中的对心理体验的传诉（Kundgabe）和在听中对心理体验的接受（Kundnahme），这两者是互属的"②。胡塞尔认为，一旦我们把握到这一层关系，我们就会认识到，所有在交往话语中的表述都是作为指号在起作用。所以他说，"指号这个概念与表述概念相比是一个在范围上更广的概念"③，尽管"就其内涵而言，指号并不因此而成为一个属"④。

但"在孤独的心灵生活中的表述"并不是这样，"被我们用作指号（记号）的东西，必定被我们感知为在此存在着。"⑤ 这一点适用于在告知的话语中的表述，但不适用于在孤独的话语中的表述。"在孤独的话语中，我们不需要真实的语词，只需要表象就够了。在想象中，一个被说出的或被印出的语词文字浮现在我们面前，但实际上它并不存在。"⑥ 我们不能将想象表象或想象内容与想象对象混为一谈，"这里存在着的不是被想象的语词声音或者被想象的印刷文字，而是对这些声音或文字的想象表象……语词的不存在不妨碍我们……也不引起我们的兴趣。因为对于作为表述的表述的功能来说，语词的存在与否无关紧要。"⑦ 相反，在交往中，语词的

---

① 胡塞尔：《逻辑研究》（第2卷上册），上海译文出版社，1998，第35页。
② 胡塞尔：《逻辑研究》（第2卷上册），上海译文出版社，1998，第35页。
③ 胡塞尔：《逻辑研究》（第2卷上册），上海译文出版社，1998，第26页。
④ 胡塞尔：《逻辑研究》（第2卷上册），上海译文出版社，1998，第26页。
⑤ 胡塞尔：《逻辑研究》（第2卷上册），上海译文出版社，1998，第38页。
⑥ 胡塞尔：《逻辑研究》（第2卷上册），上海译文出版社，1998，第38页。
⑦ 胡塞尔：《逻辑研究》（第2卷上册），上海译文出版社，1998，第38页。

存在至关重要。思想不仅以意指的方式被表述,并且也通过传诉被告知,这种传诉只有在现实的听与说中才是可能的。

由此,我们发现,表述与指号的界限并不严格,指号具有了含义可以上升为表述,(而表述失去了意义可以下降为指号)。我们也可以如此描绘指示、表述和指号的关系:表述和指号都在行使着指示的功能,"在交往功能中的表述"是指号的一部分但又独立于指号,"在孤独的心灵生活中的表述"则完全独立于指号。甚至我们可以在某种意义上说,如果表述与指号是两个不同的集合的话,在"交往功能中的表述"是这两个集合的交集,虽然胡塞尔并不把指号看作一个独立的集合。

### 三 表述指向意指的三重区分

上文我们讨论了表述和指号的指示功能,下文我们讨论表述所具有的意指功能。我们从胡塞尔对表述进行的区分开始,他首先把表述区分为"表述的物理方面"和"与表述相联结的心理体验"两个层次。在"表述的物理方面",我们可以看到一些"感性符号、被发出的一组声音、纸张上文字符号以及其他,等等",这是一些直观的表述现象。而"某些与表述相联结的心理体验,它们使表述成为关于某物的表述"[1]。

但是,一个名称所传诉的东西(即那种心理体验)和这个名称所意指的东西、一个名称所意指的东西(意义、称谓表象的内容)和这个名称所称呼的东西(表象对象)是不一样的。"仅仅在物理符号和赋予意义的体验之间做出区分是不够的。"[2] 胡塞尔说:"如果我们立足于纯粹描述的基地之上,那么激活意义的表述这个具体现象便可一分为二,一方面是物理显现,表述在物理现象中根据其物理方面构造其自身;另一方面是行为,它给予表述以含义并且有可能给予表述以直观的充盈,并且,与被表述对象性的关系在行为中构造起自身。正是因为行为,表述才不单纯是一个语音。表述在意指某物,并且因为它意指某物,它才与对象性之物发生关系。"[3] 这里实际上对表述做了语言陈述上的三重区分:一是物理表述现

---

[1] 胡塞尔:《逻辑研究》(第2卷上册),上海译文出版社,1998,第34页。
[2] 胡塞尔:《逻辑研究》(第2卷上册),上海译文出版社,1998,第34页。
[3] 胡塞尔:《逻辑研究》(第2卷上册),上海译文出版社,1998,第39页。

象；二是意义给予行为；三是意义充实行为。他说："我们将直观空乏的含义意向与被充实的含义意向之间的根本差异作为我们的基础……便可以将两种行为或行为序列区分开来：一方面是那些对于表述来说本质性的行为，只要表述还是表述……还是激活意义的语音，这些行为对于表述来说就是本质性的。我们将这些行为称之为赋予含义的行为，或者也称之为含义意向（Bedeutungsintention）。另一方面是那些尽管对于表述来说非本质的，但却与表述有着逻辑基础关系的行为，这些行为或多或少充实着表述的含义意向，并且因此而将表述关系现实化。我们将这些在认识统一或充实统一中与赋予含义的行为相互融合的行为称之为含义充实的行为……简称为含义充实（Bedeutungserfüllung）。"①

如此，我们可以看到，在一个告知性的话语中，表述的三个层次分别起着各自的作用：物理的表述现象是交往行为中传诉需要借助的可感知符号；含义意向则"构成了传诉的本质核心"②，它与含义充实达到一致，"显现为一种通过完整的表述而得到表述的行为"③。但与这种划分相伴而生的是语词含义的偏差与含义的同一问题，胡塞尔将其诉诸主观表述与客观表述的区分。

胡塞尔说，"含义本身是相对于各种可能行为之杂多性而言的观念统一性"④，它在关于表述和指号的区分中起着根本性的作用，并且，在对表述本身进行区分，即将表述区分为主观意义上的表述与客观意义上的表述中，含义同样起着关键性的作用。对表述行为在主观意义上进行区分与在客观意义上进行区分，就是"在有偏差的意指行为与观念统一的含义之间做出区分"⑤。

四　从含义偏差的根源到纯粹逻辑学的任务

胡塞尔说："我们将一个表述称之为客观的，如果它仅仅通过或能够仅仅通过它的声音显现内涵而与它的含义相联系并因此而被理解，同时无

---

① 胡塞尔：《逻辑研究》（第2卷上册），上海译文出版社，1998，第40页。
② 胡塞尔：《逻辑研究》（第2卷上册），上海译文出版社，1998，第41页。
③ 胡塞尔：《逻辑研究》（第2卷上册），上海译文出版社，1998，第41页。
④ 胡塞尔：《逻辑研究》（第2卷上册），上海译文出版社，1998，第82页。
⑤ 胡塞尔：《逻辑研究》（第2卷上册），上海译文出版社，1998，第82页。

须必然地观看做陈述的人以及陈述的状况。"① 客观的陈述有可能以不同的方式导致其多义性，它与多个含义处于关系之中，并因"听者的偶然思想方向"、"处于流动之中的语序以及由语序引起的倾向"等心理学状况而意指含义中的哪一个，但是客观的表述是那些"'抽象'科学的②原理和定理、证明和理论建立于其上的那些表述"③。在这里，"现时话语的状况丝毫不会影响到例如一个数学表述意味着什么。我们读到它并且理解它，同时无须去思想某个说者"④。

此外，还有一种"本质上主观的和机遇性的表述，或简称为本质上机遇性的表述，这种表述含有一组具有概念统一的可能的表述，以至于这个表述的本质就在于，根据机遇，根据说者和他的境况来决定它的各个现实含义"⑤。在这里，说者给予听者的确定含义要取决于观看到的实际陈述状况。"这些表述或是伴随在研究者自己的思维活动中，或是研究者通过它们来向其他人传诉他的思考和努力、他方法上的措施和暂时的信念。"⑥

无论是客观的表述还是本质上机遇性的表述，它们都分为精确的表述与模糊的表述。"在日常生活中的大多数表述都是模糊的……而所有在纯粹理论和规律中作为其组成部分出现的表述则是精确的。"⑦ 在精确的表述那里含义是客观的和固定的，在模糊的表述那里，含义是有偏差的。

我们在此必须"要考虑一个问题：含义偏差的这些重要事实是否会动摇我们对含义的理解？即：含义是观念的（并且因此而是固定不变的）统一，或者，它们是否会在这种理解的普遍性方面造成根本性的限制？……因而问题在于：含义是否分为客观含义和主观含义、固定的含义和随机变化的含义？……初看起来，这个区分换而言之只能这样理解：一些含义以固定种类的方式体现了观念的统一，它们始终不为主观表象和思维的变化所动；而另一些含义则处在主观心理体验的变动之中并且时而在此，时而

---

① 胡塞尔：《逻辑研究》（第2卷上册），上海译文出版社，1998，第85页。
② 在倪梁康的译本中，"抽象科学的"以异体字排出，以表示此处是胡塞尔《逻辑研究》第2版增添的部分。
③ 胡塞尔：《逻辑研究》（第2卷上册），上海译文出版社，1998，第86页。
④ 胡塞尔：《逻辑研究》（第2卷上册），上海译文出版社，1998，第86页。
⑤ 胡塞尔：《逻辑研究》（第2卷上册），上海译文出版社，1998，第85页。
⑥ 胡塞尔：《逻辑研究》（第2卷上册），上海译文出版社，1998，第86页。
⑦ 胡塞尔：《逻辑研究》（第2卷上册），上海译文出版社，1998，第92页。

又不在此?"①

这一观点是不正确的,"与一个固定的表述所具有的内容一样,那些被主观的、其含义随机而定的表述在特定情况中所意指的内容在这个意义上正是一个观念统一的含义。这一点明确表现在这样一个状况中:从理想上说,在同一地坚持其暂时具有的含义意向的情况下,每一个主观表述都可以通过客观表述来代替"②,而这"从根本的意义上来说无非意味着客观理性的无局限性"。③

这种客观理性的无局限性在康德那里是指理性限制知性的范围又指向一个超出知性定在(Dasein)的无限存在(Sein),它是一个认识无限推进的过程,在胡塞尔这里也是这样。胡塞尔说:"在这里,所有存在着的东西都是'自在地'可认识的……都具有自在地确定不变的属性与关系……所有自身确定不变的东西都必然可以受到客观的规定,而所有受到客观规定的东西,从理想上说,都可以在确定不变的语词含义中被表达出来。与自在存在相符合的是自在真理,而与自在真理相符合的又是固定的和单义的自在陈述。诚然,为了始终能够真实地表述出自在真理,不仅需要有足够多的、各不相同的语词符号,而且需要有足够多的精确的、有含义的表述。"④ 认识无限推进的任务被还原到"确定范畴"上来,这是我们一开始就提到过的,胡塞尔在《逻辑研究》第一卷中所提出的任务。

实际上,胡塞尔认为这项任务是不可能完成的,因为我们不可能穷尽时间和空间上的无限性,并且我们的"个体存在本身又无法受到一种精确的、不带有任何(由于对本质上主观表述的使用而造成的)混浊的规定"。即便将那些本质上机遇性的词语从我们的语言中删去,并且试图用意义的和客观固定的方式来描述主观体验也是徒劳的。但是,任务之不可能完成并不是含义的不确定性,而是意指的不确定性。胡塞尔认为,含义本身是不存在本质区别的,"含义偏差实际上是意指的偏差……发生偏差的是那些赋予表述以含义的主观行为"。这样,胡塞尔将一切表述与指号之不确定性根源归于意指,从而为含义开辟了一个明确的、清晰的、牢固的

---

① 胡塞尔:《逻辑研究》(第2卷上册),上海译文出版社,1998,第93页。
② 胡塞尔:《逻辑研究》(第2卷上册),上海译文出版社,1998,第93~94页。
③ 胡塞尔:《逻辑研究》(第2卷上册),上海译文出版社,1998,第94页。
④ 胡塞尔:《逻辑研究》(第2卷上册),上海译文出版社,1998,第94页。

地盘。

其实，按照胡塞尔，"逻辑学……必须建基于观念含义范畴的意义之上，并且因此必须是一门与含义本身以及含义规律有关的科学"①，它是关于含义的本质种类和本质区别以及关于纯粹建立在含义之中的（即观念的）规律的科学。而所有科学，就其客观内涵来看，都是由同质材料构成的一门理论的、含义的观念复合体，它本身在构造着一个含义统一。我们在此可以理解胡塞尔的意思是说，在科学中具有根本决定性的东西是概念和定理而不是表象和判断，是含义而不是意指，它们构成了探讨科学本质的一般研究对象，对它们的探讨与建构，将构成作为一门严格科学的基础。

## 第三节 "普遍之物"的现象学澄清

"确定范畴"只是胡塞尔构建纯粹逻辑学的基础，构建纯粹逻辑学的关键是"找出规律"，而所有认识论的规律无不根源于"一般和个别"的关系。从形而上学的角度而言，也只有"一般和个别"的关系对于找出规律才具有最本质的意义。在胡塞尔那里，这集中展现于对"普遍之物"的批判。

### 一 胡塞尔对实在论和现代唯名论的批判

胡塞尔的批判是从实在论开始的，他辨析了在一般与个别学说发展史上关于实在论的两种错误。

第一种"在于以形而上学的方式对一般之物做实在设定，在于设想处于思维之外的一个实在的种类存在"。他认为这种错误主要是传统哲学中以柏拉图为代表的实在论，"与这种实在论正相反对的是唯名论，不论是极端的唯名论，还是概念论的唯名论"②。这种实在论把一般之物看作与具体的感性现实相并列而存在的另一种实在，甚至看作比感官世界更为真实

---

① 倪梁康：《胡塞尔〈逻辑研究〉中的纯粹逻辑学观念》，《江海学刊》2003 年第 5 期，第 31 页。
② 胡塞尔：《逻辑研究》（第二卷上册），上海译文出版社，1998，第 129 页。

的实在，如柏拉图的理念世界。

第二种"在于以心理学的方式对一般之物做实在设定，在于设想处在思维之中的一个实在的种类存在"。这种实在论将一般之物等同于心理学上的体验，在这种理论看来，一般与个别的区别在于：一般是在意识之中的、或内在于意识的实在，个别是在意识之外的，或超越于意识的实在。对这种错误的反抗，"尤其是洛克式的反抗，规定了自贝克莱以来的近代抽象理论的发展并且使得这种发展决定性地朝向了极端唯名论一边"[1]。

由于人们的这种误解，因而拒绝一般含义的"概念表象"及其特殊的表象意向，并且将个体的、仅在心理学上特殊的个别表象视为概念表象之基础，这样："又有了第三个唯名论的错误解释与前两个错误解释相衔接，这种唯名论相信，它可以以各种形式在对象和行为方面将一般之物解释成个别之物。"[2]

这样，胡塞尔的批判实际上分为三个层次：第一，对传统实在论的批评，主要针对柏拉图及其拥趸；第二，对心理主义实在论的批评，主要针对洛克；第三，对唯名论的批评，主要针对严重受洛克影响的贝克莱和休谟。胡塞尔认为，柏拉图关于实在论的错误解释早已经是一种完结的东西，但洛克经验论的概念实在论思想动机至今还有效用，并导致了现代唯名论的产生。因此，对洛克的批判便成为胡塞尔批判的关键，他对洛克抽象观念学说的形成思路进行了概括：

> 在实在现实中不存在像普遍之物这样一类东西，实在存在的东西只有个体事物，它们根据其种、属方面的相同性和相似性而依次排列。如果我们维持在直接被给予之物、被体验之物的领域内，用洛克的话说，维持在"观念"的领域内，那么事物现象就是在如下意义上的"简单观念"的复合：同一种简单观念、同一类现象特征通常会以个别的或群体的方式一再地回归到这些复合中。现在我们指称这些事物，并且不仅用特有名称来指称它们，而且主要是用共有名称来指称它们。但事实在于，我们可以用同一个一般名称来同义地指称许多事

---

[1] 胡塞尔：《逻辑研究》（第二卷上册），上海译文出版社，1998，第128页。
[2] 胡塞尔：《逻辑研究》（第二卷上册），上海译文出版社，1998，第129页。

物，而这个事实表明，必然有一个一般意义、一个"一般观念"与这个一般名称相符合。

……这个一般名称的同义性只能在这样一个范围内有效，即：对象只能借助于这个特征，而不是借助于另一个特征而得到指称。

因此，一般含义中进行的一般思维具有一个前提：我们具有抽象的能力，即具有那种从作为特征复合被给予我们的现象事物中划分出局部观念、个别特征观念，并且将它们与作为一般含义的语词相联结的能力。①

胡塞尔批评说，洛克的这个思路交织着许多基本错误，主要表现在以下几个方面：

1. 洛克把"观念"定义为内感知的任何一个客体。洛克说"我将精神在自身中所直接观察到的任何东西，或感知、思想、理解等的直接对象称之为观念"。这样，内感知任何可能的客体以及内在心理学意义上的任何内容，任何心理体验都被洛克纳入观念的标题之下。

2. 洛克的"观念"也具有较为狭窄的含义，即：表象，这个含义明显是指一个非常有限的意向性体验种类，在此意义上，观念是指关于某物的观念，它表象某物。

3. 洛克将表象与被表象本身、显现与显现物、行为（作为意识流实项－内在组成部分的行为现象）与被意指的对象混为一谈，这样，显现的对象便成为观念，它的特征便成为局部观念。

4. 洛克将那些属于这个对象的特征与那些构成表象行为之感性内核的内在内容相混淆，即与那些感觉相混淆，立义行为对这些感觉进行对象性的解释，并且误以为可以用它们来感知到或直观到对象性的特征。

5. 洛克在"一般观念"的标题下还混杂着作为特殊定语的特征和作为对象性因素的特征。

6. 尤其是洛克没有在直观表象（显现、浮现的"图像"）意义上

---

① 胡塞尔：《逻辑研究》（第二卷上册），上海译文出版社，1998，第132～133页。

的表象和在含义表象意义上的表象之间做出区别,他也没有把含义表象进一步区别为含义意向与含义充实。①

胡塞尔认为洛克的这种认识,是以心理学方式对一般之物进行的实在设定。洛克认为,只有个体之物是现实存在的,一般之物仅仅存在于我们的意识之中,是我们思维的构成物。胡塞尔将这样一种概念论的实在论观点称为"心理学化的实在论"。

胡塞尔认为,正是这种"心理学化的实在论",使认识论也混淆不清。洛克关于抽象一般观念的学说给人造成一种假象,好像它是明白无疑的一样。事实上,直观表象的对象,即那些显现给我们的那样而被把握的广延、形相、数目、运动、静止,绝不能被看作"观念"的复合,也不能被看作"观念"本身。洛克在含糊的话语中用同样的语词来标识感性地显现着的事物规定性和展示着的感知因素,因此时而在客观特性的意义上,时而又在感觉的意义上谈论"颜色""光滑""形态"。实际上,这二者之间存在着原则性的对立。

胡塞尔认为,正是这种概念实在论导致了现代唯名论的产生。"概念实在论的偏激所导致的结果在于,人们不仅否认了种类的实在性,而且也否认了种类的对象性"②,现代唯名论的错误在于,它把一般对象仅仅归结为意识的实项内容,但与概念实在论的不同在于,现代唯名论把一般对象仅仅归结为意识实项内容中第二性的意向行为的部分,即仅仅把一般对象看作纯粹意识活动能力的结果,看作注意力所具有的一种功能③,它的结论就必然是:如果一个对象是单纯的意识构造的结果,那么这个对象就是

---

① 胡塞尔:《逻辑研究》(第二卷上册),上海译文出版社,1998,第134~135页。
② 胡塞尔:《逻辑研究》(第二卷上册),上海译文出版社,1998,第115页。
③ 胡塞尔用"实项的"和"意向的"来构成他的意识体验。"实项的"(reell)这个词属于意向活动,区别于标识时空在感性感知中被给予之物的存在方式"实在的",也区别于标识那种可以从本质上把握到东西的存在方式"观念的"。胡塞尔认为,所谓"实项内容",它包括第一性的、非意向的体验部分(感觉材料)和第二性的意向的体验部分(意向活动)。在现象学上被称作"实项"的东西,在心理学中常常被称作"实在"的东西。"意向的"(intentional)一词在现象学中是与"实项的"相对应的概念,在胡塞尔所做的分析中,"意向的"是指"被意指的"或"意指着的"。所谓"意向内容"属于"意向相关项"方面,它包含意识行为的意向对象、意识行为的意向质料和意识行为的意向本质。

一个臆造的或虚构的事物了。对于现代唯名论者而言，在我们给予对象以含义的陈述中，意向的真正对象只能是个体的，而不是种类对象；一般对象只是一个单纯的语言名称，是单纯主观意识的构成物，因为在思维之外没有什么现实的东西与现实的对象相符合。因此，一般对象只能是非现实的，它只能在思维之内作为对象被我们所思考。

## 二 洛克"普遍之物"的实在论设定

胡塞尔正是在对洛克和现代唯名论的批判中引出了"普遍之物"。前面提到，从唯名论和唯实论斗争到经验论和唯理论对立的一般渊源关系上来讲，唯理论继承了唯实论，而经验论继承了唯名论，胡塞尔将经验主义看作实在论，那是因为洛克的心理主义与柏拉图的实在论具有共通之处。一般而言，在近代哲学中，经验论与心理主义相伴而行，作为心理主义者的洛克和柏拉图一样，对"普遍之物"进行了实在设定，但在柏拉图那里，这个实在是理念，而在洛克这里，这个实在是观念。然而，洛克的实在已经超越了感性一般，观念已经不像理念那样是并列于感性事实的实在，或者是比感性事实更为真实的实在，观念实在只存在于意识之中。洛克的实在论也不否认感性具体的实在性，感性具体是作为个别的实在，是在意识之外的；而观念是作为一般的实在，是在意识之中的。

根据洛克的一般观念，当我们指称一个事物的时候，这些事物都为人的意识所显现，由此，其本身成为意识。我们对思维对象的指称已经先天受我们的意识的指导，我们的意识规定着思维对象的确定性。并且，当我们在指称事物的时候，我们不仅用专有名称来称呼它们，而且用共有名称来称呼它们，但无论是专有名称还是共有名称，事实上我们所指称的都是意识。意识是存在着的事实，无论以何种形式存在，全部哲学问题，实际上是关于人的意识原理问题。这种划分的可能性和现实性通过这样一个事实而得到保证："每一个普遍名称都具有其本己的含义，即负载着一个仅仅与它相联结的特征观念；与此相同，我们可以随意抽取出某些特征并使它们成为新的一般名称的特殊含义。"[①]

---

[①] 胡塞尔：《逻辑研究》（第二卷上册），上海译文出版社，1998，第133页。

但是，胡塞尔认为，"'抽象观念'或'一般观念'的形成、精神的这种'虚构'和'造作'的形成并不是轻而易举的，它们'呈现出来时并不像我们所以为的那样容易'"①。比如说洛克的三角形，它既不能是直角的，也不能是锐角的，还不能是斜角的，三角形没有任何形状，我们如何去抽取出一个一般观念或者一般特征呢？胡塞尔认为，正是这一系列的错误，使洛克达到了这样一种认识：每个普遍名称具有自己的普遍含义是不言自明的。并且这种自明性让洛克主张：每个普遍名称中都包含着一个普遍观念，"而这个普遍观念对这个普遍名称来说无非只是对特征的一个直观性的特别表象"②。洛克提出这一主张的必然原因在于，"由于语词含义是根据这个特征的显现才充实自身的，因此他将语词含义和这种显现本身混为一谈；这样，被区分的含义，无论它是含义意指还是含义充实，就变成了对特征的被分离的直观。由于洛克同时也没有将特征的显现和显现的特征区分开来，正如他也没有区分作为因素的特征和作为种类属性的特征一样，所以他提出的"普遍观念"实际上仅仅是一种实项的意识材料。

由此可见，洛克关于"普遍之物"的实在论思路实际上是与他的心理主义立场分不开的，而这一点恰恰是胡塞尔从《算术哲学》到《逻辑研究》进行转变的大背景。胡塞尔在《逻辑研究》第一卷中猛烈批判了心理主义的整个体系，这种批判是为了阐发其现象学理论自身，在《逻辑研究》第二卷第二研究中，胡塞尔对洛克以及整个"现代唯名论"③体系的批判想搞清楚的关键一点在于：作为共相，"普遍之物"是否存在？

然而，胡塞尔的批评却搞乱了整个唯名论与唯实论之争的论辩体系——我们实不知这种搞乱是不是一件幸事，但我们确知其根源在于康德对唯名论和唯实论的调和。胡塞尔的特别之处在于，他在《逻辑研究》第二研究中"把'概念论'划归到'实在论'的范畴下，即'心理学化的实在论'，把'唯名论'仅仅指极端唯名论。"④

---

① 胡塞尔：《逻辑研究》（第二卷上册），上海译文出版社，1998，第133页。
② 郑争文：《胡塞尔〈逻辑研究〉中的范畴直观和普遍直观》，《云南大学学报》（社会科学版）2007年第5期，第22页。
③ 指胡塞尔写作《逻辑研究》时代以贝克莱和洛克为代表的唯名论，它实际上相当于传统唯名论和唯实论斗争意义上的极端唯名论。
④ 李朝东、焦红星：《胡塞尔对洛克"一般观念"的批判》，《西北师大学报》（社会科学版）2009年第5期，第78页。

### 三 胡塞尔的"观念对象"与"含义统一"

在批评洛克和现代唯名论的基础之上,胡塞尔认为,存在这样一些活动,在这些活动中某种一般物以一种非本真的方式表现出来。正是在这些活动中,我们借助语言符号的帮助意向到某种非本真方式存在的一般物。这个非直观性的表象是一个观念,这个观念与一个词的意义相同。以往的唯名论只看到一般对象仅仅是一个语言名称,而语言名称不是真正意义上的对象,意向的真正对象是个体的,无视作为语言符号之意义的观念。所以,尽管一般对象既是观念的,也是非实在的,但它仍然是对象,而不仅仅是名称。胡塞尔与他的老师布伦塔诺一样坚信经院哲学的信条:语词借助观念而意指某物。一个语言符号只有通过观念才能获得其意义(观念主义),而任何观念都在直观中有其根源(直观主义)。胡塞尔的现象学就是要通过意向分析和表述的含义分析,弄清一个种类(观念)如何在认识中真实地成为对象。

他说:"对种类对象和个体对象之划分的有效性和不同的表象方式,即这些和那些对象被我们清楚地意识到的不同方式——都是用明见性来向我们担保的。而这种明见性是随着有关表象的澄清而自身被给予的。我们只须回到个体表象或种类表象在其中得到直观充实的情况上去,就可以在这些问题上获得最清楚的明晰性。"[①]

在胡塞尔看来,个体的东西与种类的东西(一般之物),实际上都意味着一个统一的含义,它们都是观念对象。所谓一个"观念对象",就是一个"含义统一",所以不论是个体的东西,还是种类的东西,它们的"存在"都是一个含义统一。按照胡塞尔的说法,在"人"和"动物"这样一对观念中,"人"是一个个体,他代表了一个含义统一,因而代表了一个观念对象;"动物"是一个种类对象,它也代表了一个含义统一,因而也代表了一个观念对象。无论是"人"还是"动物"(以及所有的个体对象和种类对象),它们实际上都在不同的话语语境、逻辑关系上意指具体的含义,因而都是观念对象。

---

① 胡塞尔:《逻辑研究》(第二卷上册),上海译文出版社,1998,第113页。

胡塞尔的"观念对象"和"含义统一"使一般和个别的相对关系得到了很好地说明，我们也可以从中深刻地理解一般和个别的相对性。比如在"人"和"动物"这一对关系中，"人"作为一个个体而存在，而"动物"作为一个一般而存在；但在"学生"和"人"这样一对关系中，"学生"作为一个个体而存在，"人"却作为一个"一般"而存在。所以我们看唯名论者和唯实论者，他们简单地说一个个体存在或一个一般存在是没有意义的，难道"人"在"人"和"动物"这一关系中存在，但在"学生"和"人"这一关系中不存在；或者"人"在"人"和"动物"这一关系中不存在，但在"学生"和"人"这一关系中存在吗？"观念对象"和"含义统一"就避免了这样一个自相矛盾的结果。无论是个体还是一般——我们已确知它们是具相对性的——它们都代表了一个含义统一，代表了一个观念对象。具体来说，我们无论用何种语言在任何时间、任何地点说出一个语词，这个语词都意指着同一个含义，无论它是个体的"观念对象"，还是一个种类的"观念对象"。

胡塞尔的分析还有可能会引起另外一个问题，这个问题在逻辑实证主义者那里可能会表现得更加明显，那就是，我们每一个人对同一件事物的意指，难道都是相同的吗？胡塞尔对此问题也做了解答，他说："就含义本身来看，在它们之间不存在本质区别。实际的语词含义是有偏差的，它们在同一个思想进行中常常会有变化；并且就本性来看，它们大部分是随机而定的。但确切地看，含义（Bedeutung）的偏差实际上是意指（Bedeuten）的偏差。这就是说，发生偏差的是那些赋予表述以含义的主观行为，并且，这些行为在这里不仅发生个体性的变化，而且它们尤其还根据那些包含着它们含义的种类特征而变化。但是，含义本身并没有变化。"[①] 在这里，胡塞尔将含义本身（Bedeutung selbst）与作为行为的意指（Bedeuten als Akt）区分开来，认为"含义本身是相对于各种可能行为之杂多性而言的观念统一性"[②]，在对存有偏差的意指行为与观念统一的含义进行了细致分析之后，胡塞尔指出，人们对个体对象和种类对象做出各自不同的陈述和意指时，这个陈述或意指本身可能不会完全相同，但不论主观的陈述或

---

① 胡塞尔：《逻辑研究》（第二卷上册），上海译文出版社，1998，第95页。
② 胡塞尔：《逻辑研究》（第二卷上册），上海译文出版社，1998，第82页。

意指如何变化，它们所关涉的含义本身却始终是同一的和稳定的。

## 四 胡塞尔对洛克的超越与局限

这样，我们看到，在对"普遍之物"的回答上，胡塞尔至少在两个方面比洛克推进了一步：第一个方面是，一般对象在何种意义上可以说是存在的，或者说是真实的？第二个方面是，一般对象相对于个别对象具有何种特殊地位和权利？

对于前者，胡塞尔分析到，从含义统一或观念统一的角度来看，决定一个对象是不是真实的存在，不在于这个对象是个体的还是一般的，而在于：在被陈述或意指的过程中，对这个对象的意指性表述是否与这个对象本身的含义统一相符合。就是说，个体之物与一般之物之所以都是实在的和真实的，既不是因为一般之物具有与感性现实相同的客观实在，也不是因为一般之物仅仅是意识中的存在，而是由于它们都是被陈述或被意指的对象（意向相关项），由于个体之物或一般之物都在被陈述或被意指的过程中，对它们的意指性表述与个体对象或一般对象的含义统一相符合。或者说，在哲学认识论中，个体之物与一般之物都是因为对它们的意指性表述与它们的含义统一相符合，才是存在的和真实的。除此之外，即使是个别事物，如果没有进入现象学分析，不是作为意识分析的对象或意向对象，它也因为是外在的自然存在，也必须在现象学分析中被悬置而中止做出存在与不存在的判断。

对于后者，胡塞尔通过"红的种类"与"直观的红的对象"之间的关系进行了分析。他说："含义与意指性表述之间的关系，或者说，含义与表述的含义意向之间的关系就是一种与例如红的种类与在直观的红的对象之间的关系，或者说，就是一种在红的种类与在一个红的对象上显现出来的红的因素之间的关系。当我们在意指红的种类时，一个红的对象对我们显现出来，我们在这个意义上观看这个对象（我们尚未意指这个对象）。同时，在它身上显现出红的因素，因此我们在这里可以说，我们在向它观看。"[①] 按照胡塞尔的意思，我们对一个红布进行直观的时候，我们看到的

---

① 胡塞尔：《逻辑研究》（第二卷上册），上海译文出版社，1998，第111页。

是同一块红布，具有相同的感觉材料。我们可以意指"这一块"具体的、个体的红布，也可以意指在这块红布上显现出来的红的种类本身，这样，"这一个相同的现象却承载着两种不同的行为。这一次，这现象是一个个体意指行为的表象基础，这个个体的意指行为是指我们在朴素的朝向中意指显现者本身，意指这个事物或这个特征，意指事物中的这个部分。另一次，这现象是一个种类化的立义和意指行为的表象基础；这就是说，当这个事物，或毋宁说，当事物的这个特征显现时，我们所意指的并不是这个对象性的特征，不是这个此时此地，而是它的内容，它的'观念'；我们所意指的不是在这所房屋上的这个红的因素，而是这个红。……在所有这些情况中，个体因素都是一个不同的因素，但在'每一个'情况中实现的都是同一个种类；从种类上看，这红与那个红是同一个红，即它们是同一个颜色，而从个体上看，这个红与那个红又不是同一个红，即它们是不同的对象性特征。"①

从胡塞尔的解释中我们可以理解到，我们对一个事物既可以直观到个体（具体的红的东西），也可以直观到包含了个体的类（红本身）；在个体的红布中，我们直观到的是这个对象性的特征；而在种类的红本身中，我们直观到的不是对象性特征，而是红的"内容"，即红的"观念"②。因此，作为红的个体和红的种类的一般都是存在的，个体对象和一般对象都是真实的（并存的）。但胡塞尔所说的一般，已经既不是柏拉图等实在论所主张的与具体感性现实相并列而存在的另一种实在，也不是唯名论及概念实在论③所主张的仅仅是内在于意识或思想中的实在。胡塞尔所谓的一般之物作为一般对象的存在，是指对它们的意指性表述与其含义统一相符合而言的存在。

这一点也正是胡塞尔相对于洛克的推进意义，洛克的抽象忽略掉个体事物的特殊成分而保留个体事物之间相似的成分，但胡塞尔认为这种个体

---

① 胡塞尔：《逻辑研究》（第二卷上册），上海译文出版社，1998，第114页。
② 李朝东：《一般对象与种类的观念统一的现象学分析》，《哲学研究》2007年第6期，第58页。
③ 按照倪梁康先生的解释，胡塞尔所说的概念实在论，通常被纳入宽泛意义上的"唯名论"中。严格意义上的"唯名论"，是指那种把一般对象或一般概念视为单纯语言名称，或者视为单纯主观意识构成物的一种主张，而"概念论"则是一种把一般之物看作思维构成物、看作是心理实在的主张。

之间的相似关系是不存在的,红布一点都不红,白雪一点也不白,我们并不能抽象出稍微红一点的红布和粉红色的红布之间的相似成分红。相反,"红的对象和在它身上被突出的红的因素是显现出来的,而我们所意指的却毋宁说是这同一个红,并且是以一种新的意识方式在意指这个红,这种新的意识方式使种类取代个体而成为我们的研究对象"①。

如此一来,按照胡塞尔,种类在一般和个别的关系中似乎拥有了一种更高的特权和地位,当胡塞尔的学生海德格尔说存在不可言说的时候,我相信他的意思源自胡塞尔对个体的批判。只要我们一开口言说,我们说出来的东西即成为包含我们所意指个别对象的一般。例如,当我们说"苏格拉底"这个概念时,凡是学哲学的人都知道他是古希腊的一位伟大哲学家,那是因为我们思维的惯性让"苏格拉底"这样一个概念和"人"这样一个概念联系在了一起。但就"苏格拉底"这个表述本身而言,他却是古希腊那个伟大哲学家作为个体意义上的一般,个别和一般永远都在关系中,离开了关系我们永远无法言说何谓个别,何谓一般。假如我们设想"苏格拉底"这个名称代表了以下不同的含义:一位古希腊的圣人苏格拉底;一只我养的宠物小猫起名叫苏格拉底;还有我的邻居,他的名字也叫苏格拉底。那么在这样的一对对关系组合中,"苏格拉底"这个名称又成了一般。

## 第四节 一种柏拉图意义上形式化的演进

胡塞尔使"一般和个别"的关系推进到了一门严格科学的意义,在这个意义上,我们提出形式化问题。然而,我们如何断言一种形式化超越了另外一种?是否胡塞尔的形式化超越了柏拉图,因其区分了"形式化"和"普遍化"?是否海德格尔的形式化超越了胡塞尔,因其对形式化边界的划分?是否克莱恩的形式化超越了他的两位著名导师,因其对数字观念的理解?我们又如何断言柏拉图主义的回归?是否一切两分法的应用,并且一个低阶的领域依靠一个高阶的领域去解释即是这种回归?如果我们做出如

---

① 胡塞尔:《逻辑研究》(第二卷上册),上海译文出版社,1998,第112页。

此断言，我们又如何考虑去面对柏拉图的苏格拉底、海德格尔的胡塞尔以及霍普金斯的克莱恩？

一　Form，抑或 Idea：古希腊形式化的起源

为了回答这些问题，我们不得不首先从霍普金斯的一句话开始谈起，在《算术基础中的哲学问题：古代与现代》中，他讲道："尽管柏拉图的对话确实把感性之物（sensible things）与其型相（Ideas）之间的关系说成前者对后者的'参与'，但是在柏拉图的任何作品中都没有说，形式（Forms）被设定为独立于或分离于感性世界中的事实而实存。"①

这句话颠覆了我们对柏拉图的理解，按照一般的看法，柏拉图把日常语言中接在系词"是"后做表语的词都当作与"是"相结合的一个理念，这些表语成为分有"是"的一个"所是"，它们之间形成了一种"被分有"和"分有"的关系，这样就在可感世界之上设定了一个可知世界。这个可知世界就是理念（Idea，Form）的世界、型相的世界。这个世界是实存的，至少在某种意义上。因为柏拉图说："有许多美丽的事物以及善的事物，我们说它们存在，并以这样的话定义它们"，"另一方面，我们又说有一个美本身、善本身，相应于每一组我们认为是众多的事物都有一个单一的理念。它是一个统一体。我们把它称为真正的实在"。② 柏拉图明确地告知我们，在每一个"美丽的事物"或者"善的事物"背后，都有一个"美本身""善本身"而实存，换言之，理念实存、形式实存。由此，柏拉图"断然宣布耳闻目睹的直接经验世界是一个虚假的世界，而真实的世界则是超越了这个流变不居的经验世界之外有另一个 Form 的世界——这个 Form 的世界是真实的，因为它是合乎逻辑的世界"③。

那么，霍普金斯何以又断然否定形式的实存呢？那是因为他发现，理念论不能对感性世界中的物理事物如何作为"映像"而关联于智性世界中的型相做出回答。这是一个已经追问了几千年的老问题了，通常，我们将

---

① 伯特·霍普金斯：《算术基础中的哲学问题：古代与现代》，谢利民译，《淮阴师范学院学报》（哲学社会科学版）2014 年第 6 期，第 721 页。
② 苗力田主编《古希腊哲学》，中国人民大学出版社，1995，第 308 页。
③ 高秉江：《Form 和 information——论存在结构与语言结构》，《自然辩证法通讯》2009 年第 4 期，第 20 页。

这个问题表述为"分有说"面临的困难。早在柏拉图最卓越的学生亚里士多德那里，就已经认识到了这个困难并尝试进行解答。从某种意义上说，亚里士多德的"全部任务就在于消除柏拉图在可感世界与理念世界之间设置的鸿沟，发现在现实事物中一般和个别的真实关系"①。Form 仍然是亚里士多德的核心概念，在其四因说中，亚里士多德认为，形式因是事物的本质，一个事物在运动中朝向的目的就是它所缺乏的形式所应该具有的，并且，一事物也只接受与它本质相同的东西的作用②，因此，形式因、目的因与动力因都属于形式。由此，亚里士多德说："后三种原因在多数情况下都可以合而为一。"③

亚里士多德的形式（Form）相当于柏拉图的理念（Idea），从 Idea 到 Form 的演变，实际上反映了西方哲学形式化的一条主线。形式化起源于形式，Idea、eidos、Form 本就是希腊文 ιδεα 的不同转写。亚里士多德的形式（eidos）最主要之含义是：事物"是其所是"（to ti en eniai）之原因，也就是事物之所以是该物之本质，如雕像之为雕像，不在于石头而在于雕像之本身。

亚里士多德强调形式因、目的因和动力因的一致性，目的在于将"四因"归结为质料与形式的区分。这一区分在某种程度上是柏拉图 Idea 理论的继续，形式高于质料，质料服从形式，犹如可感世界服从可知世界。但亚里士多德这一区分比柏拉图更高明，因为这一区分使哲学跨入了一般与个别演绎推理的路径。这一路径是近代知识起源之根本原因，但也面临许多困难，在后人的调侃中，亚里士多德据说是因为无法穷尽面包的性质而难以表述出他要吃的面包而饿死的，每当他派出去买面包的学生跑到面包店一次的时候，面包店的老板总能给面包加上一种性质，从面包到红面包到豆沙红面包，直到今天出炉的豆沙红面包，等等，以至无穷，参见图 1。

在此示意图中，每一对关系中的后者作为前者的形式，仅仅是形式而已，面包是红面包的形式，红面包是豆沙红面包的形式，而每一对关系中的前者作为后者的质料，却又在另一对关系中成为形式。形式是关系的核

---

① 张志伟：《西方哲学十五讲》，北京大学出版社，2004，第 97 页。
② 亚里士多德：《物理学》，商务印书馆，1959，198a25～27。
③ 苗力田主编《古希腊哲学》，中国人民大学出版社，1995，第 430 页。

```
昨天出炉的豆沙红面包 ┐
          ……       ├ 豆沙红面包 ┐
今天出炉的豆沙红面包 ┘            ├ ……  ┐
                                      ├ 红面包 ┐
                    糖心红面包 ────────┘        ├ 白面包 ┐
                                                        ├ 面包
                                               黑面包 ──┘
```

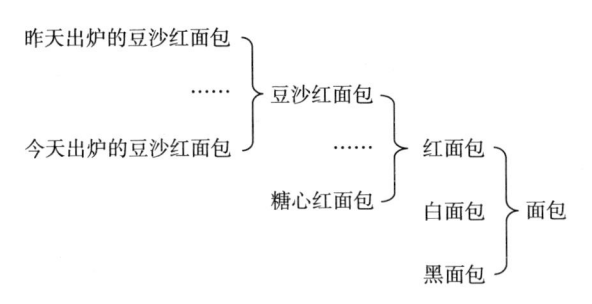

**图1 亚里士多德吃不上面包示意**

心,因面包的性质是无穷无尽的,我们根本无法找到确定的质料而只能找到形式。亚里士多德面对的困难,犹如他的老师面对的困难一样,成为几千年讨论的话题。在这样一幅图中,凡属排列于后面的概念,必然是排列于前面概念的一般,凡属排列于前面的概念,必然是排列于后面概念的个别,比如红面包是豆沙红面包和糖心红面包以及其他各种类型红面包的一般,而红面包概念本身则是面包概念这个一般的个别。按照柏拉图,我们能够直观到一个可感事物,但在亚里士多德这里,我们却只能接受一个可感形式(而不是可感事物本身)。然而,亚里士多德让我们开始面对一个困难,我们究竟直观到了什么?我们能够直观到面包吗?显然,我们只能直观到某个具体的面包如红面包、白面包、黑面包……却无法直观到面包本身。但是,难道我们真的直观到了红面包了吗?实际上,我们只能直观到某个具体的红面包如糖心红面包或者豆沙红面包……却无法直观到红面包本身。这样的类推是一个无穷的过程,以至于到最后只能说,我们仅能直观到这个、那个,而不能直观到我们所能言说的什么。

## 二 回归,抑或超越?胡塞尔对形式化的推进

面对这样的困难,胡塞尔在直观的概念上又推进一步,区分了感性直观和范畴直观。在《逻辑研究》中,他指出:"我们必须完全一般地区分感性直观和范畴直观,或者说,我们必须指明这样一种区分的可能性。"[①]对于胡塞尔而言,感性直观是针对个别具体事物的,范畴直观是针对"普遍之物"(即"本质")的。自柏拉图以来直至近代哲学所坚持的与感性、

---

① 胡塞尔:《逻辑研究》(第二卷上册),倪梁康译,上海译文出版社,1998,第145页。

经验相结合的直观概念，被胡塞尔推进到了超验的领域。他说："必须有一个行为来同样地服务于范畴的含义因素，就像单纯的感性感知服务于材料的含义因素一样。"① 据此，我们不仅能感知到这个人、那个人，还能够感知到人本身。不仅如此，胡塞尔还认为："不仅'观念'或'普遍之物'是在一种非感性的直观（本质直观）中被给予的，诸如红裙子的红、红的颜色、颜色的性质等等，而且在所有陈述中出现的范畴形式也可以成为直观的对象。'一个'和'这个'、'并且'和'或者'、'如果'和'那么'、'所有'和'没有'、'量的形式'和'数的规定'，等等，也包括'存在'范畴，都是范畴直观行为的对象。"②

胡塞尔对直观领域的推进呼应于他对真理概念的区分，就在他做出直观的区分以前，他在同一本书中稍早就明确指出"实事之间的联系"与"真理之间的联系"③，在"实事之间的联系"中，这些实事意向地关系到思维体验（现实的和可能的思维体验）；在"真理之间的联系"中，实事的统一本身获得其客观有效性。两者一同先天地被给予，相互不可分开。"但这种明证的不可分割性并不就是同一性——真理的联系不同于那些在真理的联系中'真实的'实事联系；这表现在：对真理有效的真理并不等于就是对在真理中被设定的实事有效的真理。"④ 如此，胡塞尔区分了个体真理和总体真理。"个体的真理（明确地或隐蔽地）包含着有关个体个别性的现实存在的论断，而总体的真理则完全摆脱了这些论断并且只允许阐明个体的（纯粹出自概念的）可能存在。"⑤ 胡塞尔认为，个体真理是偶然的，它们需要出于根据所进行的解释，这样就会引导到"某些按其本质无法再论证的规律上去。这些规律就叫做根据规律——观念上封闭的诸规律都建立在一个根据规律的基础上并且通过演绎而从这个根据规律中产生出来，这个规律是诸规律的最终根据；这些观念上封闭的规律之总体的系统

---

① 胡塞尔：《逻辑研究》（第二卷上册），倪梁康译，上海译文出版社，1998，第143页。
② 海德格尔：《宗教生活现象学》，《全集》第60卷，美茵法兰克福，1995，第59页。这里转引自孙周兴：《形式显示的现象学》，《现代哲学》2002年第4期，第90页。
③ 对直观领域的区分出现于《逻辑研究》第二卷下册的第六研究中，而对真理概念的区分早在《逻辑研究》第一卷就已经做出了。
④ 胡塞尔：《逻辑研究》（第一卷），倪梁康译，上海译文出版社，1994，第199页。
⑤ 胡塞尔：《逻辑研究》（第一卷），倪梁康译，上海译文出版社，1994，第201页。

统一就是系统完善了的理论的统一"①。

　　胡塞尔对于真理的追求应该源自一种自古希腊传承而来的形式化的动力，因为追求真理实则是追求最本原的形式 Idea 或者 Form。古希腊的哲学史就是一门存在的追问史，追问存在就是追求最本原的形式，而胡塞尔将其表述为真理。相应于胡塞尔区分个体的真理和总体的真理，他在形式化（Formalisierung）中区分了总体化（Generalisierung）②。他说："总体化完全不同于在（例如）数学分析中起着如此大作用的形式化。"③ 由此，我们看到，胡塞尔将直观分为感性直观与范畴直观，将真理划分为个体的真理和总体的真理，将一般化区分为总体化和形式化，分明是将哲学的对象划定为一个经验的世界和一个超验的世界，我们不得不言，这非常貌似于一种柏拉图主义的回归。更何况，胡塞尔在讲到真理的联系时又用一个注解补充道："为了避免产生误解，我明确强调：对象性、对象、实事等这类词语在这里始终是在最广泛的意义上，即在与我所偏爱的认识这一术语相一致的意义上被运用的。（认识的）对象既可以是一个实在之物，也可以是一个观念之物；既可以是一个事物或一个过程，也可以是一个种类或一个数学关系；既可以是一个存在，也可以是一个应当存在（Seinsollen）。当然也适用于像对象性的统一、实事的联系等这类表述。"④

　　然而，在论述到总体化和形式化时，胡塞尔又说："人们应该明确地把一般化和特殊化的关系与纯逻辑形式中的实质物（Sachhaltigen）和普遍化之间的，或反过来说逻辑形式和事物化（Versachlichung）之间的本质上不同种类的关系加以区分——因此，一种本质对一种纯逻辑本质的形式普遍性的从属性，不应被误认为是一种本质对其较高本质属的从属性。"胡塞尔说："把'本质'看作实质性本质属，其错误也许正如把一般对象（某种空的东西）错误地解释成与各种对象相关的属，因此自然地简单解

---

① 胡塞尔：《逻辑研究》（第一卷），倪梁康译，上海译文出版社，1994，第 202 页。
② 关于 Generalisierung 的翻译，大致有三种主张，一是李幼蒸将其译为一般化；二是张祥龙、欧东明将其译为"普遍化"；三是倪梁康、孙周兴将其翻译为"总体化"，笔者采用倪梁康、孙周兴的译法，将其译为总体化，并认为，总体化和形式化是普遍化（Verallgemeinerung）的两种形式。
③ 胡塞尔：《纯粹现象学通论》，李幼蒸译，中国人民大学出版社，2004，第 17 页。
④ 胡塞尔：《逻辑研究》（第一卷），倪梁康译，上海译文出版社，1994，第 239 页。

释成唯一一种最高属，即一切属之属。"① 也正因为如此，"将一个个体或一般而言'此处这个'（Dies-Da）归入（Subsumption）一个本质之下（这个本质按其相关于一个最低种差或一个属而有不同的特性），不应被误解为一个本质从属于（Subordination）它的较高种或一个属。"② 由此看来，胡塞尔对形式化的推进，又岂能说成是对柏拉图主义的简单回归？正因为如此，胡塞尔得出的结论是："纯形式不是相关于实质性命题或推论的属，而只是命题、推论等纯逻辑属的最低种差，它们像一切类似的属一样，都以'一般意义'作为它们的绝对最高属。"③

### 三 构序，抑或构形：海德格尔对形式化的划界

根据海德格尔的说法，胡塞尔对"总体化"和"形式化"进行区分，是因为二者之间存在一个断裂。他举例说："红是一种颜色，颜色是一种感性性质；或者愉快是一种情绪，情绪是一种体验——一般性质、一般事物是本质；红、颜色、感性性质、体验、属、种、本质是对象。"④ 这里就会出现一个问题：从"红"到"颜色"，或者从"颜色"到"感性性质"的过渡，与从"感性性质"到"本质"和从"本质"到"对象"的过渡，这两者是一样的过渡吗？海德格尔对此持否定态度，他认为从"红"到"颜色"与从"颜色"到"感性性质"的过渡是总体化，而从"感性性质"到"本质"的过渡是形式化，总体化和形式化的不同在于，总体化是"与种属相应的一般化"，它的进行"受到某一确定的事物领域（Sachgebiet）的限制"⑤。也就是说，"事物区域"预先规定了"总体化"的不同方向，这样，总体化就是实指的。与之相反，形式化"就不是与事物内容（或与有质料的领域这类东西）捆在一起，而是摆脱了事物内

---

① 胡塞尔：《纯粹现象学通论》，李幼蒸译，中国人民大学出版社，2004，第17页。
② 胡塞尔：《纯粹现象学通论》，李幼蒸译，中国人民大学出版社，2004，第18页。
③ 胡塞尔：《纯粹现象学通论》，李幼蒸译，中国人民大学出版社，2004，第17页。
④ Martin Heidegger, *Phaenomenologie des religioesen Lebens Vittorio Klosterman*, Frankurt am Main, 1995: 55 - 65. 译文参照了欧东明译、张祥龙校的《形式化与形式显示》，《世界哲学》2002年第2期，第46页。
⑤ Martin Heidegger, *Phaenomenologie des religioesen Lebens Vittorio Klosterman*, Frankurt am Main, 1995: 55 - 65. 译文参照了欧东明译、张祥龙校的《形式化与形式显示》，《世界哲学》2002年第2期，第46页。

容的"①，即与"实事"无关，是一个纯形式的规定性。举例来说，说"学生是人"是总体化，而说"学生是我们的一个考察对象"却是"形式化"了。

然而，更深层次的是，海德格尔从总体化与形式化的不同中敏锐地发现，正因为与实事相关，总体化是一种构序；正因为与实事无关，形式化是一种构形。在总体化那里，是以属加种差的方式进行定义，从男学生到学生、到人、到动物、到生物等形成一个序列；而在形式化那里，"无需历经任何较低的一般性而去一步一步地攀登上某种'最高的'一般性、'一般对象'"②，正是在这里，海德格尔走向了他形式显示的思想境界，从而走向了与胡塞尔的形式化（正如我们分析过的，某种意义上是一种传统的形式化）划界的道路。

在海德格尔那里，脱离了任何的阶梯序列的形式述谓将以何种方式得以启动（motiviert sein）？他是从"一种姿态关系（Einstellungsbezug）③的意义本身"进行考察而回答的。海德格尔说："从对象那里，我看不到其内容上规定的是什么（Wasbestimmtheit），而是在一定程度上看'出'它的规定性（Bestimmtheit）。我必须忽视事物内容的什么而只关注这一实情：对象是一被给予者，是以切合姿态的方式被把握的。因而，形式化起源于纯姿态关系本身的关系意义，而不是源于'一般事物内容的什么'（Was-gehalt）。"④ 海德格尔在这里讲到的"一般事物内容的什么"，是指形式化与总体化的共同之处——"一般性"（allgemein）。然而，海德格尔是否定"一般性"的，为了彻底区分于"一般性"，他引入"形式显示"（formale

---

① Martin Heidegger, *Phaenomenologie des religioesen Lebens Vittorio Klosterman*, Frankurt am Main, 1995: 55-65. 译文参照了欧东明译、张祥龙校的《形式化与形式显示》，《世界哲学》2002年第2期，第46页。

② Martin Heidegger, *Phaenomenologie des religioesen Lebens Vittorio Klosterman*, Frankurt am Main, 1995: 55-65. 译文参照了欧东明译、张祥龙校的《形式化与形式显示》，《世界哲学》2002年第2期，第46页。

③ 关于Einstellungsbezug的翻译，目前国内有两种译法，由欧东明译、张祥龙校的《形式化与形式显示》（海德格尔著，发表于《世界哲学》2002年第2期）将其译为"姿态关系"，而张异宾将其译为"安置关系"（张异宾：《构形与构序：现象学表象的秘密——海德格尔〈形式化与形式显示〉的构境论解读》，《社会科学辑刊》2011年第5期，第7页），本书采用欧东明和张祥龙的译法。

④ Martin Heidegger, *Phaenomenologie des religioesen Lebens Vittorio Klosterman*, Frankurt am Main, 1995: 55-65. 译文参照了欧东明译、张祥龙校的《形式化与形式显示》，《世界哲学》2002年第2期，第47页。

Anzeige）这个概念。在形式显示中，"形式"的含义更为源初，"它不归属任何合乎姿态的理论之物的范围"①。

这样，我们就有了：

总体化。它"被当作秩序整理的（或次序排列，Ordnen）的方式。经此整理方式，就可把一特定个体的单方面因素归整（Einordnung）到一个交叉谐调的事物关联之中"②。它"总是在一事物领域中得到实行，它的方向要通过事物内容的正确的启端（Ansatz）而得到确定"③。

形式化。它"不受到有待规定的对象的特定的'什么'的限制——只针对对象的被给予这一方面来看待对象；对象被规定为被把握者，被规定为合乎认识的关系（Bezug）所朝向之处"④。

形式显示。它完全脱离了理念的"一种安置关系"所朝向，指向一种关于"形式—本体论"之物的理论。这一理论"作为被分离者（abgeloeste）而被设定"，它从未做出什么预先论断，对于它的考察"可能就是对构成的——现象学的状态做出规定的最后考察"⑤。这一区分具有如下的参照关系，参见表1。

表1 总体化、形式化、形式显示关系

| 总体化 | 形式化 | 形式显示 |
| --- | --- | --- |
| 种类的普遍化 | 形式的普遍化 | 纯粹形式的东西 |

---

① Martin Heidegger, *Phaenomenologie des religioesen Lebens Vittorio Klosterman*, Frankurt am Main, 1995: 55-65. 译文参照了欧东明译、张祥龙校的《形式化与形式显示》，《世界哲学》2002年第2期，第47页。

② Martin Heidegger, *Phaenomenologie des religioesen Lebens Vittorio Klosterman*, Frankurt am Main, 1995: 55-65. 译文参照了欧东明译、张祥龙校的《形式化与形式显示》，《世界哲学》2002年第2期，第47页。

③ Martin Heidegger, *Phaenomenologie des religioesen Lebens Vittorio Klosterman*, Frankurt am Main, 1995: 55-65. 译文参照了欧东明译、张祥龙校的《形式化与形式显示》，《世界哲学》2002年第2期，第47页。

④ Martin Heidegger, *Phaenomenologie des religioesen Lebens Vittorio Klosterman*, Frankurt am Main, 1995: 55-65. 译文参照了欧东明译、张祥龙校的《形式化与形式显示》，《世界哲学》2002年第2期，第48页。

⑤ Martin Heidegger, *Phaenomenologie des religioesen Lebens Vittorio Klosterman*, Frankurt am Main, 1995: 55-65. 译文参照了欧东明译、张祥龙校的《形式化与形式显示》，《世界哲学》2002年第2期，第48页。

续表

| 总体化 | 形式化 | 形式显示 |
|---|---|---|
| 经验主义 | 理性主义 | 理性主义 |
| 经验科学 | 形式科学 | 现象学 |

这种形式显示的东西对应于现象学，海德格尔追问，现象学是什么？现象是什么？他将此问题从形式上予以显示，将每一经验纳入现象来追问源初的"什么"（Was）和源初的"怎样"（Wie），他认为源初的"什么"对应于现象中被经验的东西（内容），源初的"怎样"对应于现象中被经验的关系，而后者又区分为两个方向，一是在此"怎样"中现象被经验（关系），二是在此"怎样"中关系意义得以实现（Vollzug），由此，总体化、形式化与形式显示便与其形成这样一种对应关系，参见表2。

表2　形式显示意义

| 总体化 | 形式化 | 形式显示 |
|---|---|---|
| 什么（Was） | 怎样（Wie） | 怎样（Wie） |
| 内容 | 关系 | 实现 |
| 内容意义（Gehaltssinn） | 关联意义（Bezugssinn） | 执行意义（Vollzugssinn） |

这三种意义不是简单地排列在一起，而是一起构成一个"现象"的整体，而"现象学"则是对此意义整体的说明。对于海德格尔来说，这三种意义以执行意义为核心。内容意义是以实事为基础的意义，它指向它所规定的东西是"什么"（Was），关联意义虽然摆脱了实事是"什么"的指向，但仍片面地以"内容"为指向，从而掩盖了"执行意义"，它才是"现象"的核心所在。在这样一种意义中，现象的关联和实行不能事先规定，而是要保持在一种悬而不定之中。

为什么呢？海德格尔进行了解答：

> 形式化和总体化是以姿态的或理论的方式得以启动的。在两者的实现之中，都有秩序的整理：在总体化中是直接的，在形式化中是间接的。与此相反，"形式显示"就不牵涉到秩序整理。在形式显示中，

人们摆脱了任何秩序规整，让一切都处于悬搁状态。①

由此，我们能够理解，总体化的本质是直接式的构序，形式化的本质是间接式的构序和给予式的构形，而形式显示的本质则是排除了构序的完全的构形。总体化、普遍化、形式显示组成一个完整的现象学构境，使柏拉图以来尤其是胡塞尔构序意义上的现象学发展到构形意义上的现象学。

四　数字，抑或概念，克莱恩对形式化的超越

然而，霍普金斯认为，"雅克·克莱恩的哲学成就——完全超越了他大名鼎鼎的老师马丁·海德格尔和埃德蒙德·胡塞尔"②，尤其是在概念的形式化问题上，"因为当一个概念被形式化的时候，它是否指向特定的对象（或存在者），或者是否指向存在本身（或本质结构），在他们的理解上是悬而未定的。在胡塞尔那里，他的思想（自始至终）都被这样一种信念所驱动，那就是，只有'现象学'才能为普遍数学，即现代数学和逻辑传承给我们的形式化的存在科学提供一个适当的证据基础，并且当代的形式逻辑和形式数学错误地（在他看来）企图用符号演算的纯粹机械装置去研究。在海德格尔那里，他的整个鸿篇巨制《存在与时间》仅仅指向一个目标：对'形式的现象概念''去形式化（Enformalisieren）'并且随之揭示隐藏在概念的形式化后的真正现象。"③

克莱恩的超越实际上源自他的一个小小发现，但这个发现却涉及对整个现代自然科学的理解。克莱恩发现，在对数字的理解上，古代与现代完全不同。古代的数字与对象是完全不可分的，比如两张桌子、三张椅子，2和3与桌子、椅子始终联系在一起。但是到了近代，数字和具体对象实现了分离，数字成为与具体对象没有关系的纯粹数字，"数5并不是我数

---

① Martin Heidegger, *Phaenomenologie des religioesen Lebens Vittorio Klosterman*, Frankurt am Main, 1995: 55-65. 译文参照了欧东明译、张祥龙校的《形式化与形式显示》，《世界哲学》2002年第2期，第49页。
② 伯特·霍普金斯：《雅克·克莱恩的哲学成就》，朱光亚、黄蕾译，《武汉科技大学学报》（社会科学版）2014年第2期，第127页。
③ 伯特·霍普金斯：《雅克·克莱恩的哲学成就》，朱光亚、黄蕾译，《武汉科技大学学报》（社会科学版）2014年第2期，第129页。

到 5，不是任何其他人数到 5，也不是我或者其他人对 5 的概念化；它是一个类，一个一般性，一个在 5 位成员组成的群体这一个别例子中被意识到或被给予的理念"①，这样一个理念用一个符号（sign）就可以表示，这样，现代的数字就成为一个符号。

数字成为符号似乎勾起了我们对古希腊遥远的回忆。按照克莱恩的解释，数字首先在毕达哥拉斯的意义上作为一种存在，它与具体事物相连。毕达哥拉斯将世界的一切都看作数字，将数当作世界的灵魂，每一个具体的数字背后都有一个具体的事物相对应。然而，由于无理数根号 2 的出现，毕达哥拉斯学派关于数的理论遭受重大打击。柏拉图对毕达哥拉斯的理论进行了修正，他的两个世界理论认为，有两种数学上的单子，一种是可知的形式的数，另一种是可感的具体的数。我们之所以能够计数，那是因为我们以可知的东西成为可感东西的前提。柏拉图的做法是从一套理念的、不可感的系统中分离出另外一套具体的、可感的系统，这造成了可感世界与可知世界如何相关的悖论。针对柏拉图，亚里士多德认为，不必设定另外的世界，将数背后所指的特有物理对象的性质去掉就行，将事物的每个性质掏空，就能到达最终的形式的"一"。然而，这个最终的形式的"一"并非现代意义上的多样性的统一。

使古希腊的数字观念转变为现代观念的是丢番图，丢番图似乎允许"将被寻求的因而未知的数——被理解为一定量的单位的集合（unities of multitudes of units）——作为在其类别上被确定的"②，克莱恩认为，正是这使代数从几何证明中被解放了出来，使一种纯粹数字的演绎代替了具体直观的证明，从而奠定丢番图"代数学之父"的地位。然而，克莱恩又认为，丢番图虽然将未知的东西以符号来代替进行运算，但其算术中的每个数字也和对象相关联，直至韦达进行了决定性的革命。韦达不满足于丢番图对每一问题都用特殊解法的思想，试图创立一般的符号代数。他第一个有意识地和系统地使用字母来表示已知数、未知数及其乘幂，带来了代数学理论研究的重大进步。在韦达那里，他已经将事物和对象关联的地方全

---

① Jan Patočka, "*The Philosophy of Arithmetic*", in *An Introduction to Husserl's Phenomenology*, Trans. Erazim Kohák, ed. James Dodd (Chicago: Open Court, 1996), 35.
② 伯特·霍普金斯：《分析哲学与欧陆哲学的先天不可贯通性》，朱光亚译，《山西大学学报》（社会科学版）2014 年第 6 期，第 5 页。

部去掉，只用符号的方式，他不管数字是已知还是未知，都用确定的字母来代替，成为现代意义上的代数。

克莱恩以数学符号纯粹化的历程重建形式化的思路，在他那里抛弃了可见世界，甚至抛弃了可知世界。他直接谈 idea，谈形式，他关注的是回答构成他的老师对这个难题回答之基础的相关问题，这个难题是，每个人都将形式化展示为哲学的姿态。胡塞尔努力去"恢复伴随形式化而来的知识的完整性及其与在经验上的明显证据之间的关系"[①]，他将具有包含形式逻辑和形式数学对象的一般概念特征的统一性理解为一种"任意对象"的空泛形式，然而，这些形式的最终基础却是在个体对象的意向性之中，在具有个体经验性特征的意向性关系中。海德格尔关注"如何唤醒存在的问题以及随之第一次明确表达和追问意义本身（überhaupt）"[②]。然而，他的讨论预设了在讨论中的概念的形式性总是某种已知之物。克莱恩凭借提供一个原初的形式化现象的解释进行了回答。他认为："形式化的过程和概念的形式化，只要思维将其处理为一些一直已知的事情，就不能被把握。"[③] 要想去把握这一点，我们将不能再"以形式化的成就和在讨论中的概念的形式化代表着我们已经拥有知识为前提"[④]。他的研究表明，当属于古希腊数学科学的范式概念被改造为现代欧洲数学科学的范式概念时，发生了某种涉及概念形成的基本特征的转换，这种转换为胡塞尔和海德格尔所无法理解，因为胡塞尔和海德格尔对形式化的处理是在与"他者"相关的，即与前现代哲学的非形式化理想概念相关的形式化概念的层次上发生的。

相反，"被克莱恩用以把握形式化概念和产生它们的形式化进程的角度，允许二者以其相对于所有古代和现代心灵理论所具有的认知优先性为我们所遭遇到。这就是说，克莱恩研究的示范对象，'数'，享有对古代和

---

[①] 伯特·霍普金斯：《雅克·克莱恩的哲学成就》，朱光亚、黄蕾译，《武汉科技大学学报》（社会科学版）2014年第2期，第129页。
[②] 伯特·霍普金斯：《雅克·克莱恩的哲学成就》，朱光亚、黄蕾译，《武汉科技大学学报》（社会科学版）2014年第2期，第129页。
[③] 伯特·霍普金斯：《雅克·克莱恩的哲学成就》，朱光亚、黄蕾译，《武汉科技大学学报》（社会科学版）2014年第2期，第129页。
[④] 伯特·霍普金斯：《雅克·克莱恩的哲学成就》，朱光亚、黄蕾译，《武汉科技大学学报》（社会科学版）2014年第2期，第129页。

现代知识理论的理解力的优先性"①。他对古代和现代的数字进行区分，认为前者具有存在者的杂多之统一性的状态，而后者作为对这样一种杂多的理解的统一性之状态。克莱恩进行这种区分是为了表明，"关于现代数字的独特性不仅仅在于它们作为'第二意向'的对象的状态，而且——在于它们的发明者（首先是笛卡尔）无意识地将它们解释为具有和'第一意向'的对象相同的存在模式"②。而这恰恰是克莱恩的目的，使数学符号和现代思维的典型趋势这两者将一切事物本性的"真正"存在理解为"定义"它们概念实质的"真正"存在成为可能。

克莱恩悄无声息地使概念代替个体存在，在他那里，"2"不再指示不同于它自身的某物，比如，某种对象的确切数量，而是将自身展现为"概念2"。因此，将"2"叫作一个"数字符号"或者将"a"叫作"字母符号"是一个误称，因为在这两种情况下，它实际意味着在符号和它指称对象之间的象征关系。在克莱恩看来，"2"意味着是这个数字的一般数字字符，而"a"意味着它是一个一般的数字化的字符，而他的两位导师却在此发生了理解的断裂。不唯他的两位导师，"只要分析哲学家和欧陆哲学家们共享这样一个观点，即在现代数学、自然科学和符号逻辑的形式化概念之基础所特有的'分析性'的哲学性预设背后，数的模糊性呈现出来的问题已经在分析哲学和欧陆哲学中被解决了"③，分析哲学和欧陆哲学之间将会始终存在一道鸿沟，而整个现代哲学本身还要继续面临现代性的困境。

---

① 伯特·霍普金斯：《雅克·克莱恩的哲学成就》，朱光亚、黄蕾译，《武汉科技大学学报》（社会科学版）2014年第2期，第130页。
② 伯特·霍普金斯：《雅克·克莱恩的哲学成就》，朱光亚、黄蕾译，《武汉科技大学学报》（社会科学版）2014年第2期，第130页。
③ 伯特·霍普金斯：《分析哲学与欧陆哲学的先天不可贯通性》，朱光亚译，《山西大学学报》（社会科学版）2014年第6期，第8页。

下 编

# 第四章　德性和知识的分野

> 西洋哲学由宇宙论或本体论趋重到论理学，更趋重到认识论，彻头彻尾都是为"求知"起见……中国学问不然，与其说是知识的学问，毋宁说是行为的学问……中国哲学以研究人类为出发点，最主要的是人之所以为人之道。
>
> ——梁启超

中国最早是没有哲学这个名词的，中国人第一次接触到哲学这个名词是在日本。1853年，美国人马修·佩里率领舰队来到了日本，打开了日本的大门。马修·佩里所率领战舰实力强大远超日本，使日本朝野上下极度震惊。当时，马修·佩里所率领的战舰全部是黑色的，所以日本人将这一天称为"黑船来航"。日本在"黑船来航"之后开始引入西方文化，日本人发现，西方的文化特质与中国根本不同，所以有日本人就给中国的学问起名叫儒学，给西方的学问起名叫哲学，以与中国的儒学相区分。

近现代史上的中国哲学界出于民族自尊心与民族自豪感，反复论证中国有没有哲学的问题，这是一个假命题，因为在论证中国有没有哲学这个问题的时候，心中已经有了一个前提，即西方有哲学，那么相伴而生的就是西方有没有儒学的问题。如果在狭义上讲哲学，将哲学定义为西方"哲学为科学奠基"的学问，中国当然没有哲学，就像西方没有儒学一样。但是如果从广义上讲哲学，把哲学当作"爱智慧"的学说，那么中国当然有哲学，谁能否认我们对伦理道德的研究不是一种智慧呢？因此，中国有中国的哲学，西方有西方的哲学，中西哲学有不同的特质。

然而，在对中国是否有哲学这个问题的回答上，却出现了一种倾向，即,"西方有的中国都有,西方没有的中国也有"。这种拳拳之心纵然可爱,可惜不符合 1840 年以后我们所面对的事实。因为就像中国有的西方不一定有一样,西方有的中国也不一定有,尤其是西方文化中明确的一般与个别的传统、科学与民主的特质,中国就没有,不但没有,而且成为近现代中国落后的总根源。

承认自己的文化或者文明落后是需要勇气的,因为即便这种文化或者文明已经衰落了,它也很难阻止我们每个个体对自己文化的一种无条件的、无原则的爱,甚至会爱到死,跳到昆明湖中[①]。很少有人会像柏杨那样,具有直面惨淡现实而进行彻底反思的勇气。其实,唯有智者面对文化竞争时会保持清醒,清醒的背后是一种深深的责任感,甚至对文化落后的恐惧感。这份恐惧感常人是体会不到的,它只能由智者去体会。

## 第一节 形而上学的三次危机

在某种意义上,一部西方哲学史其实正是一部形而上学史,然而我们对形而上学的理解有太多的误区,以至于到今天,形而上学完全成为一个负面的语词,这使我们面临形而上学的困境。回顾形而上学的历史,它一产生就包含宇宙论和本体论两种意义,当本体论从宇宙论中脱离出来之际,形而上学面临生存合法性的危机,这是形而上学所面临的第一次危机;当形而上学向知识论转向之时,它固有的本体既是范畴推演的结果,又是范畴推演的前提,这使形而上学面临知识和信仰的对立,从而导致知识确证性的危机,这是形而上学所面临的第二次危机;到今天,形而上学

---

① 王国维(1877~1927),字静安,号观堂,浙江海宁人,他是中国近现代最杰出的学者之一,在文、史、哲诸方面都取得了比较高的成就,后来跳到颐和园的昆明湖中自杀了。关于王国维的死,冯友兰先生有个评价,说他"身在民国心在清",在他思想中是一个矛盾,只好"从容一死殉大伦"。王国维的学生陈寅恪先生则认为,王国维自杀是殉了文化,他说:"凡一种文化值衰落之时,为此文化所化之人,必感苦痛;其表现此文化之程度愈宏,则其所受之苦痛亦愈甚;迨既达极深之度,殆非出于自杀无以求一己之心安而义尽也。……盖今日之赤县神州值数千年未有之巨劫奇变;劫尽变穷,则此文化精神凝集之人,安得不与之共命运而同尽,此观堂先生所以不得不死,遂为天下后世所极哀而深惜者也。"梁启超在王国维墓前的演讲中称王国维的自杀"完全代表中国学者'不降其志,不辱其生'的精神"。

面临语言论的转向，人的生存危机和整个世界的危机都被归结为语言的危机，那么形而上学又面临被后现代批判的新危机。

一 Metaphysics 的本义及其汉译

Metaphysics 作为哲学名词源自古希腊哲学家亚里士多德，本意为"在物理学之后"，被称为"后物理学"或"元物理学"。公元前一世纪亚里士多德逝世以后，他的学生安德罗尼克在编纂亚里士多德的著作时，将其中专讲事物本性、本质以及事物发生、发展原因的一些篇章放在《物理学》之后，称为 metaphysics。meta 是一个词根，意谓"在……之后"，physics 也是一个词根，意谓"物理学"。因此，metaphysics 的本意是"在物理学之后"，它是为科学尤其是物理学、数学奠基的一门学问，它研究的问题是作为存在的存在。

Metaphysics 被当作普通哲学名称使用从 13 世纪开始，指的是从理性的角度来探索上帝、灵魂和天使。在中世纪，形而上学与物质、精神、灵魂、上帝、时间、空间等范畴结合起来，这些范畴是哲学史上的重大问题，因此形而上学被称为"第一哲学"。

自 17 世纪以来，特别是 18 世纪自然科学逐渐发展，机械唯物主义兴起以后，形而上学又被看作反科学的、脱离实际的幻想。人们分别从不同的角度讥讽形而上学、反对形而上学，特别是黑格尔发展了一套唯心主义的辩证法否定形而上学，这种思想方法引发了后来实证论者对形而上学的拒斥。

到了 19 世纪末 20 世纪初，形而上学和唯物主义结合在一起以形而上学唯物主义的形态出现，这种形态披上了进化论的外衣。形而上学唯物主义只承认量变，否认质变；只承认进化、改良，反对革命，正如恩格斯在《反杜林论》中所说的："因为它看到一个一个的事物，忘了它们互相间的联系；看到它们的存在，忘了它们的产生和消失；看到它们的静止，忘了它们的运动；因为它只见树木，不见森林。"[1] 这遭到了马克思、恩格斯等无产阶级革命家的猛烈抨击。

---

[1] 中共中央马恩列斯著作编译局译《反杜林论》，人民出版社，1970，第 116 页。

在近代，metaphysics 用来专指研究无形体抽象事物的原理，与之对应的 physics（即"物理学"）研究的是有形体、可感知的具体事物。在西学东渐，中西文化碰撞之际，我国学者接触到 metaphysics，根据《易经》中"形而上者谓之道，形而下者谓之器"（即超出形体之上的叫作抽象原理，具有形体的叫作具体事物）这句话，将 metaphysics 译作形而上学。因为形而上学研究的是无形体的抽象原理，我们一般又将其与辩证法对立起来，认为辩证法是用联系的、全面的、运动的观点看问题，而形而上学是用孤立的、片面的、静止的观点看问题，将世界上的一切事物都看作永远彼此孤立的和永远不变化的。如果说有变化，那也只是数量的增减和场所的变更，而这种增减和变更的原因在事物的外部而非事物的内部，即由于外力的推动。很明显，这已经远远背离了 metaphysics 的本意。[1]

对应于 metaphysics 发展的全部历史，中国的"形而上学"并无为科学奠基之意。回到形而上学的起源，当哲学处于宇宙论形态时，哲学和科学混在一起，哲学取代了科学。到后来哲学与科学分离，在很大程度上是宇宙论能否从形而上学中分离出去。宇宙论和本体论的分离是科学独立的前提，中国没有建立像欧几里得几何学那样的形式化公理体系，所以我们的哲学仍停留在宇宙论。严格来说，中国的形而上学并不是一种哲学形态，而是儒家、道家的精神境界。在亚里士多德那里，形而上学即为哲学本身，而在中国，形而上学只是人们的精神追求，它只存在于伦理道德的范畴。在西方哲学中，伦理道德只是整个哲学体系中附属的一小部分而已。因此黑格尔在《哲学史讲演录》中说，中国没有哲学，只有道德说教，中国没有哲学家，只有道德教师。[2] 这种说法不无偏见，却直指问题的核心。

## 二 形而上学的本体论危机：科学从哲学的分离

形而上学一出现就同时具备宇宙论和本体论两种意义，宇宙论研究的是世界的统一原理问题，即世界何以统一，它解释世界的本原即"始极"，说明谁在世界之先，即宇宙发生论；本体论研究"一切存在者存在于存在

---

[1] 马全民、庞景仁、苏厚重等：《哲学名词解释》，人民出版社，1980，第149~150页。
[2] 黑格尔：《哲学史讲演录》，贺麟、王太庆译，商务印书馆，1995，第119页。

之中",它从确定的知识出发,研究人类知识何以可能。在西方形而上学中,本体论从宇宙论中分离出来,宇宙论走向了天文学等确定的知识,形而上学则专指本体论即存在论。而在中国哲学中,宇宙论没有和本体论相分离,本体论始终以宇宙论的形态存在,被称为宇宙本体论。

在最原初的意义上,巴门尼德讲"存在",柏拉图讲"理念",亚里士多德讲"本体",都是最古老的形而上学本体论。他们试图分析作为最高本质的概念并将其确定下来,并由此出发去建构一个体系。确切地说,在形而上学中,正是存在(Being)的分离代表了本体论从宇宙论的分离,也正是由于存在(Being)的分离,西方哲学史上才出现 metaphysics 这个名词。

巴门尼德最早提出"存在"(Being)作为万物的本体,他的存在源自"是"(to be),to be 既可当系动词起表述作用,也可单独使用指事物的存在,如 to be or not to be。巴门尼德说,存在存在,不可能不存在;存在不存在,非存在存在,这是他关于真理的两条路径,第一条道路是确信的途径,是真理之路;第二条道路根本不可能,是意见之路。真理之路用理智来进行辩论,通向"圆满"的、"不可动摇的中心";意见之路按众人的习惯认识感觉对象,不真实可靠。在巴门尼德看来,凡是存在的东西就是事物的本质,它组成本质世界,是可以思想的东西;凡是不存在的东西就是事物的现象,它组成现象世界,不能被思想,只能被观察。所思的东西与所是的东西内在统一,既然思想的内容需要由"是"来表述,那么思想的对象就是存在物,因为"是"表示"存在",所以思想的内容和思想的对象是同一种东西。

巴门尼德关于两条道路和两个世界(本质世界与现象世界)的划分确立了后来西方哲学关注的方向,他将存在作为哲学研究的对象,实现了本体论从宇宙论的分离,奠定了本体论的基础。在他之后,柏拉图将"理念"当作本体去阐明"存在"的意义。他首先考察的是"是"与"存在"的关系。柏拉图用"分有"来表示"是","A 是 B"就意味着"A 分有了 B",那么,"A 是自身"则转换为"A 分有了存在"。由此,柏拉图确定了"存在",然后探讨"存在"与"非存在"的关系,并据以引导出他所寻求的被称为"理念"的稳定性质的真实含义。柏拉图的"理念"又被称为"相""种",他确立了三个"相":"存在""运动"和"静止",这是柏拉图最具普遍性、根本性的三个"相",这三个"相"都与它们自身相同而与其他"相异",故有"同""异"两个"相",这是柏拉图《智者篇》中"理念"的源起。

实际上,柏拉图的"理念"在某种程度上继承了巴门尼德"存在"的意义,在他那里,"理念"和"存在"一样真实存在,而不存在的恰恰是那些我们所能观察到的被称为"具体事物"的东西,这实际上是将"存在"或者"理念"当成了既独立存在又永不变动的"一"。这个"一"不完全等同于亚里士多德的"形式",因为在亚里士多德那里没有区分"多"和"一",他所谓的既独立存在又永不变动的东西实际上是"实体",而这个"实体"后来成为基督教哲学中的上帝。基督教援引亚里士多德哲学为自己的思想资源,形而上学沦为论证上帝存在的工具。

本体论从宇宙论的分离引发科学从哲学的分离,在古希腊,科学论证的基础是哲学,到后来,数学从哲学中分离出来了,这个哲学的长子已经长大,终于脱离了母亲的怀抱,对它的保姆毕达哥拉斯看都不看一眼,就飞奔向理论科学。因此,牛顿说,科学论证的基础是数学而非哲学。哲学母亲因为她儿子的背叛而陷入巨大的悲哀之中,这是一场哲学的危机。哲学是什么?哲学有什么用?这些问题从此成为哲学自身的永恒话题。

### 三 形而上学的认识论危机:知识与信仰的对立

正是形而上学的危机使形而上学走向了基督教,基督教哲学在与亚里士多德哲学的结合中酝酿了"一般和个别"的话题,逐渐演变为唯实论与唯名论的对立,也正是二者的对立成为基督教哲学崩溃的根源,使基督教哲学走向了近代认识论哲学,从而发生了本体论哲学向认识论哲学的转向。

在本体论哲学中,无论是巴门尼德的"存在"还是柏拉图的"理念",无论是亚里士多德的"形式"还是经院哲学的"上帝",它们因其超越于感性既成为范畴推演的结果,也成为范畴推演的前提。作为范畴推演的结果,这些本体具有知识的意义,而作为范畴推演的前提,它们又成为信仰而超越知识,这造成了本体论和知识论的主要分歧:无限和整体究竟属于信仰的领域,还是属于知识的领域?这是形而上学在摆脱了上帝的禁锢之后所面临的一次新的危机。

牛顿以后的哲学巨子笛卡尔、休谟和贝克莱的全部哲学思考致力于说明：哲学要为科学做论证，假如没有论证的能力，哲学将放弃自己的存在。这场论证终于被伟大的康德完成了，这位思想史上的伟大哲学家发誓一辈子不结婚也要搞清楚这些问题。

康德重建了知识和信仰的关系，他说："我不得不扬弃知识，以便为信仰保留地盘。"[1] 按照康德，人的认识不仅不是完全被动地接受外部作用，反而通过为科学经验材料提供普遍规则对人类的认识能力进行限制。在他那里，不再是知识必须符合我们所认识的对象，而是我们所认识的对象必须符合主体的认识形式，这就意味着事物对我们来说划分成了两个部分：一部分是通过主体的认识形成所认识的事物，康德称之为事物给予我们的"表象"，另一部分是未经认识形式限制因而在认识之外的"事物自身"、"物自体"或"自在之物"，我们只能认识事物给予我们的"表象"而不能认识事物本身。这样一来，不仅自然科学要求按照自然本来面目认识自然的原则发生了动摇，而且形而上学企图超越自然的限制去把握宇宙自然之统一本质和规律的理想也注定是不可能实现的。就是说，自然科学是可能的，而形而上学是不可能的。从这个角度看，康德进行哥白尼革命的目的归根结底是对理性认识能力的限制。

然而，在康德看来，这个消极的限制完全可以转化为积极的后果。虽然认识形式的限制体现了认识能力的有限性，但也表明了在我们的认识领域之外还存在一个不受认识形式限制因而可能是无限自由的领域。于是，对理性认识能力的限制就为理性的另一种能力即实践能力开辟了无限广阔的天地，因为实践理性或者说道德意志乃是以自由为依据的。事物对我们来说划分为两个方面，人亦如是。一方面人作为自然存在物服从于普遍必然的自然法则，在这个领域中他是没有自由的；另一方面人又是"人自身"，因而亦具有不受自然法则限制的一面。假如我们无限地扩张理性的认识能力，其结果势必把一切都变成了必然的东西而使人失去自由；而当

---

[1] Kant, *Critique of Pure Reason*, translated by Norman kemp smith, Preface to second edition: 29. 本书引用的是中国社会科学出版社 1999 年出版的影印本，引用时参阅了李秋零译本，中国人民大学出版社，2011，第 21 页。

我们限制理性认识能力的时候,这就为自由和信仰保留了一片天地。

## 四 形而上学的语言论危机:人与存在的关系

"知识论取代本体论意味着理性的胜利,理性的胜利造成了科学技术和社会的进步,但人性的完整却被分裂为碎片。"① 康德的批判实现了知识和信仰的内在统一,又重新为形而上学获得了地位,成为近代科学主义的根基。然而在西方人的精神信念中,哲学本质上要寻找人的生存境遇,人们一方面会对人生的有限、痛苦和神秘深重喟叹,另一方面又会对人生的无限、自由和永恒向往不已,所以人本主义的尼采对康德产生怀疑。同时,在现代化的进程中出现了精神的荒漠,很多人开始对科学进行反思,他们在对科学进行批判的时候也一并批判了康德,这种思想一直延续到海德格尔。"理性逻辑使感性生命的自然灵性减退,形而上的本体无法慰藉个人的孤独灵魂,上帝的抽身隐没使人最终失去了超越与获救的希望。诸神的逃离意味着黑夜降临,人生在世失去了根基。"② 既然诸神的本质都是存在,那么存在的隐退就造成了一片空虚。自从康德以来,存在的隐退就使人成为生存(existence)的主体,而语言为人的存在提供了一切可能,"唯有语言处,才有世界和历史"③。人和存在的关系本质上转换为人与语言的关系。

从某种意义上说,形而上学的产生就是一个语言性事件。在希腊人那里,语言就表征并包含着源始的生活经验,因而语言被当作某种存在者加以把握。赫拉克利特最早提出语言的"存在"地位,他的 logos 本义就是言语,logos 意味着自由和超越、无限和永恒、理性和规律,这些直接激发了巴门尼德将存在从语言中独立出去。

巴门尼德对存在的分析意味着哲学本体走向了成熟的语言形式,也正是语言形式的成熟和语法体系的建立使语言逻辑化、抽象化,导致巴门尼德正式提出"存在"这个命题。语言首先是在文字、符号和字母中存在的,柏拉图首创了 on 这个范畴并以此出发建立概念推演体系,这对于形而

---

① 李朝东、卓杰:《形而上学的现代困境》,甘肃人民出版社,1995,第13页。
② 李朝东、卓杰:《形而上学的现代困境》,甘肃人民出版社,1995,第13页。
③ 李朝东、卓杰:《形而上学的现代困境》,甘肃人民出版社,1995,第13页。

上学体系的形成具有决定性意义。亚里士多德则继承柏拉图哲学的方向，正式提出 Was ist Sein（存在是什么）这一问题，开启了形而上学的语言论之思。存在是一个动词 to be，它的名词化 Being 对哲学的形成是一个决定性的事件，它将存在本身当作哲学的对象把握，这使哲学一开始就具有形而上学的对象性思维方式和纯粹知性逻辑的基本认知，因而追问存在的问题也成为形而上学的核心问题，这也使"不定式"的出现成为西方语言高度形式化的一个标志。

在 Metaphysics 一书中，亚里士多德将形而上学称作第一哲学，其核心是以逻辑推论的方式通过揭示本体与其他相关范畴的关系来讨论本体的规定性。他昭示给黑格尔的是"存在"、"本质"和"真理"三者的统一。黑格尔以绝对精神为基础通过范畴演绎构建了一个形而上学体系，他虽然声称要打倒哲学体系，然而作为传统形而上学的集大成者，他的"逻辑学"却为了打倒一个体系而建立了新的体系。

"黑格尔的'思辨哲学'注定要成为现代哲学攻击的对象。他试图在康德摧毁了教条主义形而上学和批判地证明经验科学的正确性后，通过统一本体论和知识论来调和形而上学与科学精神之间的对立……这使他成为传统形而上学的最后和最高代表，并受到了语言论转向后来自英美科学主义和欧陆人文哲学两方面的攻击。"[①] 分析哲学通过把哲学的任务归结为科学语言命题结构的逻辑分析去排除形而上学，他们把哲学的全部问题归结为语言问题，把语言分析看作哲学的唯一任务，着重分析语言表达式或语词的意义问题，进而把真理归结为语言的意义。胡塞尔的现象学则将真理的确定性归结为语言的逻辑分析，在他那里，全部哲学的任务可以归结为确定语言的含义、寻找语言的规律和建立语言的理论，这就使语法范畴和逻辑范畴得到了重新界定。在胡塞尔以前，分析哲学用逻辑范畴来进行语法研究，并把语言的语法范畴视为逻辑范畴的体现。然而胡塞尔认为语法范畴自身就包含真理，它通过理性逻辑演绎形成"语法学"。语法学就是要在词语及其变化形态中寻找基本形态，形成语法结构，发现语法规律。

到了海德格尔，感性个体的存在（sein）是此时此地的存在，即此在（Dasein），此在意味着人不再是一个外在的实体、抽象的主体或者超越的

---

① 李朝东、卓杰：《形而上学的现代困境》，甘肃人民出版社，1995，第13页。

无限，它表明个体的情绪性在世方式以及感性个体与存在本体论的关联。哲学把 sein 当作一个 seiende（在者）去探究使传统形而上学遗忘了 sein 本身，人这个此在只有通过语言才能追问存在的意义，语言使此在在场并构成其本质，在语言这一人的存在方式中，sein 和 Dasein 的意义得以区分和解释。无家可归的现代人的精神灵魂在哲学的语言论转向后最终找到了自己的家园，所以语言被称为存在的故乡。

然而，找到了语言存在的故乡并不意味着人就能在存在中恬淡而居，它只表明此在之生存就是永恒地走向语言的"在途中"。人以语言的方式拥有世界就意味着人与世界存在一种意义关系。只要这种意义关系未得到最终解决，我们必将再次面临形而上学的危机。

## 五　Metaphysics 意义上知识与道德传承的对立

危机并不完全是一个负面的语词，形而上学的危机恰恰反映的是哲学的自我更新机制。理性超越知性直指感性使得知识不断扩大自己的范围，而知识范围的扩大往往伴随着我们要面对更多无知的领域。已知是有限的，而无知是无限的，如同人类是有限的，而宇宙是无限的，知识并不因扩大自己的范围而挤占了无知的领域，反而是，我们在通过知识的传递和教化把人从无知状态提升到有知的文明状态后，知识本身会对人造成新的"蒙蔽"，对知识造成的这种新的蒙蔽进行启蒙，便成为形而上学所面临的真正使命。这是哲学催生知识、科学得以产生、人类得以进步的自我更新机制，这是一个知识论的传统。

知识的重要特征是能够形成积累以便传承提升，而道德从来就不会有传承提升机制。前人道德崇高并不会让后人也道德崇高，对前人道德教条的记诵并不一定会转化为后人的道德实践。每一时代的道德水平大约等同于其他时代的道德水平，如果说有提高的话，也只能是"仓廪实则知礼节，衣食足则知荣辱"[①]，道德水平的提高倒是可以建立在物质水平丰富的基础之上。马克思主义也讲到经济基础决定上层建筑，"仓廪实""衣食足"是经济基础，"知礼节""知荣辱"是上层建筑。

---

① 《管子·牧民》，姚晓娟、汪银峰注译，中州古籍出版社，2010，第 9 页。

## 第四章　德性和知识的分野

有趣的是，中国的思想家也从不认为道德是可以传承提升的，他们所判断的现实是人心不古、世风日下，因此拼命在故纸堆里寻找道德存在的依据，通过"六经注我""我注六经"的方式去传承道德。为了道德传承的合法性和公信力，他们只好营造一种"一代不如一代"的氛围，将上古塑造成道德的楷模。中国自先秦哲学以后，为了道德传承无不回到对孔孟哲学的反思，这种反思实际上是对生活自身实践的认识过程。他们纠缠于现实生活中就不可能像西方哲学家那样从具体的事务中抽象出纯形式的思辨、纯逻辑的内容，也就无法形成系统的知识论。

相反，西方哲学注重在超验的或先验的维度上进行逻辑反思，以寻求和给出"生活经验实践"的根据和理由。先验性、逻辑性和反思性成为哲学理论的根本特征。他们因为对现实不满而追求未来形成知识，由于对此岸不满而追求彼岸形成宗教，这正是中国古代哲学的缺陷：缺乏先验、缺少逻辑而没有"纯形式"，因此形不成真正的知识。

在柏拉图看来，哲学不应该追求无限的德性而应该追求无限的知识，柏拉图的老师苏格拉底曾说过，他之所以有智慧乃是"自知其无知"，他是最聪明的，因为他知道确定的知识而非无限的德性，但他不是最智慧的，最高智慧的"理念"应归于伦理，在苏格拉底的时代，即归于奥林匹斯山上的神。而与之相反，中国古代哲学的价值判断始终建立于事实判断的基础之上，无论以什么样的形式出现，最终的目的却是给人们颁布"道德命令"，为了找到根据，常常援之以"天"，而且被封建统治者——"天子"确立为统治制度、意识形态，最终成为天的命令，"圣人"则成为"天"的代言人。

## 第二节　德性和知识的分野

《中国科技史》的作者约瑟夫·尼达姆（Joseph Needham，即李约瑟，1900~1995）曾经提出过一个问题："公元前一世纪到公元十五世纪，在应用自然知识于人类需要方面，中国远比西方领先，以至于公元三世纪到公元十三世纪，保持这一点为西方人望尘莫及，直到十七世纪中叶，中国和欧洲的科学理论大约处于同等水平，但仅仅在那之后，欧洲思想才迅速向前发展,而作为一个整体的近代科学没有能够发生在中国,为什么?"这就是著名的"李约瑟疑难",又被称为"李约瑟之问"。[1]

早在李约瑟之问发出之前,中国近代思想史上的一些先贤就已经在文化层面反思了中国几千年来的传统,他们从哲学上给予了解答。

## 一 Philosophy 与哲学

儒家文化圈原来是没有哲学这个名词的,在东亚历史上,日本人西周第一个把 philosophy 翻译为"哲学"。1862 年,西周在致松冈麟次郎的信中将 philosophy 译作汉字"西洋性理学"及片假名"ヒロソヒ"。在他为津田真道《性理论》所作的跋文中说:"西土之学,传之既百年余,至格物(物理)、舍密(化学)、地理、器械诸科,间有窥其室者,独吾'希哲'一科,西方则未见其二矣。"[2] 后来,西周到荷兰留学,对 philosophy 的真正含义有了进一步的理解。在 1870 年的《开门题》中,他借用汉文译音,将 philosophy 译作"斐卤苏比"。据后人对相关资料的整理,在同年开讲的《百学连环》中,西周正式提出"哲学",并将之定义为"诸学之上之学","凡物皆有其统辖之理,万事必受其统辖,正如国民受辖于国王"[3]。在 1874 年刊行的《百一新论》中,西周正式提出"把论明天道人道,兼之教法的 philosophy 译名为哲学",这是他第一次在公开刊行的著作中将 philosophy 译作"哲学"。[4]

日本人将 philosophy 译为哲学的最初目的是与中国的儒学相区分。西周最早对 philosophy 的翻译是"希哲",据说是取自中国宋明理学中周敦颐的"士希贤",以表示希求贤哲之义。然而后来,西周发现西方的 philosophy 与中国的儒学根本就是两种不同的学问,"为了凸显西学的整体及其特质,并与东方学问相区别"[5],他才将 philosophy 译为"哲学",也就是说,"'哲学'一词本身对于东方学问就具有排他性。或者说,至少西周的本意,东方

---

[1] 李约瑟:《中国科技史》,转引自李朝东、汪光文《李约瑟疑难与墨学的复兴》,《内蒙古社会科学》(汉文版) 2009 年第 6 期,第 70 页。
[2] 大久保利谦编《西周全集》(第 1 卷),东京:宗高书房,1960,第 13 页。
[3] 大久保利谦编《西周全集》(第 4 卷),东京:宗高书房,1960,第 145~146 页。
[4] 大久保利谦编《西周全集》(第 1 卷),东京:宗高书房,1960,第 1~3 页。
[5] 桑兵:《近代"中国哲学"发源》,《学术研究》2010 年第 11 期,第 2 页。

学问不属于'哲学'的范畴。"① 正因为如此，在日本学术界，所谓哲学，根本就是与儒学相并列的学术，正如西方没有儒学一样，中国也没有哲学。

当哲学在日本成形以后，其影响很快波及中国，"正是在东京大学《哲学杂志》首版的1887年，黄遵宪写《日本国志》介绍了东京大学的学科设置有哲学一科……随着甲午战败，中国掀起了学日高潮，哲学一词也在这一高潮中取得决定性的胜利……当时具有重大影响的三位大家，梁启超、蔡元培、王国维，都对'哲学'一词做了大力宣传，哲学一词洋溢在梁启超的政论性杂志里，流动在蔡元培的哲学译著中，闪烁在王国维的学术论述间，其声势波及到了整个中国的学术界和文化界"②。

中国哲学的生存权之争源于一种面对文化变革时的保守心理：西方有的我们都有，西方没有的我们也有。所以参照西方 philosophy 名词的意义，我们将儒学翻译为哲学。philosophy 其本原意义为"爱智慧"，也就是说，philosophy 是智慧之学，在中国的学问中，哪些可以称得上是智慧之学呢？中国几千年的儒学充满了智慧，所以儒学就是哲学了。

## 二 中西哲学之别：德性和知识的分野

将 philosophy 翻译为哲学是一种简单的文辞对应，其背后忽略了 philosophy 与哲学的本质意义。按照胡塞尔的理论，philosophy 是一种为科学奠基的学问，它必将走向作为严格科学的哲学。但是，当 philosophy 刚引进中国的时候这一点还未能被了解。直到人们对 philosophy 的理解日益深刻以后，才发现 philosophy 是一种催生知识论的学问，而这一点恰恰是中国儒学所缺少的。在中国近代思想史上，梁启超第一个发现了这一点，所以他最早提出了中国知识论的缺失问题。梁启超认为，"西洋哲学由宇宙论或本体论趋重到论理学，更趋重到认识论，彻头彻尾都是为'求知'起见"，而"中国学问不然，与其说是知识的学问，毋宁说是行为的学问。……中国哲学以研究人类为出发点，最主要的是人之所以为人之道"③。

---

① 桑兵：《近代"中国哲学"发源》，《学术研究》2010年第11期，第2页。
② 张法：《哲学一词的中文定型与中国现代哲学地图的形成》，《社会科学》2009年第3期，第101页。
③ 葛懋春、蒋俊选编《梁启超哲学思想论文选》，北京大学出版社，1984，第488页。

按照梁启超，中国哲学和西方哲学的区别在于：中国哲学的理论传统是道德（人之所以为人之道），西方哲学的理论传统是知识（为"求知"起见）。这个分野从中国社会和西方社会的文化源头就已经开始了。中国社会开始有系统的文化源自孔子。中国哲学史上，儒家学说一开始便是一种道德沉思，而西方文化则开始于"遥远的星空"①，集中于探索宇宙的奥秘。

在中国，儒家知识分子的一般态度都是入世的。孔子一生奔走于列国之间，他的直接理想是当官，只有当了官，才能推行他的政治主张，实现他的人生抱负。由孔子开始，儒家几千年的理想便与官场脱不了关系，尤其是到了儒学的高峰期——宋明理学，"修身""齐家""治国""平天下"成为儒者一生的追求目标；"为天地立心，为生民请命，为往圣继绝学，为万世开太平"成为读书人最高的政治理想。有趣的是，中国传统文化中也存在"出世"一派——道家，老子骑青牛而出函谷关，羽化成仙，一直成为道家学派的玄学寄托。但研究中国几千年的思想文化史，我们发现，无论是"入世"还是"出世"，其实都代表了中国文化的官场情结。大多数知识分子的理想是"学而优则仕""书中自有黄金屋，书中自有颜如玉"……这些都是中国知识分子几千年来的生活理想，一直延续到今天。只有当理想不能实现时，才去过"采菊东篱下，悠然见南山"的生活，其实采菊之时，想的却是万世功业；南山之思，思的却是帝王名术。

## 三 分野的文化源头：宇宙论是否分化出本体论

中西方哲学为何会发生德性与知识的分野？它们分野的源头何在？答案在于：宇宙论中是否分化出了本体论。

何谓宇宙论？在西方，这个词最早由德国人沃尔夫开始使用，他将宇宙论和神学、心理学对应起来，认为宇宙论是研究作为一个整体的宇宙以及宇宙的起源和结构问题的理论。而最早对宇宙论进行专门研究的是亚里士多德，《形而上学》的第三部分探讨了世界的存在，世界的偶然性、必然性和

---

① "遥远的星空"指的是古希腊一个流传已久的传说，古希腊第一个哲学家泰列斯曾仰望星空探求宇宙的奥秘而一不小心掉进了枯井里面，一位色雷斯的少女看见之后便开怀大笑起来，说他不能看清自己脚下有什么东西，还想弄清上界的秘密。这个传说代表着西方哲学从一开始就追求科学知识，后来康德用"头顶的星空与心中的道德律"去阐明他的哲学，意思是说科学与道德是他所关心的两个问题。

永恒性、时空限制以及世界在变化中的规律等,这些都是典型的宇宙论问题。在中国,宇宙则指整个自然界,成书于公元前2世纪的《淮南子·齐俗训》中说:"往古来今谓之宙,四方上下谓之宇。"[①] 可见在中国人的心目中,宇宙指一种无所不包的整体存在。考察东西方关于宇宙论概念的起源,我们可以确知,人类在认识之初最早形成的知识在哲学上的表现形态即为宇宙论。

按照亚里士多德和沃尔夫的划分,宇宙论和本体论是形而上学的两个核心组成部分。形而上学刚刚产生的时候以宇宙论的形态存在,宇宙论研究世界的统一原理问题,即世界何以统一,它解释世界的本原即"始极",说明谁在世界之先。本体论则从确定的基点出发,研究"一切存在者存在于存在之中"。最早的本体即为"存在"(Being),所以本体论又被称为存在论,它从一个确定的基点出发,研究人类知识何以可能。

从发生学的角度看,中西哲学具有相同的宇宙论起源,但一开始,中西哲学就因其不同的核心范畴和语言体系,走向了不同的本体论分野。西方哲学由于其语法体系的规范,形成了纯粹的形式逻辑体系,分离出了本体Being。然而与西方相反,中国哲学的语言环境是象形字,缺乏逻辑支持,所以它不可能分离出一个纯形式化的本体,它的核心范畴是抽象的道德"仁"和"道"。这种抽象的"仁"和"道"与Being有本质区别,"仁"和"道"源自经验现象的概括,但西方哲学的研究对象却在抽象的语言陈述形式中而非还原到具体的经验形式。我们的语言陈述形式不是 s 是 p,我们说"孔子是山东曲阜人"的时候语言形式是这样的:"孔子,山东曲阜人也。"这种语言陈述形式使每一个具体的陈述都处在一个实实在在的图景之中,与经验相连,而 s 是 p 的语言形式则抽象出一个不处于具体时空之中无生灭变化的系词Being。在此意义上,我们可以说,中国哲学没有本体论。如果我们硬要说有本体论的话,只能说是宇宙本体论——中国哲学始终未能从宇宙论中分化出来,一直停留在宇宙论的阶段。

四 本体论分化之果:诗性智慧与理性智慧

"一个民族有怎样的核心范畴,就会有怎样的哲学,这哲学也就内化

---

① 刘安:《淮南子》,转引自马全民、庞景仁、苏厚重等《哲学名词解释》,人民出版社,1974,第287页。

和塑造着该民族的思维方式及其民族智慧。"① 西方哲学本体论从宇宙论的分离使其核心范畴成为"Being"和逻各斯；中国哲学本体论没有从宇宙论中分化出来，哲学始终处于宇宙本体论阶段，它的核心范畴是"仁"和"道"。"仁"这个范畴形成中国人的"价值理性"；"道"这个范畴形成中国人的"诗性智慧"。前者使中国人特别关注社会和人事关系的调整与维护；后者使中国人的思维方式拒绝逻辑而极富想象力。"仁"和"道"共同以"入世"和"出世"的方式来安抚中国人的人生。

诗性智慧是具创造力的。在英语世界，"诗性的"（poetic），原义是创造的；诗人，原义是创造者；诗性智慧，指的是源始性的、创造性的智慧。诗先于哲学——《诗经》先于《论语》，《荷马史诗》先于自然哲学，诗人的时代自然也先于哲学的时代，诗性的想象比知性的想象更为原始。诗是人类的感官，而哲学则是人类的理智，二者呈反比关系：知性能力越强，想象能力就越弱；知性能力越弱，想象能力就越强。最早的诗人像儿童一样没有推理和反思能力，但集中爆发了旺盛的感受力和生动的想象力，形成了生动的"诗性意向"。

到了哲学和科学的时代，人类的推理和反思能力日益强大，想象力和感觉能力却日趋衰弱、萎缩。诗性和知性、想象力和推理能力不可能同时发达。所以在中国历史上，最为经典的诗歌仍然是《诗经》；在西方历史上，最为经典的诗歌仍然是《荷马史诗》。诗性智慧由此也成为人类创造性活动之根，成为哲学的智慧之根。

但是，柏拉图从理念论出发，认为诗达不到概念的或逻辑的真实，不属于心灵中崇高的理性部分，而只属于低级的感官部分。诗是感觉和情欲的宣泄，只可能败坏人类的心智，而不能增加人类的理性，因此，诗被逐出了柏拉图的学园，诗人被逐出了以哲学家为王的理想国。柏拉图以后，诗似乎注定与伟大崇高的智慧无缘，诗人注定了流浪的命运。近现代知性、理性的肆意扩张更是加剧了诗的堕落和诗人命运的悲剧色彩，使作为知性之源的诗被知性所排斥而无处栖身。所以黑格尔感叹：艺术的黄金时代已经一去不返了。人类从此进入理性主义的时代。

---

① 李朝东：《道理与真理——中西哲学的内在差异》，《西北师范大学学报》（社会科学版）2000 年第 5 期，第 1 页。

西方哲学的主流便是理性主义，这一传统从古希腊便已成形，经过中世纪的保存和发展，到了近代更加发扬光大。理性主义者们已经不满足于对自然的征服，不满足于认识事物之理，而力图将自然科学的数理方式引入人文精神领域以认识精神之"理"，试图创立一个"人文精神科学的自然系统"。笛卡尔用"普遍数理"观将世界构造为一个秩序和尺度的世界；格劳秀斯创立现代自然法，将法的知识类比为数学知识；斯宾诺莎以几何学为依据建立伦理学体系；孟德斯鸠、霍布斯和洛克等则以理性来缔造制度、以逻辑来构建知识。这些思想家的努力使西方科学在哲学的奠基之下迎来一个大爆发的时代，思维理性培育了资本理性、催生了现代科技，使理性的西方世界超出诗性的东方世界。

五　智慧之果：形而上学为科学奠基

与紧密结合世俗社会的道德形而上学不同，西方哲学一开始就是一种"出世"的纯粹思辨学问，这种学问即形而上学。形而上学作为哲学名词源于古希腊哲学家亚里士多德。这门学科研究"作为存在的存在"。它的产生，源自亚里士多德对学科的分类体系，见图1。

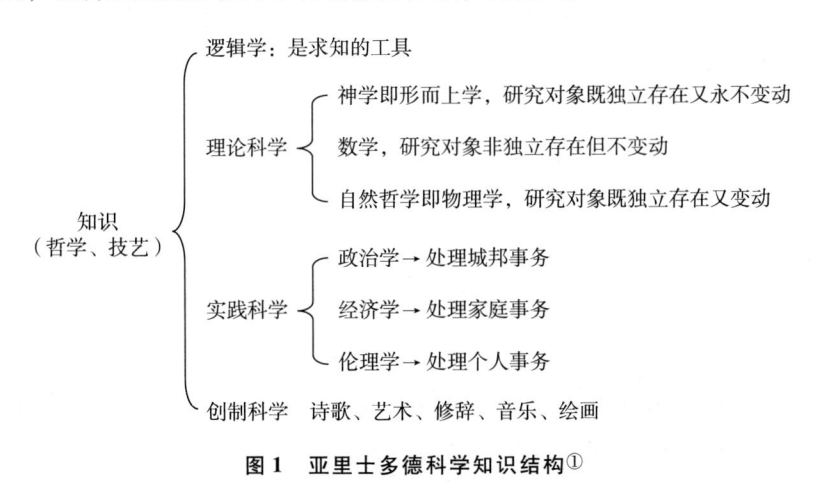

```
                ┌ 逻辑学：是求知的工具
                │
                │              ┌ 神学即形而上学，研究对象既独立存在又永不变动
                │   理论科学 ┤ 数学，研究对象非独立存在但不变动
     知识       │              └ 自然哲学即物理学，研究对象既独立存在又变动
   （哲学、技艺）┤
                │              ┌ 政治学→处理城邦事务
                │   实践科学 ┤ 经济学→处理家庭事务
                │              └ 伦理学→处理个人事务
                │
                └ 创制科学　诗歌、艺术、修辞、音乐、绘画
```

**图1　亚里士多德科学知识结构**[①]

在这样一种体系中，整个哲学系统形成了一个以形而上学为核心的不断延伸的真理体系，它总是包含三个环节：已经证明了的、用来做证明的

---

① 李朝东：《西方哲学思想》，甘肃人民出版社，2000，第100页。

和将要去证明的。在亚里士多德那里，已经证明了的环节由形而上学（元物理学）来承担，用来做证明的环节由工具论（形式逻辑）来承担，将要去证明的环节由物理学来承担。对应于这三个环节，真理具有三种意义：批判意义上的真理（形而上学即元物理学）、形式意义上的真理（工具论即形式逻辑）和实证意义上的真理（物理学即经验世界）。哲学的发展就是由这三个环节的层层推进逐步到达真理从而形成一个严密体系。[①]

到了康德，他通过先天综合判断建立了一个感性、知性和理性的世界。按照他的说法，以近代科学为典型的认识之本质，实际上是知性范畴加工感性材料以构成知识。现象与本体的划界乃是正当运用知性的前提，它只能运用于经验现象而不能僭越认识物自体，因而知性是有限的。但人的认识能力却包含着比知性更高层次的理性，理性既限制知性的范围又指向一个超出知性定在（Dasein）的无限的存在（sein），既把知性"引导到全面一致性、完整性和综合统一性上去"[②]，又以理性在它周围看见的新境界诱导知性"使其规律接近于普遍性"[③]，即通过更新、扩大先天综合判断而带动知性自身的发展，使知性永远向前却永难抵达。这种理性之思的无限性思维为有限的知性认识开辟潜在的无限可能性的过程，就是一个认识无限推进的过程。它的结果就是："科学似乎总是在进占，哲学似乎总是在却步……凡探索的领域一到产生可用定式精确表述出来的知识，便称作科学了……哲学乃是对未知者及未确知者（伦理、美学、政治学等）假设的说明，是围攻真理的第一道战壕；科学为已经攻克的土地；再后面就是安全的区域了，知识和艺术便在那里建筑起我们这个未完美但已惊人的世界。"[④]

## 第三节 以人为镜和以自然为镜

近年来，在中西哲学比较研究领域逐渐达成了一个共识，即我们可以将"中西哲学的基本精神分别概括为'天人合一'与'天人相分'"[⑤]。由

---

[①] 陈春文：《栖息在思想的密林中》，兰州大学出版社，1999，第 4 页。
[②] 康德：《未来形而上学导论》，庞景仁译，商务印书馆，1982，第 137 页。
[③] 康德：《未来形而上学导论》，庞景仁译，商务印书馆，1982，第 137 页。
[④] 李朝东：《西方哲学思想》，甘肃人民出版社，2000，第 16 页。
[⑤] 张志伟：《"天人合一"与"天人相分"》，《哲学动态》1995 年第 7 期，第 30 页。

此共识出发，我们进而能够发现，中国哲学注重讨论人与人的关系，"以人为镜"，而西方哲学则注重讨论人与自然的关系，"以自然为镜"。

一　"文化"与"culture"的区分

我们首先从分析"文化"与"culture"这一对词语开始。

"文"，最早见于商代的甲骨文，意思是身有花纹袒胸而立的人，后来引申为各色交错的纹理，进而引申为文物典籍、礼乐制度、文德教化等。

"化"，出现较晚，甲骨文中没有这个字，有改易、变幻、生成等含义，主要指形态和性质的改变，后来引申为教行、迁善等。

"文化"合用，见于春秋以后。

（1）《周易·贲卦·彖传》："观乎天文，以察时变；观乎人文，以化成天下。"天文，指天道运行规律，人文，指人际关系、人伦规范、风土人情。

（2）西汉刘向《说苑·指武》中说："圣人之治天下也，先文德而后武力。凡武之兴，为不服也；文化不改，然后加诛。"这里的文化，指文治教化。

在中西文化交流之际，我们用"文化"这个词对应翻译英文词"culture"，"culture"在英文中的含义是：改良土壤、栽培植物、种植树木等，后来引申为：教育教养、人类能力、礼貌、知识、情操、风尚等。与中国古代传统文化中的"文治教化"内涵接近，可见，学者们用"文化"这个词翻译"culture"，基本准确。

但是，基本正确背后却掩盖了中西方文化机理的深刻区分，从这两个词的本源意义来讲，"文化"的本义指身有花纹袒胸而立的人，指的是人，强调的是人的社会活动，它的基本指向是人与人之间的关系；"culture"的本义是指改良土壤、栽培植物、种植树木等，强调的是人对自然的改造，它的基本指向是人与自然之间的关系。

二　"人与人的关系"与"人与自然的关系"

中国"文化"与西方"culture"的基本指向折射的不是一个简单的翻译问题，而是中西方民族性问题，而民族性直接影响了一个民族的走向。在中国历史上，从先秦诸子开始到近现代，中国传统文化几千年都纠结于人与人之间的关系，其核心价值体系是建构"道德形而上学"，这种"道德形而上学"是一种内心体验之察觉、道德理想之构建；而处理人与自然关系的西方哲学因为要处理自然，必须认识自然，则走向了注重抽象与纯形式逻辑的认识论。

在中西文化的比较中，似乎中国的伦理学比西方要发达得多。春秋战国时期是中华传统文化发展史上第一个高潮期，大约相当于西方文化史上的古希腊，从那时起，孔、墨、老、孟、庄、荀、韩就开始论及做人之道理。孔子奔走于列国之间，推行"仁"的政治主张，提出"仁智统一""成人之道"，提倡"中庸"，在中国历史上第一次提出了一套抽象的道德体系；孟子继承孔子的衣钵，将"仁"发展到"仁政"，将抽象的道德体系与具体的政治主张相结合，成为抽象道德体系与具体政治实践相结合的开端；而荀子则是将儒家学说与政治实践相结合的典范，中国封建社会外儒内法的社会结构实际上是从荀子开始的。同一时期，老子主张"无名"和"无为"，其核心基本上是做人的道理。而被后世视为最具科学性的墨家，虽然具有深刻的逻辑思想，但其核心主张是"兼相爱，交相利"，这是一套直接的人道原则和功利原则。

到了两汉，董仲舒发展了儒家的思想，提出"天人感应论"，主张"三纲""五常""可求于天"，将儒家思想进行了神化。在中国历史上，通神的权力一直掌握在"王"的手中，董仲舒对儒家的改造赋予了儒家这个权力，所以从某个方面来讲，自董仲舒以后，儒家开始了与"王"对通神权力进行争夺。在董仲舒以前，儒者是不掌握通神权力的，孔子的"未知生，焉知死"，基本上不涉及与神的关系，而董仲舒将人与人的关系通神化，使儒家上升到了一个超越性的境界。自此以后，儒家在处理人与人关系方面便具有一个深刻的背靠，那就是通神。

两汉以后，思想家开始用道家文献解释儒家经典，用儒家经典解释道家文献，导致了魏晋玄学的产生。魏晋玄学是儒学思想的神秘化，道家思想的世俗化，它体现了一种反传统、反主流过程，实际上是否定传统儒学的过程。这种对儒学的否定为隋唐佛学的兴盛扫清了道路，使中国传统哲学走向了儒、释、道的统一——宋明理学。

宋明理学的主要思想是"存天理，灭人欲"，主张通过人自身的修养实现"修身""齐家""治国""平天下"。程朱理学建构了"理本论"的本体论，陆王心学将这种本体论发展为"心本论"，通过人的内心观照实现"无善无恶心之体，有善有恶意之动，知善知恶是良知，为善去恶是格物"的道德玄想。

相对于中国而言，西方哲学传统更多地具有自然科学的色彩。在西方思想史上，哲学家更多的是科学家。西方古典哲学的开创者之一、"哲学"概念的提出者毕达哥拉斯是一个数学家，他将自然数看作世界的灵魂，用数来解释万物，也用数字来建构一个超验的世界；柏拉图和他的学生亚里士多德是古希腊最著名的哲学家，而亚里士多德是人类历史上最伟大的科学家之一；近代西方哲学的开创者笛卡尔，他的主要思想是唯物唯心二元论，我们所熟知的解析几何是他的二元论思想在空间的具体化；发明微积分的牛顿和莱布尼茨，无不是西方哲学史上最著名的哲学家，牛顿所凭以著称的物理学，实际上是时间空间中关于物体运动关系的讨论；而莱布尼茨的唯理论深刻讨论了物体运动的连续性，其微积分理论是哲学思想的数学化；近代哲学的开创者康德是著名的自然科学家，他的"康德—拉普拉斯星云说"是自然科学的重要成果之一；马赫、波普都是著名的物理学家兼哲学家；弗雷格、胡塞尔的哲学研究也都是从数学开始；近代最著名的科学家爱因斯坦，其哲学思想今天成为一个专门的学科——爱因斯坦哲学。

相比西方哲学家，中国哲学史上很难找到这样的名字，思想家们大多在论证道德的合理性，某种程度上是在论证做官的合理性。在中国历史上，也很难找到纯理论性的科学思想和纯形式的逻辑，科技很多带有明显的功利性，毕达哥拉斯定理是纯粹作为思想而存在的，而勾股定理的产生则出于丈量土地的目的。我们的逻辑也是在论证道德中产生的，它没有一种纯粹形式化了的语言表达形式，因而具有丰富的辩证逻辑而缺乏先验逻辑和数理逻辑思想。

### 三 中国哲学以人为镜：观照自身与观照自然

由于中西方哲学"人与人的关系"与"人与自然的关系"的区分，在认识论上，引起了中西哲学以人（自身）为镜和以自然（"他者"）为镜的区分。中国哲学以人为镜有两个方向：一是以自身为镜，观照自身；二是以自身为镜，观照自然。这源自中国人对自身精神安顿的思考，前者是自身对自身的道德沉思，代表了中国人的入世精神，以儒家学说为代表；后者是自身对自然的道德观察，代表了中国人的出世精神，以道家学说为代表。出世与入世，共同构成了中国人的精神世界。

邓晓芒说，"中国人更多的把镜子用来比喻人心而不是外界对象"①，在中国人的世界观里面，人心更多地是一面镜子，老子"涤除玄鉴"②，即是将内心打扫干净，像一面清澈幽深的镜子，才能反映出自然的本来面目。在中国人这里，镜子的作用是用来反映世界（包括自身）、"玄鉴"万物（包括内心），呈现宇宙本体（"理"和"心"或"真如"）的，即是说，镜子本身是看不见的，在镜子中看见的都是对象，人们从镜中反映的对象得知镜子的存在，但并不能把握那独立于一切外界事物的镜子实体的形象，因为镜子本身并不反映在镜子中。

进行道德玄思的儒家一开始是入世的，孔子讲"仁"，他说："克己复礼为仁。一曰克己复礼，天下归仁焉。为仁由己，而由人乎哉？"③ 仁的具体条目是："非礼勿视，非礼勿听，非礼勿言，非礼勿动。"④ 这里讲到实行仁的方法，要"克己复礼"，约束自己的行为使其符合礼的规范，一旦做到这一点，天下的人就会认为他做到"仁"了；求仁是完全自觉的，由自己决定的，并不依赖他人；求仁必须在视听言动方面符合礼，"仁"是一种全面的道德行为。这些求仁的做法是从"仁"出发对人内心的一种观照，"仁"是内心道德理想的幻化，而又反过来关注和约束内心。

与儒家相反，出世的道家提出"道"作为最高的范畴。"道"既是世界的统一原理，又是世界的发展原理。它源自内心，是一个精神性的东西，先天地而存在，是万物的根本、宗主；它不依靠外来的力量，不停地循环运动。但就是这么一个源自内心的"道"，产生了天下万物。"天下万物生于有，有生于无"⑤，"道生一，一生二，二生三，三生万物"⑥。老子

---

① 邓晓芒：《人之镜——中西文学形象的人格结构》，云南人民出版社，1996，第2页。
② 《道德经》，梁海明译注，书海出版社，2001，第22页。
③ 《论语》，程昌明译注，书海出版社，2001，第143页。
④ 《论语》，程昌明译注，书海出版社，2001，第143页。
⑤ 《道德经》，梁海明译注，书海出版社，2001，第98页。
⑥ 《道德经》，梁海明译注，书海出版社，2001，第100页。

这种生成观,充分展示了一个从内心出发的"道",是如何观照自然,从而生发人和自然关系的。

无论是"仁"还是"道",它们都具有从自身出发,以自身为镜的思维模式,但这种思维模式的两个方面——从自身出发观照自身和从自身出发观照自然,从先秦开始,却不断地相互交织,使得历经了两汉经学、魏晋玄学、隋唐佛学和宋明理学的中国哲学,能够将儒释道相融合,提出"我心"(自身)和"宇宙"(他者)同一的关系。王阳明即说:"心无体,以天地万物感应之是非为体。"① 他的意思是,"我心"并没有它自己的不同于宇宙(包括他人)的本体,"宇宙即是我心,我心即是宇宙",从而将"我心"和宇宙合二为一,那么,"心犹镜也"②,心成了一面镜子,所以"心无体"。

因而,邓晓芒说:"在数千年的中国思想史中,我们几乎看不到一种要从根本上把客观世界当作镜子来反观自己、发现自己、认识自己的努力,而总是看见把人的内心当作平静的湖水,如同明镜,一切涟漪和波澜,一切欲求和冲动都不是'本心',而是对本心的干扰和遮蔽,真正的本心是虚静、'无事'、'空'。因此只有专心内向,守静抱一,屏息朗照,才能获得宇宙的真谛。"③

四 西方哲学以自然为镜:他者的出世意义

与中国人的思维模式相反,西方哲学一开始就以自然或"他者"为镜,这里讲的"他者",泛指与人的"本心"相对立的外界对象,最直观的是自然,包括"他者"人和"他者"物,我们甚至还可以说,在某种意义上也包括与"本心"相对立的人自身。

西方哲学以自然为镜的特征从古希腊自然哲学开始便具有了。自然哲学家们将自然世界当作哲学观察的对象,试图在纷繁复杂的外界现象中寻找确定不变的本原,以至于在哲学思考中迷失了自己。古希腊最早的哲学家泰勒斯的故事似乎就给了我们这样一种隐喻,而比泰勒斯稍晚,另一位

---

① 王阳明:《传习录》,云南大学出版社,2003,第167页。
② 王阳明:《传习录》,云南大学出版社,2003,第32页。
③ 邓晓芒:《人之镜——中西文学形象的人格结构》,云南人民出版社,1996,第4页。

古希腊哲学家赫拉克利特的抽身而去，似乎更能代表中西哲学路径的彻底分离。传说赫拉克利特是王位继承人，但是他认为，搞清楚一个问题胜于当国王，便逃离王国，遁入山林。① 但风吹木叶，沙沙有声；日落月出，阴晴恍惚，影响了他潜心思考哲学问题，他便自刺双眼、自毁双耳，以不受外界影响。这些传说代表了西方哲学的一种"出世"精神，这种精神摒弃内心观照而追求外在本原，拒绝道德构建而致力形而上学。

古希腊哲学是这种形而上学精神的源头。对本原的认识由"水""火""土""气"渐渐发展到"存在""Being""逻各斯"，在巴门尼德提出"存在"（Being）这个划时代的概念以后得到提升，西方哲学从此进入一个认识"他者"的时代——本体论时代。存在（Being）跃升为西方哲学的核心概念，贯穿了整个西方哲学史，Being从此作为西方哲学之镜，观照着西方人的生存形态。

那么，究竟是Being真实，还是"你""我"更真实？这个一般和个别之关系问题构成了整个西方哲学的核心线索。巴门尼德的存在论就认为，Being更真实，Being才是真正唯一的"存在"，颠覆了西方人的日常思维。这个颠覆是如此的无理，以至于引发了一场"拯救现象运动"，要拯救个体的真实，拯救S的存在②。拯救现象运动认为"存在"是"存在"，"是"是"是"，主张个别事物存在的合理性，引导人们在关注"存在"本身的同时，也要关注"存在者"的合理性。拯救现象运动以后，哲学到了柏拉图、亚里士多德阶段，已经完全在语言形态、抽象概念中讨论"存在"了。柏拉图的Being是"相"，是"理念"，是"存在"；亚里士多德的存在是实体（第一实体和第二实体）。亚里士多德以后，希腊哲学无力再讨论一般和个别，一直到中世纪才将一般和个别的讨论引向神，Being作为一般，作为本体，只能是神，神才可能是唯一的本体。这场讨论引起唯名论和唯实论的大论战，使中世纪哲学走向近代哲学经验论和唯理论

---

① 赵敦华：《西方哲学简史》，北京大学出版社，2001，第13页。
② "S是P"是西方哲学中一种基本的语言形式，按照康德的理解，S和P都是概念，它们通过系词"be"联结。凡是通过系词表现出来的我们都叫现象，即S。作为系词Being具体形式的am、is、are和系词表现出来的P，柏拉图都看作"不存在""非存在"，而唯有从时态中抽象出来的Being，由于不存在于确定的时间空间之中，是既永恒存在又永不变动的东西，柏拉图将其当作存在，而成为我们哲学研究的对象。

的对立。康德对这种对立进行了调和,而胡塞尔则以意指性表述与含义统一相符合去解决这个问题。胡塞尔的现象学,也是一种以"他者"为镜的哲学。

五 现象学:将自我建构为"他者"与孤独"他者"的意义

早在胡塞尔以前,笛卡尔就要求在生命中返回自身,通过自身摧毁所有现存科学信念,并凭借向诸我思活动(cogitationes)的自我回溯,确立自己为唯一决然确定之存在者的自我,并以此出发去构造出一个世界。然而,胡塞尔却认为,此时世界的此在是一种无法保证的东西而不得不被判无效,因为在此存在着一种无法统一的意指。因此,胡塞尔说:"对于我来说,那种世界的所有(Weltall)——就是所有自然存在的东西——只是作为由我才具有它当其时意义而有效的东西。"① 他沿着笛卡尔的路径继续前进,这种前进从将所有在先给予我们的存在信仰都判作无效开始。他说:"如果我超出这整个生活,并且中止进行任何一种直接将世界作为存在着的世界接受下来的存在信仰,如果我仅仅将我的目光指向这个作为关于世界的意识的生活本身,那么我便获得了自己,作为纯粹自我连同我的诸我思活动的纯粹流动。"② 这里,胡塞尔超出生活(站在生活之外),把生活本身当成了一面镜子,然后在中止存在信仰和关注生活本身这两个条件的基础上,获得纯粹自我,即纯意识意义上的自我,而且他认为:"我所获得的我不是有点像世界的一小片东西,因为我已经将世界普遍地判为无效,也不是具体化为单个人的我,而是这样一个我——正是在其意识生活中,整个世界和我自己作为世界客体、作为在世界中存在的人,才获得他的意义和他的意义有效性。"③

"我"成了胡塞尔将世界判作无效的客观效果,"无论世界是否存在或者无论对此有何决断,我和我在我的存在有效性(Seinsgeltung)中的生活始终没有受到触动。"④ 胡塞尔对"世界作为从我之中和在我之中获取存

---

① 《胡塞尔文集》(第一卷),张宪译,人民出版社,2012,第74页。
② 《胡塞尔文集》(第一卷),张宪译,人民出版社,2012,第7页。
③ 《胡塞尔文集》(第一卷),张宪译,人民出版社,2012,第7页。
④ 《胡塞尔文集》(第一卷),张宪译,人民出版社,2012,第8页。

意义的世界而驱逐出我的判断领域"① 的行为，就是一个排除"以我为镜"的认识论方法的行为。伴随着世界的无效，"我"也暂时地失去了客观的意义，但世界的无效正如镜子履行反射的功能而失去了镜子自身的存在一样，这样一个"我"却存在于意识之中成为镜子——伴随世界的无效性而构建起来——的反射对象，"我"在镜子中又重新获得了意义。这样，按照胡塞尔的说法，"一个极为奇特的认识视阈在这里展示出来"②，"我"以"他者"为镜，反映自身，这种镜像中的"我"先作为认识客体被悬搁判断而丧失意义，又通过镜像构建而返回自身获得新的意义。如此，便完成了这样一种分裂："先验的旁观者置身于自己本身以上，观看自己，并且将自己看做是先于世界被给予的我；也就是说，先验的旁观者在自身中，发现了作为人类的我思对象，并且在所属的诸我思活动方面，发现构成整个世界之物的先验生活和存在。"③

然而，"我"不是恒在的，空山静寂之中，是否有物存在？或者说，当"我"不存在时，"他者"的意义何在？贝克莱曾经以"存在就是被感知"摧毁过我们对于客观事物存在意义的信念，然而在胡塞尔这里却有一个明证性的设定。按照胡塞尔，当我们讨论到一个场景时，这个场景就立即具有了我们所赋予它的存在意义，此时，我们必须呼唤出一个接受者，这个接受者并不一定要在现实中存在，并不一定要在意识的意义上存在，并不一定要站在一个主体的立场上自我显现，但这个接受者的可假设是一件清楚明白的事情。事实上，我们可以轻而易举地想到忽然有一天人类不存在了，但是人以外的事物还是存在的，还是有意义的，它们在它们存在的意义上相互意义、相互观照。我们每个人都可以设想一种孤独的 sein，它们只有在人类认识的信号发出去的情况下才会被唤醒成为 da，从而进入实存，成为理论意义上的实体。但这种孤独的 sein 自身，并不因人类的不存在而失去其本身的存在和意义。它一方面可以作为世界的对象，另一方面又不仅仅是自然的事物（naturdinger），它们也可以是世界的主体，我们不只是"将他们经验为在空间中心理学地交织出现于自然联系中的东西，

---

① 《胡塞尔文集》（第一卷），张宪译，人民出版社，2012，第10页。
② 《胡塞尔文集》（第一卷），张宪译，人民出版社，2012，第10页。
③ 《胡塞尔文集》（第一卷），张宪译，人民出版社，2012，第14页。

而是将他们经验为我所经验的这同一个世界,这个世界也是经验着的,就像我经验他们一样,他们也经验着我,如此等等"①。在此,孤独的 sein,也被建构为独立意义上的镜子。

中西哲学认识论上"人与人的关系"与"人与自己的关系"和以人为镜与以自然为镜的区分,与中西哲学宇宙论向本体论的转向、本体论向认识论的转向密切相关。人类与世界相互作用之初,处于一种对混沌世界模糊理解的宇宙论阶段,在此阶段,中国先秦哲学以人为中心讲"仁""道",此传统在中国几千年的哲学发展过程中始终没有改变。这大约是中国人基于方块字的思维方式易于想象而拙于抽象,中国人的语言形式缺乏系词②的原因。与中国相反,西方的语言形式由于其语法体系的规范而分离出一个 Being,此分离的另一个后果是西方哲学的形式化,这种形式化使西方 ontology 的思维方式具有一种"名不副实"的特征,抽象思辨可以从具体事物中分离出来而在纯粹的概念王国中进行,并使数学等具有抽象逻辑性的精确科学成为可能,从而催生了近代意义上以物理学为代表的诸科学。

镜子的作用是使我们在反观的过程中能够清醒地认识自身。当我们以自身为镜而不断地反求诸己之时,我们的思维将永远停留在"修身""齐家""治国""平天下"的伦理道德考量中。这并不是说中国哲学长于伦理道德有什么不好,而是说,我们缺少了以自然为镜、以"他者"为镜的思维方式,这在中国文化几千年的传统中已经逐渐作为一个缺陷显露出来。

## 第四节 文化的重构与道德的重建

近代以来,中国文化面临西方文化的强势挤压,尤其是新文化运动以来,西学东渐使我们面临文化的重构,马克思主义中国化即是这种重构之

---

① 《胡塞尔文集》(第一卷),张宪译,人民出版社,2012,第32页。
② 王力先生指出,先秦及以前,中国人的"是"是作为指示代词用的,大约到了东汉末和西汉初才逐渐演变为判断词(《王力文集》第11卷,山东教育出版社,1990,第265~267页)。

路径选择的重要结果。但是，文化重构的工作仍然任重而道远，我们又不得不提出道德的重建。文化的重构和道德的重建，是这个时代面临的大课题。

## 一　中国传统文化三教合流的文化形态

这个课题仍需回到中国传统文化，在几千年的文化史中，中国传统文化形成一种三教合流的文化形态，宋明理学则是这种文化形态的直接后果，它决定了此后中国人的精神状态。

所谓三教合流的"教"，不仅指宗教，它还有一层含义是指教育或者教化。① 在中国，前者是指佛教和道教，后者是指儒教。在宗教中，每一个教派都有自己的教主，教主往往是神而不是人，至少是半人半神。教主的作用，在于将人从苦海中解救出来，由苦难的人生此岸到达幸福的人生彼岸，然而儒教教主孔子却不具备此作用。在中国历史上，孔子一直是一个人而不是神，虽然西汉的公羊三世说和今文经学也曾经将孔子说成是半人半神，但这个说法不久即被否定掉了。自先秦诸子以来的漫长社会历史中，孔子的主要作用是师，他的最高称号是"大成至圣先师"，他所享受的最高政治待遇是"文宣王"，他所宣传的思想也不存在彼岸世界。由此看来，所谓儒教，如果可以称之为教的话，不是宗教之教，而是教育之教。

儒教的作用在于调整人与人之间的关系，其对于人性的基本看法是"性善"。然而，儒教自身是有缺陷的，它不关心也不能解决人生彼岸的问题。按照叔本华的说法，人生此岸之痛苦漫漫无期，人力图满足自己的欲望，其结果不是贪得无厌，就是恐惧不安，或是百无聊赖。人生存于世，个性越挣扎，欲望越强烈，痛苦越深刻。面对这样一个处境，儒家提不出自己的解决方案，需要宗教去填补这个空白。宗教通过给人虚构一个幸福的未来，对单纯儒家观照下的此岸世界起到一个补充作用，使人于痛苦的人生此岸能够寄希望于幸福的人生彼岸，人活在希望之中就能够自我麻醉、安于现状。

---

① 冯友兰：《中国哲学史新编》，人民出版社，1998，第598页。

但是，中国向来有"夷夏之分"的华夏意识，居住在中原王朝的人，把周边的少数民族称为东夷、西戎、南蛮、北狄，更别说佛教作为一种遥远国度的异域宗教。佛教的传播受到儒教的强烈排斥，在儒道佛三教相融之前，先后遭遇了儒道排佛、拜礼与化胡之争、灭佛辱道等，因为"佛本夷狄之人，与中国言语不通，衣服殊制。口不言先王之法言，身不服先王之法服，不知君臣之义、父子之情"，所以要"付之有司，投诸水火，永绝根本，断天下之疑，绝后代之惑。使天下之人，知大圣人之所作为，出于寻常万万也"[①]。这表明儒教与佛教的关系一开始就是一种你死我活的斗争关系。

这样，中国传统文化以儒教为根本、佛教为补充的精神信仰体系就存在问题，没有佛教，儒家所担负的拯救使命就不完善——它只拯救现实而不拯救来世；引进佛教，便混淆了中国人固守的"夷夏之分"。道教把中国儒学以外的绝大部分著作，尤其是《老子》和《庄子》作为自己的经典，后来幻想出长生不死的神仙世界作为彼岸世界，走向了长生不死、修道成仙的路。道教伴随佛教的传播，出现于汉末，理论完善于东晋，发展于南北朝，在唐朝迎来了一次发展的机遇。因为道家的始创者是老子，老子姓李，而唐朝的皇帝也姓李，并自称是老子的后代，所以道家得到了李唐王朝的大力支持，以至于在唐武宗会昌五年（845）四月，发生了武宗灭佛事件[②]。

不仅仅儒佛斗争、佛道斗争，儒道之间也一直在进行斗争。儒家与道家本是文化近亲，闻说孔子曾向老子请教[③]，此后的几百年，儒家与道家甚至一度相融，汉朝的政策便是外儒内法、兼有黄老；魏晋玄学是以道家

---

① 韩愈：《论佛骨表》，载《韩昌黎文集校注》，马其昶校注，马茂元整理，上海古籍出版社，1986，第615~616页。
② 唐武宗会昌五年（845）四月，唐武宗在道士赵归真的鼓动和大臣李德裕的支持下，下令清查天下寺院及僧侣人数，并令天下诸寺限期拆毁，拆下来的寺院材料用来修缮政府廨驿，金银佛像上缴国库，铁像用来铸造农器，铜像及钟、磬用来铸钱。没收寺产良田数千万顷，奴婢十五万人，僧尼迫令还俗者共二十六万零五百人，释放供寺院役使的良人五十万人以上。这就是历史上有名的"会昌法难"。
③ 关于孔子是否问礼于老子的史料记载非常多，但学界争议较大，比较可靠的资料是《礼记·曾子问》中的记载："孔子曰：'昔者吾从老聃助葬于巷党，及土恒，日有食之'"，以及《水经注·渭水注》记载："孔子年十七，问礼于老子"（赵莎莎：《略谈汉画像石〈孔子见老子〉的图像表现形式》，《美与时代》2012年第12期，第28页），但无论这种争议是否准确，这种传说的流行本身就说明了儒道之间的关系。

解释儒家,以儒家解释道家。但随着道教的兴盛,对儒教构成威胁,遭到儒家知识分子的强烈反抗。唐宋八大家之首韩愈就是其突出代表,他日益体会到佛、道带来的强大文化压力,试图通过自己的努力去补救儒学。他看到佛、道都有一个传法世系作为道统,也为儒家编造了一个道统:从传说中的尧开始,经过舜和禹,传给了周文王和周武王,周公传给了孔子,孔子又传给了孟子。孟子死后,这个道统就断了,那么他就是儒家道统的唯一传人。

当一种文化面对异质文化入侵之时,不自觉地就会产生抵制行为,儒家知识分子对佛、道的批判就是这样一种行为。从历史发展的角度来说,这种批判必然会走向融合,因为佛、道存在的根本原因是儒家思想体系关于彼岸世界的缺陷,只要这种缺陷存在,三教融合就是不可阻止的。隋唐以后,中国儒、释、道三教合流的文化形态告诉我们,当一种文化遭受异质文化入侵的时候,不同文化的融合是历史的必然,本土文化只有吸收外来文化作为新鲜血液补充自身,才能完成自我革新,从而凤凰涅槃,呈现一种新的文化形态。而宋明理学正是儒、释、道三教融合而达成的一种新的历史文化形态,这种文化形态代表了中国传统文化发展的最高峰。

## 二 作为三教合流结果的宋明理学对一般和个别之争的伦理学解决

按照冯友兰先生的看法,宋明理学的核心问题是一般和个别的关系问题。应该说,不仅仅宋明理学,就整个哲学而言,一般和个别的关系都是贯穿其中的一个核心。中西哲学起源之初都是一种宇宙论,西方哲学宇宙论关注自然成为一种自然哲学,其核心是对本原的寻找冲突于"一"(一般)"多"(个别)之间,并因 Being 的出现而转向本体论;而中国哲学关注伦理,在经历了宇宙论的漫漫跋涉之后,终因印度佛教文化的入侵而得到一次本体论创生的机遇,发展为宇宙本体论。所以,就宋明理学的文化特质而言,它是中国的;就宋明理学的研究主题而言,它是世界的。

一般而言,一般和个别是两个基本的对立面,它们之所以是基本的,是因为它们存在于宇宙的每一个个体之中,个体是一个殊相,而一般是一个共相,每一个个体既然是个体,就认定自身为主体,别的东西相对于主体而存在,被称为客体,这样,一般和个别的矛盾就形成为主体和客体的矛盾。宋明理学正是从后者入手处理这样一对矛盾关系。朱熹所讲到的"理也者，形而上之道也，生物之本也；气也者，形而下之器也，生物之具也"①的理气（道器）之辩实际上是中国传统文化对一般和个别关系问题解决的传承，按照这个传承，人性是善的，人的感性欲望也是善的。这些欲望源自人的身体，身体是人存在的物质基础。对于人性善恶的判断标准，就是看一个人是为己还是为他。如果是为己，那他就是恶的，如果是为他，那他就是善的，所以儒家讲"公私之分，义利之辩"，"公"是善的，"私"是恶的；"义"是善的，"利"是恶的。善的行为就是有道德的行为，有道德的行为意味着自私的克服，道德积累到一定程度，量变到质变，意味着自私完全被克服了。

但是，儒家的说教只能激发人的情感而不能产生严格的义理，儒家的标准意味着"我为人人"，每一个人都将自己的权利让渡出去，倘若就此为止的话，信奉的人要么被视为迂腐，要么就是虚伪的，自然难以推行。但儒家"我为人人"的最终结果是"人人为我"，我让渡出去的权利在别人的让渡中又重新获得，这样，作为个体的"我为人人"就和作为整体的"人人为我"达到了共相和殊相的统一，即一般和个别的统一。我作为一个一个的"个别"让渡出自己的权利，这个被转让出去的权利在抽象的一般整体完全让渡中实现自身。这样，对于儒家而言，共相和殊相之间，一般和个别之间就实现了高度统一，并且，殊相并非共相的摹本，而成为共相的实现，而共相也并非殊相的对立，成为殊相的前提。这个让渡所达到的结果就是朱熹所说的"一旦豁然贯穿焉"，或者是禅宗所说的"顿悟"。

这样，在中国传统文化中，儒家教人如何做人就不仅是一种单调的说教而成为义理的架构，达到"我为人人"与"人人为我"这种共相殊相统一的人在进行情感实践的同时亦可以得到一种心安理得的幸福，儒家将这种幸福称为"至乐"。这种"至乐"已经将身体感官所能把握的情感上升到一种精神知觉才具有的享受。人一出生都在殊相这个有限范围内生活，他因对主体自我的觉知而把握世界，并在对这个世界的觉知中将自身与客体相对立，而一旦突破主体自我这个有限的范围，达到一个"人人为我"的共相领域，他

---

① 朱熹：《晦庵先生朱文公文集·答黄道夫》（卷58），载朱杰人、严佐之、刘永翔主编《朱子全书》（第23册），上海古籍出版社、安徽教育出版社，2002，第2755页。

就达到了解放和自由的快乐，就有了为这种快乐献身的冲动。正是在这个意义上，宋明理学提出了"修身""齐家""治国""平天下"，成为中国传统社会知识分子的精神坐标。也正因为如此，在中国传统文化中，有那么多的人将生死置之度外，为民请命；死不旋踵，杀身成仁；赴汤蹈火，为国牺牲。他们个人权利的让渡有一个崇高的情感目的而绝非空洞的道德玄想，所以他们既能感觉到自我牺牲的崇高又能体会出权利让渡的幸福。

在宋明理学以前，儒家不能解决这个问题，才会有宗教的传播（指佛教）与诞生（指道教）。先秦诸子以后，两汉经学企图通过"天人合一"来达到这样一个境界，但"天"在中国人的信仰中始终未能建立一个超然的神的形象，它更多的是以自然的状态存在，因而既非"人格神"又非"位格神"；两汉经学以后，魏晋玄学儒道的结合使中国人的精神状态开始摇摆于"拯救"与"逍遥"之间，未能提供给中国人以牢固的精神背靠，直到宋明理学，中国人的精神状态才能在这种"我为人人"与"人人为我"的平衡中实现终极幸福，儒家在吸取佛家和道家的精巧思辨和义理架构以后完成了自身的一次伟大变革，这个变革使此岸成为彼岸，彼岸就在此岸之中，此岸和彼岸实现了完全沟通。所以朱熹说："盖有以见夫人欲尽处，天理流行，随处充满，无少欠阙，故其动静之际，从容如此。而其言志，则又不过即其所居之位，乐其日用之常，初无舍己为人之意。而其胸次悠然，直与天地万物上下同流，各得其所之妙，隐然自见于言外。"[①]这是儒家给人的幸福，这种幸福，也是儒家所称的"孔颜乐处"："一箪食，一瓢饮，在陋巷，人不堪其忧，回也不改其乐。"[②]

## 三 西方哲学对一般和个别之争的本体论解决：科学与民主

宋明理学达到了为中国人提供精神背靠的高度，因此明清以降，它成为中国封建社会后期的指导思想，观照着中国人的人生境界。如果说，宋明理学对一般和个别关系的解决是一种伦理学解决的话，那么西方文化对一般和个别关系的解决是一种本体论—认识论解决。这种本体论—认识论解决起源于古希腊自然哲学，贯穿于整个西方哲学史。

---

① 朱熹：《四书章句集注》，中华书局，2011，第124页。
② 《论语》，程昌明译注，书海出版社，2001，第65页。

如我们分析，西方哲学一发生就冲撞于"一"与"多"之间，历经唯名论与唯实论、经验论与唯理论的斗争走向现代哲学，演变为科学主义与人本主义之争，可以说，"一"和"多"的问题是贯穿于西方哲学史中最为核心的形而上学问题。

具体说来，在西方哲学中，追寻"一"就是追寻普遍有效的一般本质，柏拉图的理念论、亚里士多德的质料形式说可以作为古希腊哲学对这种一般本质追寻的高峰。到了基督教哲学，"一"代表上帝的存在，上帝高于一切，教皇高于各国君主，其理论依据是一般高于个别。基督教哲学转向认识论哲学以后，追寻"一"的问题也由论证上帝的权威转化为追寻明确可靠知识的来源。因为何谓确定无疑的知识这个问题很轻松地就能转化为何谓真理的问题，所以追寻知识即为追寻真理。

在哲学史上，对真理存在的信念无外乎三种：一是真理符合论，认为真理是主观与客观相符合；二是真理有用论，凡是有用的都是真理，凡是没用的就不是真理；三是内在一致说，真理是与观念的一致。无论哪种真理的主张，它们都与知识的推进密切相关。西方本体论在追求本质的过程中转向追求知识是一种理论理性，它的作用在于把握实践理性的方向，将追寻真理导向追寻科学，从而催生了技术理性和资本理性，技术理性催生了西方近代科学知识的大爆炸，而资本理性则催生了西方近现代民主。

就"多"而言，当 Being 的分离使西方哲学发生由宇宙论向本体论的转向时，对"一"的追寻使西方哲学"多"的地位一落千丈，所以拯救现象运动要拯救个体的真实，拯救 S 的存在。在哲学史上，由"一"向"多"的转换往往代表专制政权那种整齐划一力量的丧失，当唯实论论证上帝存在之时，唯名论者奥卡姆高举剃刀，呐喊道："如无必要，切勿增加实质"①，主张一些无逻辑自明性又缺乏经验证据的命题和概念都必须从知识中剔除出去，可用经验证据直接说明的东西必须排除非经验的原因解释；可用自明的命题证明的东西必须摒弃意义不明的论辩。奥卡姆的剃刀直指实在论所设立的普遍本质，在他看来，没有必要在个别事物之外设立普遍的实体或实质；没有必要为说明科学对象、命题谓词和定义对象的普遍性而设立普遍实在，这样就否定掉了上帝存在的理论基础。

---

① 〔英〕罗素：《西方哲学史》，何兆武、李约瑟译，商务印书馆，1997，第573页。

从基督教哲学来讲，"一"代表着一般，"多"代表着个别；"一"是基督教会的思想禁锢，而"多"是各国君主的宗教改革。唯名论者认为一般不过是声音、符号或概念，只有个别才是真实的存在，这就意味着否定了天主教会无上的权威，结果，既然个别事物是真实的，人们的眼光就从彼岸世界转向了现实世界，重视追求个人幸福，与教会的禁欲主义发生了矛盾。唯名论和唯实论的斗争引发了文艺复兴运动，哲学开始摒弃上帝，追求人的才能、尊严和自由，并由此构建和谐、能动和经验的自然。

文艺复兴运动是人文理性的先声，而人文理性这一思潮孕育着近代资本主义文明，其核心是因为主体性的觉醒而唤醒的对自由的追求。在人文主义者那里，人是自由的，而人的自由尤其表现为意志自由。在基督教哲学中，人从属于上帝，人的自由意志只是上帝惩恶扬善的工具，其本质是不自由的。人文主义者的一个重要任务就是使人从彼岸回到现实，剥去神的外衣以恢复到世俗的性质，最终实现人的真正自由。人从对上帝的观照中解脱出来转向自身和比自身更为低级的动物，并由此显示出人自身的伟大，为人的自由作论证。人既然具有这种高贵的自由意志，那么他就能够独立自主地掌握自己的命运，能够做自己的主人，所以但丁讲："应该了解，谁为了自己的目的而不是为了别人的目的而生存，谁就是自由的。"[①]这种发现了自由的人追求发展自我、实现自我，充分重视个人的完美、个性的独立、个体的张扬、价值的实现，使自由、平等、博爱贯穿于人的本性，达到"想做什么就做什么"[②]的地步，反映到政治架构上即为民主。

---

① 周辅成编《从文艺复兴到十九世纪资产阶级哲学家政治思想家有关人道主义人性论言论选辑》，商务印书馆，1966，第19页。
② 〔法〕拉伯雷：《巨人传》，成钰亭译，上海译文出版社，1990，第165页。

# 第五章 本体与科学的机遇

> 以积蓄学问而开始引导至豁然贯通的最后阶段的方法,在明代王阳明加以反对以前,一直是新儒学的逻辑方法。
>
> ——胡适

雅斯贝尔斯曾经讲过世界文化史上的一个轴心时代,它指的是从公元前800年到公元前200年人类思想史上最为激动人心的大约500年时间。在这个时代,中国出现了老子和孔子,印度出现了《奥义书》和释迦牟尼,伊朗出现了查拉斯图拉挑战性的宇宙观,希腊出现了《荷马史诗》以及一批伟大的悲剧作家和哲学家,近东出现了犹太教的先知。雅斯贝尔斯认为整个人类在轴心时代实现了精神突破,是人类的全面精神化和人性全盘改造的时代,直至今天,人类精神生活的主要形式和内容仍然来自轴心时代的遗产。[①]

实际上,人类在轴心时代实现精神突破的形式是宇宙论,面对自然的挑战和文化的建构,人类的经验思维和先验思维同时迸发而相互混同,在哲学形态上的表现即为宇宙论。中西哲学中都有宇宙论,所谓宇宙论,无非是人们对宇宙自然的总体看法和根本观点。虽然中西方对宇宙的关注点不同,看法有差异,但是哲学观察的基本对象和思维方式还是有类似之处的。然而宇宙论的转向我们就没有了,因为西方进行宇宙论向本体论转向的时候,他们抽象出一个本体Being,中国文化中找不出这样一个东西,先秦诸子的本体论和宇宙论结合在一起,以宇宙本体论的形态存在,致使整

---

① 韩震:《西方哲学概论》,北京师范大学出版社,2006,第369~370页。

个哲学以人本学的面目出现，未能抽象出一个纯粹哲学意义上的本体。

本体论从宇宙论的分离使西方哲学单独分离出了"人与自然的关系"，而中国哲学一直停留在宇宙本体论阶段，所以专注于"人与人的关系"和"人与自己的关系"。直到三国两晋南北朝，社会的动荡、生命的卑微使思想家无法合理地解释"人与人的关系"从而也无法调和"人与自己的关系"，致使魏晋玄学开始拯救本体。

如果说"西方有的我们都有"，那么，可以说早在先秦诸子中，"仁"是本体，"道"也是本体。然而，这个本体只具经验的特征而无抽象的意义，与西方哲学中的本体 Being 是两种性质根本不同的本体。直到魏晋玄学，中国哲学中才出现类似于 Being 的抽象意义上的本体："有"和"无"。

魏晋玄学是宋明理学的先声，正是魏晋玄学对本体的抽象，促使宋明理学建构了"理"，这是中国哲学唯一一次导向认识论的本体。只可惜，朱熹的"理"本论遭到了王阳明"心"本论的扼杀，"格物致知"也演变成"格物即格心"，中国丧失了一次创生知识论的机遇。胡适说："以积蓄学问而开始引导至豁然贯通的最后阶段的方法，在明代王阳明加以反对之前，一直是新儒学的逻辑方法。"[①] 朱熹理学是中国哲学本体论从宇宙论的分离，这是一种哲学理性的回归，它的产生是历史的必然，是印度佛教文化与中国儒家文化互动的结果。但是，充满诗性智慧的中国哲学，天然地排斥理性，朱熹尝试为中国传统文化构建理性，而这种理性本身也不得不以"修身""齐家""治国""平天下"的外表出现，这就使中国传统文化的固有特征与朱熹哲学发展指向之间充满了张力，必然会导致危机。对于此危机有两种救弊的方法，一是理论理性催生科学理性，向知识论方向发展，将"理"发展为一般，这是改革之路；二是重新解释"理"，给它以另外的含义，这是保守之路。王阳明走的是第二条路线，他将"理"解释为"心即理"，使本体论和认识论、伦理学统一起来了，这样的统一是宇宙论和本体论的同一，是将独立的本体论倒退到宇宙论的阶段。"心外无物"，则本体和事物同一；"心外无理"，则本体和伦理同一；"心外无事"，则本体和事情同一，这种伦理性的哲学扼杀了独立的本体论，又使先验论的哲学背离了科技理性的轨道。朱熹哲学从宇宙论中分离出本体论

---

[①] 姜义华主编《胡适学术文集》，中华书局，1991，第769页。

的努力,被王阳明的"良知"本体论扼杀了。所以中国哲学在宋明理学以后,仍然没有本体论,如果说有的话,只能说是宇宙本体论。

## 第一节 先秦诸子宇宙论的发端

在《先秦名学史》中,胡适说,哲学的发展取决于逻辑方法的发展,而先秦哲学的各流派都分别发展了各自领域的方法论。他以西方哲学的方法论去套比先秦诸子的思想,发表了《先秦诸子进化论》。胡适的《先秦诸子进化论》实际上就是他眼中的先秦诸子宇宙论,因为他说:"要讨论先秦诸子的进化论,须先知道进化论所研究的问题……(一)天地万物的源起;(二)自原始以来至于今日,天地万物变迁的历史;(三)变迁的状态和变迁的原因。"[①] 这三点是胡适讨论先秦诸子的三个方面,都是宇宙论问题,他把宇宙论问题定义为进化论问题。

### 一 老子的宇宙论

老子说:"天下万物生于有,有生于无。"(《道德经》40章)[②]

胡适说:这是进化论的"开宗明义章第一",也就是哲学的起点。老子的"无"就是"道",所以老子说:

"道生一,一生二,二生三,三生万物。"(《道德经》42章)

这个道究竟是个什么东西呢?老子说:

"有物混成,先天地生,寂兮寥兮,独立而不改,周行而不殆,可以为天下母,吾不知其名,强字之曰道,强为之名曰大。"(《道德经》25章)

胡适注解说:合这几种性质看来,这个"无"便是"空虚""空间"。他认为:照这一章看来,老子的意思是天地万物都从一种上下四方无所不至、无古无今永远存在的空间而来。

老子又说:"人法地,地法天,天法道,道法自然。"(《道德经》25章)

---

[①] 姜义华主编《胡适学术文集》,中华书局,1991,第573页。
[②] 《道德经》有诸多版本,版本之间差异很大,所以本节中引用的《道德经》内容,均只注明章节,不再注明页码,以下有类似情况的,均依此处理,本节中所引用的《道德经》内容,以书海出版社2001版《道德经》所附录的王弼译本为参照。

对此，胡适认为：万物既成之后，一切变迁进退，都由万物自取自致，一切全归自然，其中并无一点天意。

总体而言，胡适将老子的宇宙观总结为两个方面：一是论证作为哲学起点的"道"是世界的宇宙论起源，"道生一，一生二，二生三，三生万物"的思想就是一个宇宙万物从"无"到"有"，从"一"到"多"的演化过程，涉及的是抽象的有与无、一与多的问题；二是对老子"无"的理解。这个"无"，黑格尔认为并不是人们通常说的"无物"，而是"被认作远离一切观念、一切对象——也就是单纯的、自身同一的、无规定的、抽象的统一"①。宇宙的发展正是一个从"无"到"有"的过程。

## 二 孔子的宇宙论

胡适认为，在进化论上，老子以"无"为起点，孔子以"易"为起点②，这实际上是讲两人的宇宙论有不同的起源。

《易经》说："是故《易》有太极，是生两仪，两仪生四象，四象生八卦，八卦定吉凶，吉凶生大业。"

在胡适看来，这说明了万物变易进化的公例，这个公例，乃是由简而繁，由一而万，由太极而"开物成务"，故说：

"天下之动，贞夫一者也。夫乾，确然示人易矣。夫坤，隤然示人简矣。爻也者，效此者也。象也者，像此者也。"

又说："易简而天下之理得矣。"

在胡适看来：这种理论很有科学意味……孔子知道天下万物的变化都从极简易的变成极复杂的，所以他要把"天下之至赜"解剖成极"简易"极"几微"的东西，如此才可以下格物致知的工夫。一部《易经》把"天下之至赜"和"天下之至动"都化为极简易的卦爻，这便是孔子的科学方法。在胡适看来，这种科学方法类似于培根。

---

① 黑格尔：《哲学史讲演录》（第一卷），贺麟、王太庆译，商务印书馆，1995，第131页。
② 根据后人的考证，《周易》并不是孔子所做，《周易》分为《易经》和《易传》，《易经》大概成书于殷商到周，至于《易传》，虽然传说中为孔子所作，但从宋朝欧阳修就开始怀疑这个说法了。胡适在这里应该是没有考虑《易经》和《易传》的区分，并且直接将《周易》的作者当作孔子，然后将《易》所建构的宇宙发生论当作孔子所建构的宇宙发生论。

《周易》中还说:"刚柔相推而生变化""吉凶悔吝者,生乎动者也"。胡适据此认为孔子将万物之变化归为两种能力:一种是刚而动;另一种是柔而静,这两种能力类似于西方哲学的"动"和"静",而所有的变化都来自积极因素(阳、刚)和消极因素(阴、柔)的推动所引起的运动。在这一点上,他认为孔子已经为中国古代科学打下了基础,这与后来的科学大家公输班、墨翟出在鲁国大有关系。

### 三 墨子的宇宙论

昙花一现的墨家一直被认为在中国哲学中最富于逻辑性,胡适在《先秦诸子进化论》中并没有对墨子及其学派详加论证,这并不是因为胡适对墨家不够重视。在《先秦名学史》中,胡适说过:"中国哲学的未来,似乎大有赖于那些伟大的哲学学派的恢复"[1],并说"墨翟也许是中国出现过的最伟大人物"[2],认为"他是唯一创立了一个宗教的中国人"[3],他的学说"标志着中国经验主义的开端"。[4] 这说明胡适对墨翟的评价很高。但《先秦诸子进化论》不涉及墨家,这可能是胡适的论述主要集中于宇宙自然的进化论,而他并不认为逻辑问题是进化论问题。

但是在《先秦名学史》中,胡适说:"我认为非儒学派的恢复是绝对需要的,因为在这些学派中可望找到移植西方哲学和科学最佳成果的合适土壤。"[5] 这个思想与胡适《先秦诸子进化论》的思想是一致的,那就是"在新旧文化内在调和的新的基础上建立我们自己的科学和哲学"[6]。

胡适首先将逻辑归结为应用主义的方法,在这种方法的指导下,墨家明确了以理智、知觉和理解的统一为前提的知识三要素。同时,胡适还论述了墨家关于说知的方法论以及在说知基础之上的归纳法和演绎法,认为"把'主词'或'所谓'这一语词引入中国逻辑是墨翟的功劳"[7]。

---

[1] 姜义华主编《胡适学术文集》,中华书局,1991,第773页。
[2] 姜义华主编《胡适学术文集》,中华书局,1991,第815页。
[3] 姜义华主编《胡适学术文集》,中华书局,1991,第817页。
[4] 姜义华主编《胡适学术文集》,中华书局,1991,第834页。
[5] 姜义华主编《胡适学术文集》,中华书局,1991,第773页。
[6] 姜义华主编《胡适学术文集》,中华书局,1991,第772页。
[7] 姜义华主编《胡适学术文集》,中华书局,1991,第826页。

在哲学上，为哲学寻找一个起点的努力事实上都是寻找真理的努力，因为唯理论式的真理都需要一个可靠的前提，所以老子以"无"为起点，孔子以"易"为起点，都体现了中国哲学也天然具有唯理论这样一种思维方式。与老子和孔子相反，墨家似乎想建立一个经验论式的真理的前提，在胡适看来，"墨翟不满儒家的方法，要寻求一个借以检验信念、理论、制度和政策的真伪和对错的标准。他发现这个标准存在于信念、理论等所要产生的实际效果之中"[①]。这个标准就是三表法。

从三表法中可以看到，"墨翟一方面着重实际效果并经常批评儒家喜用抽象的名和原理而不顾它们在生活中的效果。同时，墨翟本人也在设法建立一个普遍原则的体系，一个用应用主义方法检验、权威地建立的真理体系，以指导个人行为，管理社会和国家"[②]。这是明显的儒墨对立。后来墨家消亡了，墨家的消亡一直是中国的学问中科学思想的一个遗憾，胡适也对墨家的消亡进行了分析，他说，"它的兼爱和非攻的学说与时代的需要不适应"[③]，因为"寝兵之说盛，则险阻不守。兼爱之说胜，则士卒不战"[④]。墨家的消亡，是中国哲学史上第一次科学机遇的丧失。

### 四 列子的宇宙论

《列子·天瑞篇》曰："有生，不生，有化，不化，不生者能生生，不化者能化化……不生者疑独，不化者往复。往复，其际不可终；疑独，其道不可穷。"

胡适的讲解如下："万物之中，有生的，有不生的；有化的，有不化的。这些生的都从那'不生的'生出来，那些化的都从那'不化的'化出来。什么叫做'不生的'？因为它们有单独的存在，不可再行解剖分析，这便叫做'疑独'……什么叫做'不化的'？因为无论万物变来变去，却终有一点不变原形的分子，这个不变的分子，便是'不化的'，这便叫做'往复'。这种不生不化，单独存在，变来变去不失原因的物事，便是一切

---

[①] 姜义华主编《胡适学术文集》，中华书局，1991，第823页。
[②] 姜义华主编《胡适学术文集》，中华书局，1991，第835～836页。
[③] 姜义华主编《胡适学术文集》，中华书局，1991，第821页。
[④] 《管子·立政》，姚晓娟、汪银峰注译，中州古籍出版社，2010，第49页。

生生化化天地万物的原子。"①

胡适很显然将万物的宇宙生成论与西方物理学结合起来了，物理学主张分子是最小的，是最原始的，那些最小的、最原始的东西就是胡适眼中"不生的""不化的"这类东西。这些"不生的""不化的"东西生成"生的""化的"东西，就是最小最原始而不可分的东西组成了万事万物。胡适认为这些最小最原始而不可分的东西类似于莱布尼茨所说的"元子"，又像"细胞质"，这样他就将《列子·天瑞篇》这部著作说成是一本物理学著作或者生理学著作。

《列子》又说："故有生者，有生生者；有形者，有形形者；有声者，有声声者；有色者，有色色者；有味者，有味味者。生之所生者死矣，而生生者未尝终；形之所形者实矣，而形形者未尝有；声之所声者闻矣，而声声者未尝发；色之所色者彰矣，而色色者未尝显；味之所味者尝矣，而味味者未尝呈。"（《列子·天瑞篇》）

胡适的讲解如下："这个原子乃是生命的根本，而生命绝时，原子却不死，是形状、颜色、声音、臭味的原因，却又看不见、听不得、摸不着、闻不到。"② 这个原子的作用却是："能阴能阳，能柔能刚，能短能长，能圆能方；能生能死，能暑能凉，能浮能沉，能宫能商；能出能没，能玄能黄；能甘能苦，能羶能香。无知也，无能也，而无不知也，无不能也。"（《列子·天瑞篇》）

这个原子如何变为万物呢？"自生自化，自形自色，自智自力，自消自息，谓之生、化、形、色、智、力、消、息者，非也。"（《列子·天瑞篇》）

在这里，胡适进一步说明了原子的生灭变化，这里讲的"不变的分子"虽然源自近代西方传入的物理学，其实源头在古希腊对本原的寻找，其很明确的代表就是原子论。原子论用"原子自动"的思想说明事物运动变化的根源，而胡适没有在《列子·天瑞篇》中寻找到事物运动变化的根源，这是与中国学问的传统分不开的。中国的学问很少追求世界的自然本原，它大多将世界的本原归于"心"。中国学问中的"心动"不属于"原子自动"，因为"心"有其动的主体：人。

---

① 姜义华主编《胡适学术文集》，中华书局，1991，第579~580页。
② 姜义华主编《胡适学术文集》，中华书局，1991，第580页。

## 五　庄子的宇宙论

在胡适看来庄子是科学的集大成者，他主要从四个方面发掘出其著作中包含的科学思想。

第一个方面是，"不同形"是生物进化论的起点。

庄子说："万物皆种也，以不同形相禅，始卒若环，莫得其伦，是谓天均。"（《庄子·寓言》）

在胡适看来，庄子学说的基础就是"不同形"，符合生物进化论。庄子在《逍遥游》中极力形容"小大之辩"，比如植物中，从不知晦朔的朝菌，到八千岁为春、八千岁为秋的大椿树；动物之中，自不知春秋的蟪蛄，到五百岁为春、五百岁为秋的冥灵；自"腾跃而上，不过数仞而下"的蜩与学鸠，到"水击三千里，抟扶摇而上者九万里"的鹏鸟；人类中，从普通人到"至人"和"圣人"，凡此种种皆是"小大之辩"，即是"不同形"。

第二个方面是，庄子的学说已发展出了类似于达尔文的物种进化论。

胡适说，在他看来，庄子的进化论"并非全是心中想象的结果，确实有科学的根据。"[①] 主要表现在《庄子·至乐》中的一段话：

> 种有几，得水则为䟽，得水土之际，则为蛙蠙之衣。生于陵屯则为陵舄，陵舄得郁栖则为乌足。乌足之根为蛴螬，其叶为蝴蝶。蝴蝶胥也，化而为虫，生于灶下，其状若脱，其名为鸲掇，鸲掇千日为鸟，其名为乾余骨。乾余骨之沫为斯弥，斯弥为食醯。颐辂生乎食醯，黄軦生乎九猷，瞀芮生乎腐蠸，羊奚比乎不笋，久竹生青宁，青宁生程，程生马，马生人，人又反入于机。万物皆出于机，皆入于机。

胡适认为："种有几"的"几"字便是种子，即原子，也就是生理学里面的"精子"（germ）。"万物皆出于几，皆入于几"正合近世生理学家"精子"之说。而自"种有几"到"程生马，马生人"这一段乃是将生物

---

[①] 姜义华主编《胡适学术文集》，中华书局，1991，第582页。

排了族谱,和近世生物进化论相同,这是生物界的宇宙生成论。

第三个方面是,庄子已经发展出了"适者生存"学说。

庄子说:"民湿寝则腰疾偏死,鳅然乎哉?木处则惴栗恂惧,猿猴然乎哉?三者孰知正处?民食刍豢,麋鹿食荐,蝍蛆甘带,鸱鸦耆鼠,四者孰知正味?"(《庄子·齐物论》)

又说:"梁丽可以冲城而不可以窒穴,言殊器也。骐骥骅骝一日而驰千里,捕鼠不如狸狌,言殊技也;鸱鸺夜撮蚤,察毫末,昼出瞋目而不见丘山,言殊性也。"(《庄子·秋水》)

胡适认为,这两段话的总体意思是,"万物所处境地不同,生存之道亦不同,总以能适合境地为要。"① 这和上文的"种有几"结合起来,暗含"适者生存"的理想。他举出尧舜禹禅让的例子以及后世"争而王"的例子,将其说成是"适者生存"的结果。他还论证了庄子思想中的"无成与毁""知通为一",以及医生用药、是非善恶,都说成是适者生存。

第四个方面是,胡适认为庄子辩证法的学说也符合进化论。

先秦诸子中的庄子本来以辩证法著称,在胡适看来,庄子的辩证法和其生物进化论是结合在一块的。庄子说:"凡物无成与毁,复通为一。唯达者知通为一,为是不用而寓诸庸。庸也者,用也;用也者,通也;通也者,得也,适得而几矣。"(《庄子·齐物论》)这一段话的意思是天下万物无有一定的是非成败,但有一个"适得而几"。

庄子还说:"物无非彼,物无非是。自彼则不见,自是则知之。故曰:彼出于是,是亦因彼"。(《庄子·齐物论》)在胡适看来,这是庄子的"名学",这种"名学"类似于黑格尔的辩证法。

胡适在论证完庄子以后发出感叹:"老子、庄子、列子,都把'天行'一方面看得太重了,把'人力'一方面看得太轻了",所以"处世便靠天安命……随波逐流,与世浮沉……要挽救这种种弊病,须注重'人择'、'人事'、'人力'一方面"②,这说明胡适还未看到中国哲学的弊病所在。中国哲学本来就注重"人与人的关系"而忽略"人与自然的关系",所以才导致近现代中国学问忽视科技。胡适所得出的结论是老庄列忽略了"人

---

① 姜义华主编《胡适学术文集》,中华书局,1991,第583~584页。
② 姜义华主编《胡适学术文集》,中华书局,1991,第586页。

择""人事""人力"才导致种种弊病,他的意思是说,忽略了人事,导致压抑了科技,这与中国近现代的实际情况正好相反。在这一点上,他没有梁启超看得清楚。

### 六 法家的宇宙论

传统上认为荀子是继孔子和孟子以后的大儒,然而荀子实际上是法家的始祖,可以认为他在儒家中辟出了法家。荀子的出现,是儒家作为统治阶级的统治思想这个本质的体现。荀子有两个著名的学生韩非和李斯,都是非常著名的法家,其中韩非更被认为是法家思想的集大成者。胡适在《先秦诸子进化论》中将荀子和韩非、李斯放在一块论述,应该也是基于他们同为法家的考虑。

关于荀子,胡适认为,他对庄子的批评"蔽于天而不知人"乃是其全部哲学的关键。荀子说:"天行有常,不为尧存,不为桀亡。应之以治则吉,应之以乱则凶。强本而节用,则天不能贫;养备而动时,则天不能病;修道而不贰,则天不能祸。故水旱不能使之饥,寒暑不能使之疾,妖怪不能使之凶。"(《荀子·天论》)

在胡适看来,这一段话充分说明了荀子的进化论是"人定胜天",如果"任人而不任天,方有进化。若任天而不任人,必至退化"[①]。总体而言,荀子的进化论有两个方面,一是教人征服自然以增加人类的福祉,"从天而颂之,孰与制天命而用之",在胡适看来这是科学的目的;二是不要问万物从何处来,但要研究万物的性情变化,"愿于物之所以生,孰与有物之所以成",在胡适看来这是科学的方法。

荀子还反对"言必称尧舜",认为这是"假托上古圣王替自己的学说撑门面"[②],这一点被韩非所继承,"韩非最恨那些'言必称尧舜'的腐儒"[③]。认为"故明据先王,必定尧舜者,非愚则诬也"(《韩非子·显学篇》)。他的主张很新奇,认为古代"人民少而财有余,故民不争",今人"人民众而货财寡,事力劳而供用薄,故民争"(《韩非子·五蠹篇》),胡

---

[①] 姜义华主编《胡适学术文集》,中华书局,1991,第587页。
[②] 姜义华主编《胡适学术文集》,中华书局,1991,第588页。
[③] 姜义华主编《胡适学术文集》,中华书局,1991,第588页。

适认为"这种'生计的历史观'"简直是马尔萨斯的人口论,而这种解释"在中国历史上,可算得绝顶眼光了"[①]。

韩非进化论的关键在于其法治学说,胡适认为这种学说被李斯推到了极端,成为专制政治的理论基础。荀子的法治逻辑思想是静止的,必然引向保守主义,而韩非的法治逻辑思想特别有价值的地方在于反对了这种静止。他论证了法治逻辑的首要因素普遍性原则及与其相联系的客观性原则,"以今非古"。

## 七 中国哲学的科学精神与方法

不知道胡适先生在落笔《先秦诸子进化论》时,其内心是否真的相信中国古代哲学进化论的存在;或者胡适先生并不是要达到"你有的我也有,你没有的我还有"之目的,而是要在中国哲学中寻找到科学精神与科学方法的蛛丝马迹,以便完成中国哲学科学论的建构。胡适这种思想和愿望贯穿始终,在1959年夏威夷大学举办的第三次东西方哲学会议上,发表了《中国哲学里的科学精神与方法》,系统阐述了他对中国古代思想中科学精神和科学方法的总结。

《中国哲学里的科学精神与方法》实际上是受了前两次东西方哲学会议的刺激。1939年和1949年,夏威夷大学举办过两次东西方哲学会议,在会上形成了"东方思想天然阻止科学发展"的共识。在1939年的会议上,诺斯洛浦(S. C. Northrop)教授说:"一个文化如果只容纳由直觉得来的概念,就天然被阻止发展高过那个最初步的、归纳法的、自然史阶段的西方式的科学。"[②] 在1949年的会议上,薛尔顿(W. H. Sheldon)教授又说:"西方产生了自然科学,东方没有产生。"[③]

---

[①] 姜义华主编《胡适学术文集》,中华书局,1991,第589页。
[②] 诺斯洛浦:《东方直觉哲学与西方科学哲学互相补充的重点》(*The Complementary Emphasis of Eastern Intutive and Western Scientic Phiolsophy*),参见摩尔编的《东西哲学》(*Philosophy-East and West*),这个论文集是夏威夷大学于1939年举办的第一次东西方哲学家会议的论文集,檀香山夏威夷大学出版社,1944,第212页。
[③] 薛尔顿:《东西方哲学的主要不同》(*Main Contrasts Between Eastern and Western Phiolsophy*)参见摩尔编的《东西哲学论文集》(*Essays in East-West Philosophy*),这个论文集是夏威夷大学于1949年举办的第二次东西方哲学家会议的论文集,檀香山夏威夷大学出版社,1951,第291页。

到了1959年7月举办第三次东西方哲学会议的时候，胡适针对前两次会议的这个论调做了一个总结式的回答，他的回答主要集中于两个问题：一是东方从前究竟有没有科学？二是东方的科学为什么不够发达？胡适认为："就东方的知识史来看，这个东西两分是没有历史依据的，是不真实的。"① 为什么呢？他讲了两个方面的理由，一是并没有一个种族或者文化只容纳由直觉得来的概念，人天生就会思想，就能进行推理。二是要了解东方和西方，需要的是历史的看法和历史的态度。他论证到，在中国古代的哲学里面充满了科学精神和科学看法，符合"对于冷静追求真理的爱好"，"尽力抱评判态度而排除成见去运用人类的理智，尽力深入追求，没有恐惧也没有偏好"，"有严格的智识探索上的勇气"，"给精确而不受成见影响的探索立下标准"② 等特征。这些特征都是胡适从哈佛大学校长康南特的论文《懂得科学》（*On Understand Science*）中引用来的。

在对中国古代思想中科学精神与科学方法的论证中，胡适分析出"古代中国的知识遗产里确有一个"苏格拉底传统"③，最主要是"我自知我无知"，所以产生了大胆的怀疑和积极的假设，这个特征由自然主义传统的道家和人本主义的儒家同时具备，当"中国每一次陷入非理性、迷信、出世思想……总是靠老子和哲学上的道家的自然主义，或者靠孔子的人本主义，或者靠两样合起来，努力把这个民族从昏睡中救醒。"④ 到了三国两晋南北朝，社会的动荡、生民的困苦、残忍的杀戮使中国传统文明大倒退，使传统的知识分子沦于心灵中的漂泊，传统的儒家哲学已无法为知识分子提供精神上的慰藉，他们又重返道家，走上了以道解儒，以儒释道的精神之路，从而为中国传统文化构建了本体论，这也算是"老子和哲学上的道家的自然主义，或者……孔子的人本主义……努力把这个民族从昏睡中救醒"的第一次吧。

---

① 姜义华主编《胡适学术文集》，中华书局，1991，第547页。
② 康南特：《懂得科学》（*On Understand Science*），纽约 Mentor Books 出版社，1951，第23~24页。
③ 姜义华主编《胡适学术文集》，中华书局，1991，第552页。
④ 姜义华主编《胡适学术文集》，中华书局，1991，第554页。

## 第二节 魏晋玄学本体论的起源

在西方哲学中，本体论（ontology）是探究世界的本原或基质的理论。17世纪，德国经院学者郭克兰纽（Goclenius，1547－1628）首先使用了ontology这个词。ont（όντ）源出希腊文是on（όν）的变式，它是一个词根，相当于英文中的Being，意为本体，ology是一个词缀，意为"学问"、"学说"，ontology，意为关于本体（ont）的学说、学问。

在中国古代哲学中，本体论叫作"本根论"，它是指探究天地万物产生、存在、发展变化根本原因和根本依据的学说和理论。中国古代哲学家一般把天地万物的本根归结为无形无象的与天地万物根本不同的东西，如"气""无/有""理""心"，这是中国哲学本体论的四种形态。先秦诸子以后，两汉经学将本体归结为"气"，魏晋玄学之时，本体又被区分为"无"和"有"，到了宋明理学，本体被归结为"理"和"心"。但总而言之，"本体论"之目的，是在物质世界之外为物质世界寻找存在的依据。

### 一 中国哲学中"本体"的起源及意义

先秦诸子中并无"本体"这个名词，直到两汉，中国哲学中才将"本""体"合用。"本""体"合用最早见于《易传》，曰："乾分三阳为长中少，至艮为少男。本体属阳，阳极则止，反生阴象。"[1] 意思是说，乾卦分震长男、坎中男、艮少男三爻，艮之"本体"是乾阳，但到了艮卦时阳已经尽了，反生出了阴象。到了东汉，《后汉书·应劭传》中说："又集驳议三十篇，以类相从，凡八十二事。其见《汉书》二十五，《汉记》四，皆删叙润色，以全本体。"[2]

在中国历史上，本体作为一个哲学名词具有多种意义：

第一种意义是指事物原本的意思。《北史·魏彭城王勰传》中讲道："至勰诗，帝乃为改一字……勰曰：'臣露此拙，方见圣朝之私，赖蒙神笔

---

[1] 卢央：《京氏易传解读》，九州出版社，2004，第473页。
[2] 范晔：《后汉书》，中华书局，1965，第1611页。

赐刊，得有令誉。'帝曰：'虽珊琢一字，犹是玉之本体。'"① 这里讲到皇帝为王融的诗改了一个字，王融感谢之时，皇帝说，还是因为原本的诗写得好。

第二种意义是指构成事物本来的质地。阮籍在《乐论》中说："故八音有本体，五声有自然，其同物者以大小相君。"② 意思是说，构成钟、磬、鼓、琴等八种乐器的有金、石、革、丝等物质质地，构成宫、商、角、徵、羽等五种声音的有自然的音准。

第三种意义是指佛教中称诸法的根本自体或与应身相对的法身。《大日经》卷七中曰："一身与二身，乃至无量身，同入本体。"③

第四种意义是指性理。西晋司马彪曰："性，人之本体也。骈拇、枝指、附赘、县疣，此四者各出于形性，而非形性之正，于众人为侈耳。于形为侈，于性为多，故在手为莫用之肉，于足为无施之指也。"④ 这里以性为人之本体，"从概念上说开了中国哲学以性为本体之源。"⑤

由此可见，中国哲学中的本体，要么是时空上的先后关系，要么是逻辑上的因果关系，它已经具有现象与本质、潜藏与现实关系的意思。它总体上可以分为两支：一是以自然为本体，二是以人为本体。先秦诸子宇宙论的学说总体而言并不是本体论，但其中道家学说导向以自然为本体，到了董仲舒，他的"天人合一论"将宇宙论导向了以人为本体。不过，"道家的自然主义"在"白骨露于野，千里无鸡鸣"的三国两晋南北朝之际，重返关注自然本体。

## 二 汉代"本体"摇摆于自然和人事之间

春秋战国以后的中国走向了秦汉的大一统，政治上的统一必然要求思想文化上的统一。适应中央集权的君主专制需要，董仲舒提出"罢黜百家，独尊儒术"，称颂《春秋》之"大一统"为"天地之常经、古今之通

---

① 李延寿：《北史》，中华书局，1974，第702页。
② 陈伯君：《阮籍集校注》，中华书局，1987，第85页。
③ 《大毗卢遮那成佛神变加持经》（大正藏第18册），台北：财团法人佛陀教育基金出版部，1990，第48页。
④ 郭庆藩：《庄子集释》，中华书局，1961，第312页。
⑤ 向世陵：《中国哲学的"本体"概念与"本体论"》，《哲学研究》2010年第9期，第49页。

谊",以此为据,正式确立了"三纲""五常",作为维护封建专制"一统"秩序的根本。他用阴阳五行说来论证儒家纲常名教和仁义道德,实际上是把《易传》"推天道以明人事"的思维观念具体化了。在具体论证中,他把孔孟儒家的唯心主义天命论与阴阳五行学说相结合,构建了一个宇宙图式论体系。董仲舒的宇宙图式论,在内容上表现为以天人感应说来概括并论证宇宙起源、结构和演变问题。

关于宇宙的起源,董仲舒主张一元论,认为天地万物渊源于"元","元"就是本体。"道之大原出于天","元就是天","元"在世界之先又在世界之中,伴随天地万物和人类发生发展的始终。他考察了宇宙结构,认为宇宙万物是由天之端构成,天有十端:天、地、阴、阳、五行金木水火土、人类。在董仲舒的宇宙——人事结构图式中,天人感应还是种种外在表现,其内在依据是天人间因同类而合一。他虚构了一个"人副天数"的命题,把人说成是天的副本,以神学说教的语言对天人关系做了虚构的比附,视人为一个缩小了的宇宙,而宇宙是一个放大了的人。

与董仲舒相反,扬雄建立了一个纯粹自然的宇宙论体系,这就是《太玄》。《太玄》模拟《周易》,《周易》采用两分法,《太玄》基本上采用三分法,又分方州部家四层。"太玄"的最高范畴是"玄"。"玄"是世界的最高本原,也是一切事物的"本体"。"玄"是无形的,它在无形之中发展出万类,是天地万物之所出。"玄"又是无所不在的,任何人也离不开它。一"玄"为三"方",一"方"为三"州",共九"州",一"州"分三"部",共二十七"部",一"部"分三"家",共八十一"家"。《太玄》分为八十一首,每首九"赞",共七百二十九"赞"。《太玄》体系包含了世界万事万物的变化公式。

比扬雄再晚,王充认为天地万物都由物质性的元气构成,元气是世界的统一原理,是世界的本体。万物乃至人都是从元气派生出来的,天地与阴阳之气是不死不生、无死无终的。王充在宇宙论上的主要贡献在于批判了从董仲舒到《白虎通义》的那一套天人感应论,用"气"的莫为说反对了神学目的论的或使说。汉代许多哲学家都以为有一个超越宇宙万物的"祖"作为动因,所以都是或使说(外因论),并且都因以偶然联系为因缘而导致天人感应论。扬雄虽有泛神论思想,重新提出莫为说,但仍以形式因为第一因。王充明确阐发了物质自己运动的观点,区分了天道无为和人道有为，批判了神学目的论，同时批判了象数之学所讲的卜筮之类的迷信。

许纪霖说："知识分子完成了思想统一，一个国家便没有思想了。"董仲舒完成了思想统一使扬雄、桓谭、王充等人关注自然的宇宙论思想失去了市场，儒家因与政权的强大整合能力使秦汉以后的封建统治思想整齐划一。不过，汉末社会发生了大动荡，首先崩溃的就是这种整齐划一。

三 "本体"转向自然：王弼的以"无"为本

在汉末儒家意识形态崩溃之际，普遍兴起的是道家的自然主义。道家的自然主义试图重返自然宇宙论，并从宇宙论中分离出本体。

王弼在中国哲学中第一个明确提出了本体，他改造老子"道生一，一生二，二生三，三生万物"的观点，用"无"表达"道"，强调从虚无之道去把握宇宙万物的存在及变化。他还阐发"天下万物生于有，有生于无"的思想，彰明"以无为本"，将老子万物生成论发展为哲学本体论，又以道家"无为而无不为"的原则为儒家名教观念做了论证。"无"就是他主张的本体。

王弼认为，"无为"是推行礼义之治的根本，"以无为本"才能从根本上杜绝社会上的争夺和倾轧，这样仁义的作用才会真正显现出来，礼法的作用才能真正发挥出来。因此，要懂得什么是母（根本的东西），什么是子（派生的东西），什么是本，什么是末，做到"崇本以息末，守母以存子"。王弼认为，对任何事情都应该采取"无为"的态度，不仅统治者应当"无为"，被统治者也应该"无为"，统治者"行无为之治"，才能达到"无不为"的目的。

在认识论上，王弼强调认识的根本目的在于把握虚无的本体（道），强调一旦得道，即可尽知天下，这显然是老子"静观""涤除玄览"而"达道"认识路线的进一步发展。他将道家的直觉玄想与儒家的内省体认进行了沟通，以便去研究言、象、意三者之间的关系。言指卦辞，代表语言；象指卦象，代表物象；意指一卦的义理，代表事物的规律。王弼认为，语言是表达物象的，物象是包含义理的。但语言不等于物象，物象不等于义理，所以要得到物象应该抛弃语言，要得到义理应该抛弃物象。他说"言者所以明象,得象而忘言。象者所以存意,得意而忘象"。① 拘泥于物象会妨碍对义理的认识,拘泥于语言则会妨碍对物象的表达,所以要想把握义理,必须忘掉物象。"得意在忘象,得象在忘言。"② 就是说,只有抛弃物象的限制,才能认识事物的规律。

王弼的这种认识理论强调了"得意"要靠"内省体识",是神秘主义、直觉主义的,但其本意主张认识不应拘泥于具体物象,不能舍本逐末为现象所迷惑,而要直接把握现象的本质(本体)。它提出从本体论上把握整个现实世界的认识任务,发展了总体思维观念,探索了逻辑思维能否把握宇宙法则的责难,启发人们去思考在把握本体之道过程中的突变和飞跃问题。

从本体论上"以无为本"的原则出发,王弼考察了宇宙万物的发展法则,肯定了"物无妄然,必由其理",认为天命只能服从,不能违逆。他认为"性"亦出自"道"之必然,认为人只要虚静无为就能自然顺乎必然之理,复返"性命之常"。他在人性问题上讲"返本""复性",讲"圣人有情",涉及了人如何处理在形体上入世与在道德境界上出世的关系。

四 裴𬱟以"有"为本对王弼的反驳

王弼的以"无"为本第一个对"罢黜百家"以来的意识形态提出了不同见解,他用道家的理论去说明儒家、解释儒家,用自然去解释名教,事实上起到了一种思想启蒙的作用。但是,王弼的自然是为名教服务的,他的"以无为本"本质是道家自然原则和儒家自觉原则的统一。这与嵇康恰好相反,嵇康提出"越名教而任自然",在他那里,自然不再为名教服务了,自然的地位显然越过了名教。嵇康为了与当权者对抗不得不批评整个名教,走上了以道排儒的道路,导致裴𬱟为名教辩护。

针对王弼和嵇康、阮籍等人由崇尚自然发展到否定名教,裴𬱟明确否定"以无为本",断定主宰万物存在和变化的本体在于世界自身。他认为"理"依存于"有","有"即是万物自身本体。在王弼那里,天地万物"以无为本","无"是世界的本体而"有"只是"无"的表现。裴𬱟首先

---

① 王弼:《周易略例·明象》,载客肇祖:《魏晋的自然主义》,东方出版社,1996,第17页。
② 王弼:《周易略例·明象》,载客肇祖:《魏晋的自然主义》,东方出版社,1996,第17页。

反对在现实世界之外另设本体。他认为,"有"之所以发生,并非另外一个东西使它成为"有",而是它自生、自有的。"有"是说有形有象的具体事物,事物都是有形有象的,所以,有形有象就是事物的本体,"无"不过是"有"消失了的一种状况。这个观点排斥了"无"的绝对性、永恒性和至上性,从根本上否定了王弼"以无为本"的观点。

在王弼看来,个体事物总有局限性,不能自存,万物必须以"无"为本体才能存在,所以,"无"是"有"的全体的本体,整个"万有"以"无"为自己存在的依据。裴頠则认为,整个"万有"本身即为最根本的道,虽然世界是一个整体,都是"有",但是这个整体中间,由于每个具体的东西都是有形有象的,因此可分为若干种类。作为世界根本的道,就是"万有"自身,道无非指"万有"的总和,离开"万有"就没有道。这就从世界统一性问题上否定了"以无为本"。

王弼还把事物的规律性与事物本身割裂开来,从而把规律"理"看作本体"无"的产物。裴頠则认为万物的变化和错综复杂的关系是寻求事物规律的迹象和根据,他认为事物是表现在事物的变化和相互关系之中的。他进一步指出,事物变化的形迹之所以可以寻求,是因为有个"理"在其中,这就驳倒了王弼从"万有"之外寻找事物变化根源的唯心主义本体论。

裴頠在否定"有生于无"的基础上,进一步提出"有自生",物自化,肯定"济有者皆有"的命题。王弼唯心主义本体论主张:万物都有质的规定性,能温则不能凉,而且温自身也不能为温,必须有一个不温不凉的东西作为"万有"的本体,"万有"才能共存。裴頠用"万有"相互支持的观点反驳王弼的这种理论,他认为每一个东西都是全体的一部分,都有其规定性,因而不能"自足",需要依靠别的东西作为其存在的条件。

裴頠以后的哲学家引申出凡存在的"有"都是合理的观点,郭象正是从这个方面发展了他的思想。崇有论看到了个体事物的实在性,在反对唯心主义本体论的同时,又回避了世界统一于物质性的问题,否认了个体事物之间的转化,导致了形而上学,郭象由此观点发展了"独化说"。

### 五 郭象的"独化于玄冥之境"

为了避免"贵无论"理论上的困难,郭象接过裴頠的"崇有论",把裴頠坚持的"无"不能生"有""始生者，自生也"等观点加以绝对化、神秘化，从而使客观物质世界变成一个不可捉摸的神秘世界。

对于"无"的看法，郭象既不像王弼那样把"无"看作天地万物的"本体"，也不像裴頠那样把"无"看作"有之所谓遗者也"。他认为，"无"不是相对于"有"而言的，既不是相对于"有"的"本体"，也不是"有"的消灭状态。"无"仅仅说明天地万物的生成没有任何东西作为它的根据，是"自生"的。郭象用"上知造物无物，下知有物之自造"作为天地万物生成的主要观点，他用"独化"这个新概念加以概括。

在郭象那里，"独化"是指天地万物的生成变化都是自然而然、各自独立、互不关联、突然发生的。他认为，天地万物的生成变化没有任何原因和根据，既不需要外部的条件，也不需要内部的原因。不仅"无"不能生"有"，而且"有"也不能生"有"。每个具体事物的个体存在都是独生的，他把"物各自生"绝对化，根本上否定了物与物之间的因果关系和依赖关系。郭象的"有"，只是一个个独立发生和发展着的孤立个体，无根无源，互不相关，就连每个事物自身也不知道自己为什么一下子冒了出来。这样，世界就成了一个神秘莫测的世界。

郭象的独化说在逻辑上的结论必然是：世界上万事万物的发生和变化都是杂乱无章、无规律可循的。因此，他又提出了一个"玄冥之境"，让"独化"在"玄冥之境"中进行，即"独化于玄冥之境"，他用"独化于玄冥之境"说明世界天地万物的生成变化以及万物之间的相互关系。郭象认为，他所说的天地万物的独化，就个体而言是突然发生、没有原因、没有根据、互不关联的，但就整个世界而言，它们又是互不可缺的。他还认为，天地万物虽然是"自生""自得""自造""自有"，但它们各自在整个世界中所处的地位是确定不移的，所具的本性是不可改变的，因此世界万物又是完全和谐的。郭象肯定天地万物这种相互协调、互不可缺的世界秩序，这种秩序完全由"命""理"决定，他说的"命""理"是指一种必然的决定力量，统摄一切具体的事物，规定一切具体事物在世界中的地位、本性，是一种事物本身无法违抗的神秘力量，这在一定意义上成为宋明理学的先声。

## 第三节　宋明理学认识论的机遇

宋明理学标志着中国传统文化的一次伟大复兴，或者我们可以说，宋明理学是中国传统文化的又一次高峰。之所以这么说，是因为宋明理学对中国传统文化影响深远，可以说，中国封建社会前期统治思想的真正确立者是荀子，而中国封建社会后期统治思想的确立者是朱熹。然而，我们说宋明理学的复兴，不是指宋明理学是对先秦诸子，或者两汉经学、魏晋玄学、隋唐佛学的单纯回归。先秦诸子"百家争鸣"，向先秦的复兴显然是不可能的，而魏晋玄学和隋唐佛学与儒学的异质性很明显，也不可能被设定为宋明理学复兴的载体，那么只能说宋明理学是向两汉经学的复兴了，但显然也不恰当，宋明理学虽然在某种程度上采用了两汉经学的形式，但其讨论的问题、得出的结论与两汉经学差异明显。所以我们只能说，宋明理学的复兴只是一个口号，它是打着复兴的名义进行的思想革新，而新的思想虽然以程朱新儒学的形式表现出来，实际上却是中国传统文化中儒、释、道相互斗争、相互融合的结果，尤其是魏晋玄学和隋唐佛学与传统儒学相互激荡、相互交流之下创生的结果。

### 一　佛教"无"的"本体"及其中国化

大约在东汉时期，佛教就已经传入中国，在南北朝时期，社会的动荡迫使人们将本生的无奈寄托予来世的希求，佛教的传播遇到了一次重大机遇。佛教用三世轮回、因果报应等为社会不平等现象的合理性作论证，宣扬一个人在现世或下世的贫富贵贱都是他前世或现世为善作恶的结果。根据这种宗教的虚构，善恶行为的因果报应必须有一个主体的承受者，然而佛教不承认长生不死，肉体成仙，所以这个主体的承受者只能是一个精神实体。然而，印度佛教对这样一个精神实体的存在与否是不明确的，甚至根据佛教一切皆空的理论，一个独立的、不灭的精神实体并不存在，这叫破除"我执"。但没有一个承担者，轮回、报应的虚构就将落空。因此，佛教的中国化面临创生"实体"的问题。慧远就创生了这样一个"实体"，根据他的论证，人的肉体可生可灭，但人的精神不生不灭，人肉体的所作所为将由精神的"实体"去承担后果,这叫因果报应,报应有快有慢,当世受报的叫"现报",来世受报的叫"生报","经二生、三生、百世、千世,然后乃受"的叫"后报"。只要不去掉"无明""贪爱"等世俗情感,人就永远不能超脱"轮回",生生世世摆脱不了世界的种种苦恼。只有相信佛教的说教,把一切看成"空",才能不为"无明""贪爱"等错误感情所牵累,从而超脱轮回,投身西方净土极乐世界,永证佛果。

佛教的"空"并不是简单否认"有"和"无"存在的"空",它的实质是告诉人们这些"有"和"无"都不是真实的存在,"非有非真有,非无非真无",就是说,讲"非有"并不一定是绝对的"无",讲"非无"并不一定是真实的"有","有"和"无"都是不真实的存在,因此世界是"空"的。这样,佛教"空"的理论就与一般人所认为的物质现象客观实在这样一个常识相矛盾。

对于这个矛盾,僧肇说,真谛(佛教真理)与俗谛(世俗见解)虽然不同,但它们的道理并无差别。世俗的见解是从世界的现象方面看,因此认为万物是"有",佛教真理是从世界的本质方面看,因此认为万物是"非实有"。僧肇反对在"有"之外或"有"之上另设一个"无"的本体,他认为应该从万物本身去认识"有"的虚假,而不应该另设一个虚无,然后再说万物是"虚假"的。在他看来,承认现象的存在与认为世界的本质是"空"两者之间并无矛盾。因为客观物质现象虽然是假的,不是真实的存在,但不能简单认为这种假象是不存在,正确的说法应该是物"非有非无",现象既从"因缘"而生,那么它没有独立的本性,不是永恒的存在,就不是真实的"有",然而,它确实又因"缘"而起,因此,不能简单地说它不存在,是绝对的虚空。僧肇通过佛教真理观阐明"非有"的道理,又通过世俗的见解阐明"非无"的道理,从而把这两者结合起来,"形象不既无,非真非实无",这叫"不真空论"。

在僧肇的设计中,佛教搭建了一个"非有非无"的精致本体,但是,由于佛教具有出家的形式将其与世俗分离、提倡艰苦的修行设计了证果难题、讲究来世的报应放弃了今生今世,客观上成为其传播的阻碍。竺道生吸取王弼"得象忘言""得意忘象"的思想,采取庄子"忘筌取鱼"的方法,提出了"一阐提人皆得成佛",主张用"顿悟"去解决这个问题。在竺道生看来,一切众生本有佛性,不过像明镜蒙了尘垢,而受了佛的教导，就能"顿悟"。"顿悟"是从本体上把握真理的认识方法，"悟"就是认识与真理的整体合一。整体是不可分的，所以把握整体是一下子把握，而不是分为几个阶段把握。他将"顿悟"的范围扩大，认为不仅仅修行的人能够"顿悟"，即便是极恶的"一阐提人"，虽然断了善根，也有佛性，也能够"顿悟"成佛。竺道生的这一学说使佛教为更多人接受，增加了受众，扩大了影响，客观上使佛教中国化的进程得到了极大推进。

## 二 周敦颐和张载对理学思想的奠基

佛教吸取中国传统文化进行中国化的过程，也是佛教影响中国传统文化的过程。宋明理学的开山鼻祖周敦颐显然深受佛学的影响，佛学主张在"万有"之上设定"本无"，周敦颐则借用了一个道家的概念"太极"，并在"太极"之上设定"无极"，认为宇宙的最初阶段是"无极而太极"。在周敦颐那里，"无极"指无形无象的最高实体，"太极"指最大的统一体。"太极"动而生"阳"，动到极点静而生"阴"，静到极点又动，一动一静，互为根本，分化出阴阳二气。阴阳二气交互作用，就生出金木水火土五行，五行按次序发生作用，形成春夏秋冬，这是周敦颐的宇宙生成图式。在这个宇宙生成图式中，有形有象的二气五行和万事万物都出自原始的统一体"太极"，"太极"的动静无形无状，微妙不测，周敦颐称之为"神"。万物的运动是由于"神"的作用，"神"是万物运动变化的内在根源。

周敦颐的"太极"到了张载那里就变成了"气"，张载以物质性的"气"为世界的第一原理，他认为可以摹写的都是"有"，实有的都是"象"，"象"都是"气"。没有物质性的"气"就没有种种物象，没有物象就没有人的概念。张载认为，天空中无形可见，但充满了物质性的"气"。"气"本身是不灭的，聚散是"气"变化的暂时状态。宇宙中根本没有绝对的无，有和无是不可分割的。"气"聚而有形，得见，这就是有、实；"气"未聚而无形，不得见，这是无、虚。"气"作为实体，就是有与无、虚与实的统一。他用"体用不二"说明这种统一，认为物质自己运动，运动的原因在于自身，"气"和物的运动变化是一个对立统一过程。在"气"聚而为万物之后，它们都是一方面自己运动，另一方面相互作用，宇宙就是这样一个相互作用的因果联系之网。

"一切皆气"的宇宙论思想是针对佛老的唯心主义本体论而发的，道家认为，"气"是太虚所产生的，这是"有生于无"的观点；佛家认为，万物是空无的太虚中出现的幻象，这是山河大地都是幻象的观点。张载对佛教"一切唯心"的观点展开了理论上的批判，他认为，佛教的根本错误在于否认自然世界的客观存在，在于否认客观世界的第一性，而把"心"当作第一性，把"心"与客观世界的关系颠倒了。他认为，自然世界是广大的、根本的，人的心是微小的、后天的，佛教认为自然世界是心所创造的，把本末关系颠倒了。总之，张载强调了物质世界的客观实在性，认为天地万物都是离开人的意识而独立存在的。他探讨了物质世界变化的规律，认为"气"的变化是有"理"的，"理"是"气"运动变化的规律性。张载肯定万物皆有"理"，他肯定"理"是客观的，是不以人的意志为转移的。然而在张载的哲学体系中，"理"从属于"气"，直到朱熹，才给了"理"以本体地位予以拔高。

### 三 朱熹"理一分殊"的宇宙论体系

朱熹对周敦颐的《太极图说》做了发挥，把传统的阴阳五行说纳入他的体系，构造出一套宇宙形成论。他把"无极而太极"解释为无形而有理，认为无形无象的太极是万事万物的总根源，是宇宙的本体。关于太极和万理的关系，朱熹认为，太极包含万理，万理又分别完整地体现太极，他说："总天地万物之理，便是太极。"[1] 又说："上天之载，无声无臭，而实造化之枢纽，品汇之根柢也。故曰：'无极而太极'，非太极之外，复有无极也。"[2] 朱熹认为，太极包含万理，万理分别完整地体现太极，这是他"理一分殊"的宇宙形成论。

朱熹的"理一分殊"是他道器观的具体应用，本质上讲的是一般和个别的关系，而非整体和部分的关系。他说："二气五行，天之所以赋授万

---

[1] 朱熹：《朱子语类·太极图》（卷94），载《朱子全书》（第17册），朱杰人、严佐之、刘永翔主编，上海古籍出版社、安徽教育出版社，2002，第3127~3128页。

[2] 朱熹：《太极图说解》，载《朱子全书》（第13册），朱杰人、严佐之、刘永翔主编，上海古籍出版社、安徽教育出版社，2002，第72页。

物而生之者也。自其末以缘本，则五行之异，本二气之实，二气之实，又本一理之极。是合万物而言之，为一太极而已也。自其本而之末，则一理之实，而万物分之以为体。故万物之中，各有一太极，而小大之物，莫不各有一定之分也。"① 首先，这里的"本"是指"理一"，即"太极"；这里的"末"是指"分殊"，即"阴阳""五行""万物""万理"。其次，"自其末以缘本"，是指将万物总结为五行、阴阳，最后归结为太极，即是万理归于一理，特殊归于普遍、个别归于一般。"自其本而之末"，是指万物分有太极以为体，即是一理摄万理。在这里万物分有太极，不是说万物在太极中各取一部分，而是指万物各具本身之特殊性，但万物又具共同之特性"太极"。究竟"太极"是什么？太极是一般，太极是普遍，"太极只是天地万物之理。在天地言，则天地中有太极。在万物言，则万物中各有太极"②，"人人有一太极，物物有一太极"。③

朱熹讲"理一分殊"，比别人更偏重于分殊。一方面，万理都是一理的完整体现，另一方面，一理体现在万理之中，却又因为万理的不同位置而有所不同。他用"月印万川"讲"物物有一太极"，即每一个具体事物都具有整个的"理"，那么，这一物的"理"与那一物的"理"为什么又有区别而表现为不同的"理"呢？朱熹认为，这是因为每一具体事物虽然都具有整个的"理"，但各物所禀受的气不同，因而整个的"理"在各个具体事物上表现出来时，受到"气"的驳杂影响，就有偏有全。

朱熹将"太极"与伦理道德联系起来，认为太极中最主要的是仁义礼智这四种道德原则。以天道言之，"太极"为元亨利贞；以四时言之，"太极"为春夏秋冬；以人道言之，"太极"为仁义礼智。他把仁义礼智四种道德属性说成是自然界四时变化的固有规律，赋予自然界以道德属性，实际上把道德规范说成像自然界那样是永恒不变的、不能违背的。

---

① 朱熹：《通书注·理性命第二十二》，载《朱子全书》（第13册），朱杰人、严佐之、刘永翔主编，上海古籍出版社、安徽教育出版社，2002，第117页。
② 朱熹：《朱子语类·理气上》（卷1），载《朱子全书》（第14册），朱杰人、严佐之、刘永翔主编，上海古籍出版社、安徽教育出版社，2002，第113页。
③ 朱熹：《朱子语类·太极图》（卷94），载《朱子全书》（第17册），朱杰人、严佐之、刘永翔主编，上海古籍出版社、安徽教育出版社，2002，第3122页。

## 四 朱熹从宇宙论中分离出的本体论:"理本论"

在继承周敦颐"太极"说的同时,朱熹还继承了张载以"气"为核心范畴构建的理学体系,"气"不仅是天地产生、宇宙运行、自然变化、万物生灭的重要质料,而且是"理一分殊"、太极动静、道体流行的物质载体。正是通过"气"的运行产生万物,"理"才能真正从一理分为万理。他将"理"看作宇宙的本体,认为人伦世事,万物化生无不依"理"而行。

朱熹的"理"有三层含义:一是物之"所以然之故",二是物之"所当然之则",三是物之必然即"自不容已"者①。综合这三层含义,我们至少可以从两个方面去理解"理"。一方面,"理"是事物的规律。事物的规律是一类事物所共同具有的,是一般的东西,而事物是特殊的东西,一般存在于特殊之中。朱熹的"理"相当于柏拉图的"理念",柏拉图将一般赋予"理念",而朱熹将一般赋予"理",和"理念"一样,"理"可以离开事物而单独存在。

朱熹说:"天地之间,有理有气。理也者,形而上之道也,生物之本也;气也者,形而下之器也,生物之具也。是以人物之生,必禀此理然后有性,必禀此气然后有形。其性其形虽不外乎一身,然其道器之间分际甚明,不可乱也。"② 这段话的意思说,天地间存在着"理"和"气","理"是形而上之道,"气"是形而下之器,"理"是生物之本,即物之所以形成的道理,也就是物之本质;"气"是生物之具,即形成为物的材料。世界万物乃至人类的产生都是"理"和"气"、性和形的统一。他认为,就具体事物而言,"理""气"不相离,然而,"有是理便有是气,但理是本"。③ "理""气"混沌不可分,但一定要推究所从来,"则需说先有是理"。就"理"与天地的关系来说,有此理便有此天地,就"理"和各种事物的关系说,先有"理",后有事物。这样,朱熹的"理"和"气"就

---

① 丁祯彦、臧宏主编《中国哲学史教程》,华东师大出版社,1989,第271页。
② 朱熹:《晦庵先生朱文公集·答黄道夫》(卷58),载《朱子全书》(第23册),朱杰人、严佐之、刘永翔主编,上海古籍出版社、安徽教育出版社,2002,第2755页。
③ 朱熹:《朱子语类·理气上》(卷1),载《朱子全书》(第14册),朱杰人、严佐之、刘永翔主编,上海古籍出版社、安徽教育出版社,2002,第114页。

达到了逻辑与历史的统一。

朱熹的"理"具有至上性、普遍性、统一性、形上性、实在性、伦理性特征。至上性是说"理"在朱熹的思想体系中是一个最高的概念,天地之间一切事物无不以"理"为准则,因而它在逻辑上高于一切有形器物。朱熹认为,"理"作为万物共有的形上之道,本身就是天命之性,具有主宰一切的功能,因而"理"又被称作天理,又可称为"天"或"帝",宇宙间的一切事物,其生长变化皆各有其理,无不受其理支配。"理"又具有普遍性和统一性,一方面,"理"是普遍的,无处不在,无时不有。"理"在时间上永恒、空间上普遍,天地万物、人伦世事皆有其理。另一方面,"理"作为本体,又具有绝对的统一性。朱熹认为,虽然事事物物各有其"理",它们的表现形式也不一样,但从根本上说,它们所具有的"理"是同一个"理"。"理"又具有形上性,《周易·系辞上》曰:"形而上者谓之道,形而下者谓之器。"在朱熹那里,一切具体事物都是形下之器,都有生灭,不足以为万化之根本。而"理"是无形无象、无声无臭的形上之道,这才保证它为宇宙万物的本体依据。朱熹将他的"理"与佛老的"空"相区分,认为儒家之"理"乃是实理,有别于佛老的虚空之道,是实而不虚的。他给天理赋予了伦理道德的内容,一方面,他把天理阐释为宇宙的本体、万物的法则,另一方面,又常常把儒家的伦理道德看作天理的基本内容。他认为,儒家的三纲五常都是天理在人间的流行,都是人生行动的"所以然之故"与"所当然之则",具有普遍性、绝对性和永恒性。这样,朱熹的"理本论"将宇宙自然与道德本体相连接,"理"就成了道德的标准、事物的根源、宇宙的本体。

## 五 朱熹认识论意义上的"格物致知"

朱熹说:"盖人心之灵莫不有知,而天下之物莫不有理。惟于理有未穷,故其知有不尽也。是以大学始教,必使学者即凡天下之物,莫不因其已知之理而益穷之,以求至乎其极。至于用力之久,而一旦豁然贯通焉,则众物之表里精粗无不到,而吾心之全体大用无不明矣。"[①]

---

① 朱熹:《四书章句集注》,中华书局,2011,第8页。

## 第五章 本体与科学的机遇

朱熹的这一段话首先是"天赋观念论","人心之灵,莫不有知",它的含义是:人心或人的精神都有天赋的知识,有"明德""天理",但人又不能直接自己认识自己,必须通过"格物"工夫,就事物加以研究,然后才能达到心的自己认识,从而对天地万物之理无不了然。这种认识论等同于柏拉图的"灵魂回忆说",天使在赴宴的途中跌落了人间,折断了翅膀,忘记了前世,知识不是后天获得的,也不是在灵魂中自发产生的,而是灵魂固有的,学习的作用在于触动、提示或者唤醒知识,使之明白地昭示于灵魂。

除了在知识的来源上主张"天赋观念论",朱熹还将认识的过程分为两段,一是"即物致知",二是"豁然贯通"。"即物致知"要通过"今日格一物,明日格一物"的渐进阶段进行积累。但仅仅停留在渐进的阶段,不能在这个基础上将渐进积累的知识"豁然贯通",则必然沦为支离、流为空疏。他认为,只有将这两方面结合起来,既要"务博",又要"反身而诚",才能融会贯通,获得可靠的真理。他说:"必铢铢而较之至于钧而必合;寸寸而度之至于丈而不差,然后为得也。"[1] 朱熹所说的专重"务约"的一派指陆九渊而言。陆九渊主张"先立乎大者",反对渐进的积累,朱熹对之进行批判,认为只有在积累的基础上融会贯通,才能获得可靠的真理。朱熹所说的"务博"一派指吕祖谦而言,这个学派主张从事实出发解决具体问题,因而注重历史的研究和制度的考订,反对玄虚的顿悟。

朱熹的"即物穷理",包括研究抽象道理和具体事物的规律。他说:"上而无极、太极,下而至于一草、一木、一昆虫之微,亦各有理。"[2] 他说的"豁然贯通",指研究了一些事物之理后,久而久之,就会觉察到一般的道理了。总体而言,朱熹是在阐述人如何去认识事物。他说"理有未穷",则"知有不尽",意思是只要我们一天认识不到万事万物之理,则我们就永远也不可能认识具体事物。那么,如果我们认识了万事万物之理呢?如果我们"至乎极"呢?就会"豁然贯通焉",则"众物之表里精粗无不到,而吾心之全体大用无不明矣"。我们就能根据一般的道理去认识

---

[1] 朱熹:《晦庵先生朱文公集·答江彦谋》(卷64),载《朱子全书》(第23册),朱杰人、严佐之、刘永翔主编,上海古籍出版社、安徽教育出版社,2002,第3116页。

[2] 朱熹:《朱子语类·大学二·经下》(卷15),载《朱子全书》(第14册),朱杰人、严佐之、刘永翔主编,上海古籍出版社、安徽教育出版社,2002,第477页。

具体的事物了。

## 六 朱熹方法论意义上的"知先行后"

朱熹"知先行后"的方法论是他"理本论"的本体论和"格物致知"认识论的具体应用。朱熹"理本论"的先验哲学从时间上讲具体事物"理气相须",从逻辑上讲本体"理在气先",那么,他的方法论相应的则是"知行常相须""知先行后"。

朱熹说:"知、行常相须,如目无足不行,足无目不见。论先后,知为先;论轻重,行为重。"[1] 又说:"夫泛论知行之理而就一事之中以观之,则知之为先,行之为后,无可疑者。"[2] 朱熹的知行方法论是由"理气"本体论的体系决定的,他所讲的知是知理,行是行理,知行"相须"是以所知的"理"指导行,以所行的"理"启发知,归根到底统一在"理"上。这种方法论源自"致知格物"的认识论和"人心之灵,莫不有知"的天赋观念论,我们心中确"知"有天赋观念的"理",才去"行";朱熹的"知先行后"其实就是"今日格一物,明日格一物"的真实写照,只有通过坚持不懈的格物,人才能最后"豁然贯通",理解万事万物之理,把握"道""理"。

在《大学或问》中,朱熹说:"若其用力之方,则或考之事为之著,或察之念虑之微,或求之文字之中,或索之讲论之际。使于身心性情之德,人伦日用之常,以至天地鬼神之辨,鸟兽草木之宜,自其一物之中,莫不有以见其所当然而不容己,与其所以然而不可易者。必其表里精粗无所不尽,而又益推其类以通之,至于一日脱然而贯通焉,则于天下之物,皆有以穷其义理精微之所极,而吾之聪明睿智,亦皆有以极其心之本体而无不尽矣。"[3]

从这段话中,我们可见朱熹的方法论极具科学性,首先是在博学的基础上获得规律性的知识。朱熹从"考""事""察""念""求""文"

---

[1] 朱熹:《朱子语类·论知行》(卷9),载《朱子全书》(第14册),朱杰人、严佐之、刘永翔主编,上海古籍出版社、安徽教育出版社,2002,第298页。
[2] 朱熹:《晦庵先生朱文公集·答吴晦叔》(卷42),载《朱子全书》(第22册),朱杰人、严佐之、刘永翔主编,上海古籍出版社、安徽教育出版社,2002,第1914页。
[3] 朱熹:《四书或问·大学或问下》,载《朱子全书》(第6册),朱杰人、严佐之、刘永翔主编,上海古籍出版社、安徽教育出版社,2002,第527~528页。

"索""论"中，找到"莫不有以见其所当然而不容己，与其所以然而不可易者"，即从实践的基础上得到规律性的认识，这是朱熹知行论的伟大科学意义。其实朱熹在这里讲的方法论是一般和个别"道""器"之辨的认识论，将从实践中获得的认识看作一般，看作"道"。他已经初步运用了归纳法，由"博"反"约"，由个别中认识一般、由特殊中认识普遍。

怎样才能由"博"反"约"呢？"慎思明辨"。朱熹说："学问须严密理会，铢分毫析"，"学之博，然后有以备事物之理，故能参悟之以得所疑而有问；问之审，然后有以尽师友之情，故能反复之以发其端而可思；思之谨，则精而不杂，故能有所自得而可以施其辨；辨之明，则断而不差，故能无所疑惑而可以见于行；行之笃，则凡所学、问、思、辨而得之者，又皆必践其实而不为空言矣。"① 这其实就是一个博学多闻提出问题、反复讨论促进思辨、通过思辨解决疑难、正确判断见之行动的过程。

朱熹还经常讲"推类以通之"，其实就是掌握了一般的规律以后，将此规律即"道"或"理"应用到具体事物的过程。朱熹的"推类"，讲的就是归纳和演绎、一般和个别的结合，它超出了形式逻辑的范畴，带有辩证思维的因素。

## 第四节　陆王心学伦理学的回归

从文化机理上讲，朱熹的学说是中国传统儒学在受到外来文化刺激以后产生的一种革新文化形态，这种文化形态由于引进了新鲜血液而激发出旺盛的生命力。朱熹也许不可能承认自己的思想受佛教的影响，他也许一辈子都在耻笑他的老对手陆九渊中了佛学的毒，但正是印度佛教文化对中国的入侵，才使中国哲学在宋明之际得到了一次本体论诞生的机遇。西方哲学的本体是 Being；印度哲学的本体是"因明"，中国先秦哲学不讲本体，没有本体论的中国哲学，只能沿着伦理学的道路不断向前走，必然陷入自我循环论证的死结之中，这是儒家的危机；近现代中

---

① 朱熹：《四书或问·中庸或问下》，载《朱子全书》（第6册），朱杰人、严佐之、刘永翔主编，上海古籍出版社、安徽教育出版社，2002，第593页。

西文化的冲突，便是由儒家的危机所引发的中国传统文化的危机；今天我们所遇到的种种问题，其深层根源仍然是中国传统文化的危机；而挽救这个危机必须文化的创新，而进行文化的创新必须文化的机遇。儒释道相融后所产生的朱熹"理本论"为中国哲学建构了一个独立的本体，并导向"格物致知"，使中国哲学具有了走向科学的可能。可惜，王阳明的"心本论"又把中国哲学拉回伦理学的窠臼，使中国哲学丧失了一次获得科技理性的机遇。

## 一 朱熹与王阳明的差异及其根源

当牟宗三以《心体与性体》研究宋明儒学之大课题时，他其实并没有意识到，他已经接触到了中国哲学史上由本体论之生成走向科学理性的一次大变革，然而，由于王阳明心学的泛滥，这场变革并没有完成。

《心体与性体》开宗明义：正名，宋明儒学之课题。牟宗三认为，宋明儒大宗实以《论》《孟》《中庸》《易传》为中心，只伊川、朱子以《大学》为中心，由此而分为两系统：朱子"主观地说是静涵静摄之系统，客观地说是本体论的存有之系统，总之是横摄系统"[①]，而阳明之学"唯此本体论的创生直贯之形态……始真能保住'维天之命，于穆不已'此一最古老最根源的形上智慧，始真能保住天道太极之创生性而为一真实的生化原理，实现原理，保住仁之感通性而为一道德的真实生命，而为一形上的真实的生化原理，实现原理"[②]，此乃论孟之真精神也。由此可见，按照牟宗三的说法，朱子的理学是"歧出转向"而非"调适上遂"，而王阳明之心学，才是正统的儒家哲学。

程朱理学与陆王心学的区分其实从二程就已经开始了。唐宋时代的儒家一般面临佛老之学的压力，会不自觉地纳入佛老的话语体系，二程也是这样。二程广涉诸子百家、佛老之学，最后又回归儒学，以他们为代表的宋儒纳入佛老话语体系从韩愈开始，韩愈是反对佛老的标志性人物，他有感于佛老都有一个"道统"，从而也想为儒家建构"道统"："尧以是传之舜，舜以是传之禹，禹以是传之汤，汤以是传之文武周公，文武周公传之

---

[①] 牟宗三：《心体与性体》，上海古籍出版社，1999，第39页。
[②] 牟宗三：《心体与性体》，上海古籍出版社，1999，第86页。

孔子，孔子传之孟轲。轲之死，不得其传焉。"① 二程兄弟接着韩愈的"道统"向下讲，认为他们把中断了几百年的"道统"接续下来了。按照二程的说法，他们学说的目的在于"求道"，而他们的"道"就是天理，程颢尝言："吾学虽有所受，'天理'二字却是自家体贴出来。"② 朱熹"理"的思想实际上是二程天理观的延续。不过，二程的思想除了天理观之外，其他地方颇多差异，比如在工夫论上，程颢更强调"定性""识仁"，程颐更强调"主敬""格物"，而这一方面程颢更多地影响了陆九渊和王阳明，程颐更多地影响了朱熹。

所谓"定性"，其实是"定心"，通过修养工夫实现内心的安宁。张载认为："定性未能不动，犹累于外物"，意思是内心平静之所以难以实现，是因为不断有外物的干扰。然而程颢认为："所谓定者，动亦定，静亦定，无将迎，无内外。"意思是说，"定"的本质是不分动静内外的，"苟以外物为外，牵己而从之，是以性为有内外也"，所以他主张要"内外两忘"。应该说，程颢这一思想明显受佛老之影响，道家讲"无情以顺有"，佛家讲"无所住而生其心"，都是"内外两忘"，这种思想类似于孟子的"不动心"，所以总体而言，"定性"体现了儒释道的结合。

所谓"识仁"，就是要认识到"仁"是功夫的根本。程颢曰："为学须先识仁。"他的"仁"指的是什么呢，他说："仁者，浑然与物同体。义、礼、智、信皆仁也。"这就将"仁"拔高到了"仁、义、礼、智、信"之首，将"义、礼、智、信"都说成是"仁"。怎样"识仁"呢？"以诚、敬存之而已。"在程颢那里，"诚者合内外之道"③，"道之浩浩，何处下手？惟立诚才有可居之处"④。而"敬"与"诚"密切相连，"诚者，天之道；敬者，人事之本。敬则诚"，"诚"与"敬"是统一的，"诚"与"敬"的统一达到了"识仁"。

程颢讲的"敬"是有限度的，"执事须是敬，又不可矜持太过"。这与程颐有区别，程颐一味讲"敬"，"敬只是主一也。主一，则既不之东，又

---

① 韩愈：《原道》，载《韩昌黎文集校注》，马其昶校注，马茂元整理，上海古籍出版社，1986，第18页。
② 程颢、程颐：《河南程氏遗书》，中华书局，2004，卷十二。
③ 程颢、程颐：《河南程氏遗书》，中华书局，2004，卷一。
④ 程颢、程颐：《河南程氏遗书》，中华书局，2004，卷一。

不之西。"① "主敬"要专心于"一",不能忽东忽西,"且欲涵泳主一之义,一则无二三矣"②。与程颢不同,程颐"主敬"的目的是"必有事焉",在于实践。然而程颢的"敬"只能是一种生命的体验,其目的是"合内外之道",这与道家的"静"和佛家的"净"有类似之处,道家讲"体与物冥",佛家讲"缘起性空",都融客观于主观,是一种生命的体验。然而程颐的"敬"则导向了认识论上的"格物致知"。

程颐说:"涵养须用敬,进学在致知。"③ 在他看来,"格物致知"是为学之本、修养之基。"人之学莫大于知本末终始。'致知在格物',则所谓本也,始也。"④ 而"格物"就是"穷理","格犹穷也,物犹理也,犹曰穷其理而已也。"⑤ 这个"理",对朱熹来说是"性即理",对陆九渊来说是"心即理"。

## 二 陆九渊的思想及其与朱熹的争论

陆九渊的"心即理"不同于朱熹的"性即理","性即理"肯定事物不在人的主观意识之中,而"理"则是事物存在的根据,在"理""性""心"三者的关系中,"理"是第一性的,而"心"是后有的;而"心即理"则认为事物的"理"本在人心之中,"万物森然于方寸之间","心"是第一性的,"理"是离不开"心"的。他们辩论无极太极的关系,陆九渊认为不应"以无极字于太极之上",并由此反对朱熹讲形上形下的区别,认为阴阳就是形而上。但朱熹认为,阴阳是形而下的,"理"才是形而上的,"无极而太极"就是"无形而有理",他把"理"绝对化,使之与万物对立起来,认为形而下的万物只不过是照"理"而存在的。陆九渊则把"理""性""心"结合在一起,使"心"成为万物存在的根据。

陆九渊十几岁读书时读到"四方上下曰宇,往古来今曰宙",就提笔写道:"宇宙便是吾心,吾心便是宇宙。千万世之前有圣人出焉,同此心,同此理也;千万世之后有圣人出焉,同此心,同此理也;东南西北海有圣

---

① 程颢、程颐:《河南程氏遗书》,中华书局,2004,卷十五。
② 程颢、程颐:《河南程氏遗书》,中华书局,2004,卷十五。
③ 程颢、程颐:《河南程氏遗书》,中华书局,2004,卷十八。
④ 程颢、程颐:《河南程氏遗书》,中华书局,2004,卷二十五。
⑤ 程颢、程颐:《河南程氏遗书》,中华书局,2004,卷二十五。

人出焉，同此心，同此理也。"① 他将宇宙和心等同起来，断言心是永恒的，无所不包的，"人皆有是心，心皆具是理，心即理也"。②

陆九渊的"心"是道德原则，这个道德原则与宇宙同其大，与宇宙之理同一。他认为，"心"是世界的根本，世界就是依据"心"的道德意识而存在的，"恻隐仁之端也，羞恶义之端也，辞让礼之端也，是非智之端也，此即是本心"。③ 他的本心是孟子的仁义礼智之善心，他认为，这种善心是人生来固有的，是宇宙的最高原理，是世界的唯一基础，而"万物森然于方寸之间，满心而发，充塞宇宙，无非此理"。④ 就是说，整个天地之间只是一个理，人们学习的目的就是要明白这个理，这个理包括万物，是无限的，然而此理即在心中，也就是说心中包含有万物之理。

既然陆九渊认为心中本有真理，真理本在心中，那么只要反省内求，就可得到真理。然而朱熹却认为世界的本原是"理"不是"心"，人们对它的体认必须经过"格物"的途径，他们的分歧后来演变成一个学术事件。公元1175年，朱熹和陆九渊的共同好友吕祖谦邀约二人在江西信州的鹅湖寺相会，在鹅湖之会上，"论及教人，元晦之意，欲令人泛观博览，而后归之约。二陆之意，欲先发明人之本心，而后使之博览"⑤。陆九渊写了"易简工夫终久大，支离事业竟浮沉"，以"易简工夫"吹嘘自己，以"支离事业"讽刺朱熹，致朱熹"几至失色"，几年后他反驳说："大抵子思以来，教人之法惟以尊德性、道问学两事为用力之要。今子静所说，专是尊德性之事，而熹平日所论，却是道问学上多了。"⑥ 这就明确提出了两个人的差别。

## 三 王阳明心学的本体：从"心即理"到"致良知"

后来，王阳明继承了陆九渊的"尊德性"论证"心即理"命题，提出

---

① 《陆九渊集》，钟哲点校，中华书局，1980，第273页。
② 《陆九渊集》，钟哲点校，中华书局，1980，第149页。
③ 《陆九渊集》，钟哲点校，中华书局，1980，第487页。
④ 《陆九渊集》，钟哲点校，中华书局，1980，第272~273页。
⑤ 《陆九渊集》，钟哲点校，中华书局，1980，第491页。
⑥ 朱熹：《晦庵先生朱文公集·答项平复》，载《朱子全书》（第23册），朱杰人、严佐之、刘永翔主编，上海古籍出版社、安徽教育出版社，2002，第2541页。

"心外无事"、"心外无物"和"心外无理",并由此阐发了他"致良知"的本体论。

"良知"出自《孟子·尽心上》:"人之所不学而能者,其良能也,所不虑而知者,其良知也。""不学而能""不虑而知"的能力即"良知良能"。那么,什么是王阳明所讲的良知呢?王阳明认为,就自然状态来讲,本心即是"良知",它是道德意识的主体,能判别行为的是非,进行好恶的选择。"良知"还是对天理的觉察和意识,它是心的内涵和本质,"良知"即是天理,本心发动,"良知"发用即是天理流行。正因为如此,"良知"成为造化天地、鬼神、人类的精灵,是"与物无对"的本体,人的一切认识和实践活动都是为了复归此本体。"良知"之发用是它本身具有的特性,根本不需任何人为造作和私意安排。

"致知"语出《大学》,是"明明德于天下"的重要步骤之一。"良知"之"知"与"致知"之"知"的含义不同,体现了《孟子》与《大学》不同的思想理路,暗含陆王心学和程朱道学的思想分野。王阳明将"良知"与"致知"整合为"致良知",打通了二者差异,融合了《孟子》《大学》两个经典文本的思想理路,体现了他超越前人,和合朱陆的思想特点。所谓"致良知",就是把人先天具有的道德良知从人心之本体向外推开来,使其发用流行贯穿于人的一思一念、一举一动之中。在王阳明看来,"良知"作为心之本体,是人性至善的内在根据。无论是圣贤还是常人,都内在先天地具有这一完满自足的"良知"。"良知"发用流行,知是知非,这种发用流行无一息之或停,它贯通动静寂感、已发未发。

王阳明指出,常人在心体发动之机,往往受到私欲的牵绊从而使本心丧失,"良知"遮蔽,这就需要时时刻刻去做"致良知"的功夫,使心之"良知"更无障碍,得以充塞流行。他又强调,"致知"绝不是对"良知"本体有所增加,而恰恰要恢复它的本来状态,使其按照本然状态发用流行。在他看来,"良知"是人"成贤成圣"的内在根据,圣人之所以为圣人就在于其"良知"无私欲遮蔽而自然流行。他把"致良知"的功夫分为三个层次:自然而致之者,圣人也;勉然而致之者,贤人也;自蔽自昧而不肯致之者,愚不肖者也,愚不肖者虽为私欲所蔽,但其"良知"本与圣人无异,而且即使所蔽之时,"良知"亦是恒知恒照,能觉其所蔽之非,并一有所觉,便可致知去欲复其本体。

既然"良知"为本心固有，那么探求外物之理是不可能的，也是不必要的，"天下之物本无可格者，其格物之功只在身心上做"。这样，王阳明就提出了"心外无理""心外无物""心外无事"。传说有一次他和朋友游南镇，朋友指着山中盛开的桃花问："天下无心外之物，如此花树在深山中自开自落，于我心亦何相关？"王阳明回答说："你未看此花时，此花与汝心同归于寂，你来看此花时，则此花颜色一时明白起来，便知此花不在你的心外。"①他企图从人们认识事物的存在必须通过感觉来论证事物的存在依赖于感觉，类于贝克莱的"存在就是被感知"。他将感觉看作"灵明"，说："可知充天塞地中间，只有这个灵明……我的灵明，便是天地鬼神的主宰。天没有我的灵明，谁去仰它高？地没有我的灵明，谁去俯它深？"②"我"死了，"我"的灵明游散了，"我"的世界也就没有了。他的"灵明"就是他的"良知"，他认为，离开人天赋的"良知"，也就无所谓万物了，人的"良知"是自然界万物存在的根据，"身之主宰便是心，心之所发便是意，意之本体便是知，意之所在便是物"③。就是说，精神、意识是根本的、第一性的，主宰身体的是"心"，精神活动产生意识，意识的本体是"良知"，意识的所在就是物。这就是说，事物不能离开人的知觉意念而独立存在，事物的存在完全依靠人的知觉意念。

四 王阳明心学的认识论："知行合一"与"格物即格心"

王阳明从"心即理"命题出发阐发良知本体论旨在证明，就本体而言，"心外无物""心外无事""心外无理"，就功夫而言，则"心外无学"。从"心外无学"的观点出发，就认识过程的"致良知"功夫，他提出了"知行合一"。"知行合一"的基本意义是以知为行，将主观的东西纳入行的范围，将行主观化。这里讲的"知""行"是指主观动机与情感活动的不同层次，是同一个知觉本能的活动过程。同时，"知行合一"的意义是知之即为行，行之才谓知。王阳明批评了割裂知行的种种倾向，特别是批评程朱"必先知了然能行"的观点，他反对悬空思索，也反对"冥行妄

---

① 王阳明：《传习录》，云南大学出版社，2003，第167页。
② 王阳明：《传习录》，云南大学出版社，2003，第198页。
③ 王阳明：《传习录》，云南大学出版社，2003，第9页。

作",他说:"知是行的主意,行是知的功夫,知是行之始,行是知之成。"①

从"心外无学"出发,王阳明不同意朱熹的"格物穷理",认为格物就是格心,在心中做为善去恶的功夫。他强调物是心之意念的表现并受意念支配,所以,格物的关键不在考察具体事物,而是格正心中的意念。在他那里,"格心"就是"致知",而"致知"就是将吾心之良知推行于事事物物,格物是将事事物物皆得其理,合于天理。

由"格物即格心",王阳明必然导出"成贤成圣"这个结论,虽然程朱同样主张"存天理、灭人欲",然而朱熹"格物穷理"的途径在于心外,而王阳明"成贤成圣"的途径在于心内,他的特点是把心之良知的展开过程看作历史过程和个体成长过程的统一,侧重教育感化以培养内心世界观和人的德性,启发人们"成贤成圣"的自觉和自愿。为引导不同层次的人都可以循序用功,"成贤成圣",王阳明说:"无善无恶是心之体,有善有恶是意之动,知善知恶是良知,为善去恶是格物。"② 这被称作王阳明四句教。

四句教是在《大学》正心诚意致知格物顺序下对心、意、知、物的一种阐释。王阳明认为,心之本体犹如太虚,不染一物,一着一念,是不可以善恶分别的,善恶是心体发动为意念的产物,意念着在善上即为善,意念着在恶上即为恶;尽管意之发动有所谓善恶,但心之本体同时具有辨知善恶的能力,即所谓"良知";"良知"即是天理,致此"良知"之天理为善去恶便是格物。在这里,心之本体即是虚灵明澈、无善无恶的,也是常知常照、知善知恶的,它既可以是发动为意、流行不息的根源,也可以是实施为善去恶功夫的标准。

针对王阳明的四句教,王畿认为,既然心体是无善无恶的,而意、知、物又都是自性之流行,因而也应是无善无恶的,进而认为,为学功夫即是本体之自然流行,不需人为勉强或私意安排。钱德洪则认为,心体固然本是无善无恶的,但因有"习心"感染,故在发动之意上便有善恶之分,因而,为学功夫正是要为善去恶,复那心性本体。二人争执不下,便向王阳明请教。面对弟子的争论,王阳明指出,为学功夫原有两种,一种针对利根之人,另一种针对中人之下。利根之人直接从根源上悟入,"一

---

① 王阳明:《传习录》,云南大学出版社,2003,第6页。
② 王阳明:《传习录》,云南大学出版社,2003,第183页。

悟本体，即是功夫，人己内外，一齐俱透了"[1]；中人以下则难免有"习心"在，从而使本体受蔽，所以要在意念上做为善去恶的功夫，等到用功既久，渣滓尽去，本体也就明澈了。要使二者结合起来，"相取为用"，才使"中人上下皆可引入于道"[2]。王阳明同时说，利根之人，世所难遇，普通人都有"习心"，都需要在"良知"上做为善去恶的功夫，否则只去凭空想象个体，就会"弄成一个虚寂"，那将是大"病痛"。同时，王阳明指出，为善去恶功夫，也只是复那"良知"本体，而"良知"自会流行发用，所以为善去恶功夫，也只是循此"良知"之发用而实实在在致此"良知"而已；而且，即便人心为习俗所染之后，"良知"仍是可以辨知善恶的，"良知"一旦自觉，其蔽自去，便可复其本体。

---

[1] 王阳明：《传习录》，云南大学出版社，2003，第184页。
[2] 王阳明：《传习录》，云南大学出版社，2003，第184页。

# 第六章　传统与现代的转换

对于马克思主义而言，马克思主义中国化的过程中始终伴随着反教条主义与反自由主义，教条主义与反教条主义之间攻防的根源是真理之争；自由主义与反自由主义之间论战的根源是民主之恨，马克思主义中国化的过程是民主与科学在中国传播的过程。

1840年以后，中西文化发生了剧烈冲突，中国传统文化从此开始了新的向异质文化学习的历程，再次迎来了一次"旧邦新命"。

"旧邦新命"是中国传统文化的自身特质，这种特质来自"苟日新、日日新、又日新"[①]的文化传统。在每一个历史变革的关口，中国传统文化总是能够吸纳异质文化中对自己有用的东西从而凤凰涅槃、浴火重生，并在重生中形成更为先进的文化形态成为中国人的精神背靠。可以说，中国传统文化的发生发展过程，就是不断融合异质文化从而产生新的文化形态的进程。

这个进程迄今并没有结束，马克思主义中国化就是这个进程的最典型表现。今天，我们呼唤中国传统文化的伟大复兴，而这个复兴是在马克思主义中国化意义上的复兴。应该说，马克思主义中国化是中西问题，而传统文化的伟大复兴是古今问题，马克思主义中国化视域中的传统文化现代化融合了古今中西问题，它代表了当代中国文化的根本走向，能够真正解决中国当今面临的问题。

---

① 《大学·中庸》，梁海明译注，书海出版社，2001，第28页。

## 第一节　中国儒学的融合特质

中华传统文化博大精深、源远流长，从发生到今天，已经发展成为一个包含政治、道德、宗教、风俗、习惯等诸多方面的庞大体系，其中，儒、释、道是这一庞大体系的三大支柱。在这三大支柱中，儒家学说被视为中华传统文化的渊薮。

儒学由孔子开创，公元前 11 世纪的殷周之际是儒学的开端，最早的文献有《易》《洪范》等，孔子吸收其中的思想，以周公提出的"敬德""礼乐"为基础开创了儒学。儒学自开创以来，就不是一门封闭的学问，也不是一种僵化的思想，它本身是一个吸收转化的产物，一种扬弃的学说。儒学的发展已经有了几千年的历史，其中历经几次革故鼎新，而每次革故鼎新都伴随着与外来思想的冲突与相融。根据儒学与异质文化冲突与相融的历程和结果，可以将儒学的发展划分为四次比较大的变革和三次比较大的融合。

### 一　儒学统治地位的确立：儒法合流，兼有黄老——儒学在中国范围内的融合

春秋战国时期，百家争鸣，这是中国传统思想史上第一次大繁荣、大发展时期。各种学术流派纷纭杂呈，儒家学派与诸子百家在论战中相互借鉴，儒学在创立中融合发展。

儒家的核心思想是"仁"和"礼"，这是一种以"亲亲"为原则的朴素人文理想，儒家以"仁""义""礼""智""信"；"义""直""信""敏""笃"；"刚""毅""木""讷"为原则来规范人们的行为，企图在上层统治阶级内部打造一个谦谦君子的社会，在统治阶级与被统治阶级之间打造一个以"周礼"为样板的等级阶梯，这在"礼崩乐坏"、弱肉强食、胜者为王的春秋战国时期是完全行不通的。然而也正是春秋战国时期"礼崩乐坏"的社会状态才激发出了儒学这样一种人文理想。

儒家思想创建之初，其生命力并非表现于其治世的有效性而表现于其思想的前瞻性，以"道德"为基础的社会架构，其稳定性应该源自"仓廪

实则知礼节"。儒家思想尽管在春秋初创时期不合时宜，却随着生产力的发展而不断在后世被提起。孔子以后，孟子发挥孔子学说中"仁"的方面提出了"仁政"，他的仁政主张从恢复井田制开始，"制民之产"①，保证地主阶级有足够的劳动力。从这个角度出发，他提出"民为贵，社稷次之，君为轻。是故得乎丘民而为天子，得乎天子为诸侯，得乎诸侯为大夫"②。从"仁"到"仁政"代表着儒家已经从抽象的道德说教转向具体的政治主张："以力假仁者霸……以德行仁者王。"③ 然而孟子的主张被统治者认为"迂而阔于事情"，只能作为统治的外衣而不能作为统治的内核，所以到了荀子，他对孔子学说的关注重点已经不再是"仁"，而是"礼"。在荀子看来，礼具有重要作用，"礼者，治辩之极也，强国之本也，威行之道也，功名之总也。王公由之，所以得天下也；不由，所以陨社稷也。故坚甲利兵，不足以为胜；高城深池，不足以为固，严令繁刑，不足以为威，由其道则行，不由其道则废"。（《荀子·议兵》）对于统治者而言，"隆礼、尊贤而王，重法、爱民而霸"④；对于被统治对象而言，"由士以上，必以礼乐节之，众数百姓必以法数制之"⑤。而"制礼以分之"所达到的目的是"明分使群"，即人的分工与合作。这样，礼就成了统治者治理国家的总纲。荀子的思想使儒学思想进一步泛政治化，是儒家的法家化，为几千年来统治阶级"外儒内法"统治思想的形成奠定了基础。

"外儒内法"是一个思想上的虚伪结构，明明是法，却要穿着儒的外衣。儒法最初是不合流的，汉朝以前，儒家与法家在人性和政治方略上的分歧导致两家在思想上存在激烈冲突。但二者之间存在互补性，儒学作为统治方法有缓和阶级矛盾的功效，符合统治者的需求；而法家的学说在诸侯争霸、治国理政方面有立竿见影的效果，但是它鼓吹的赤裸裸的"严刑峻法"不利于统治阶级缓和社会矛盾，因此，二者能够结合起来共同为统治者所用。综观儒学发展的整个过程，可以看到为适应统治阶级的需要，儒学不断地在扬弃自身，与法家的结合是儒学与统治政权结合的第一次适

---

① 《孟子·梁惠王章句上》，熊海英、佳仁译注，书海出版社，2001，第15页。
② 《孟子·尽心章句下》，熊海英、佳仁译注，书海出版社，2001，第245页。
③ 《孟子·公孙丑上》，熊海英、佳仁译注，书海出版社，2001，第60页。
④ 《荀子·天论》，谢丹、书田译注，书海出版社，2001，第150页。
⑤ 《荀子·天论》，谢丹、书田译注，书海出版社，2001，第150页。

应性变革。

儒法纷争与合流从春秋战国到秦汉经历了漫长的过程，一方面，儒家和法家以不同的思想内容和外在形式并存，涌现出不同的代表人物；另一方面，双方在学术思想、官僚体系和帝王政治中又逐步体现出整合的趋势。儒法两家思想的斗争、对立与整合不仅引起古代思想、法律、制度及政治策略的巨大变革，也为儒法国家的最终形成奠定了重要基础。[①] 从这个角度而言，中国事实上是一个儒法国家而非单纯的儒学国家，因此我们可以认为，荀子是中国封建社会前期统治思想的真正确立者。荀子本人体现了真正的儒法合流，他本身是一个儒学大师，但他的两个弟子韩非和李斯却成为法家的集大成者。

先秦时期虽然诸子百家争鸣，但影响最大的实际上只有儒、墨、道、法四家，墨家在历史中湮灭了，道家在中国历史上成为儒法合流的补充。在先秦，闻说孔子曾问礼于老子，归去之后，谓弟子曰："鸟，吾知其能飞；鱼，吾知其能游；兽，吾知其能走。走者可以用罔，游者可以为纶，飞者可以为矰。至于龙，吾不能知其乘风云而上天。吾今日见老子，其犹龙耶！"[②]《庄子·天运》亦说："孔子见老聃归，三日不谈。弟子问曰：'夫子见老聃，亦将何归哉？'孔子曰：'吾乃今于是乎见龙。龙合而成体，散而成章，乘云气而养乎阴阳。予口张而不能嗋，予又何归老聃哉！'"[③]

道家学派后来分化为着重治国理政的黄老道家、着重精神超越的老庄道家和着重"贵己重生"的杨朱道家。在汉初，影响儒家最深刻的是黄老道家，而在三国两晋南北朝时期，影响儒家最深刻的则是老庄道家。汉朝的统治方略虽然是"罢黜百家，独尊儒术"，但是在汉初的相当长时间内，统治集团所采用的统治思想却是黄老之学。黄老之学的理论基础是由"无为"而来的"虚同为一，恒一而止"，他们在社会政治领域强调"道生法"，认为君主应"无为而治"，通过"无为"而达到"有为"。上述主张被汉朝统治者接纳为统治思想的一部分，在儒学独尊以后和谶纬之说相结合，组成了汉朝儒法合流、兼有黄老的基本政治思想形态。

---

① 兰建军：《儒法合流的根本原因分析》，《中山大学学报论丛》2006年第2期，第135页。
② 司马迁：《史记·老子列传》，上海辞书出版社，2003，第285页。
③ 《庄子·天运》，雷仲康译注，书海出版社，2001，第144页。

总体而言，在儒学创立时期，尧舜禹汤、文武周公的传说包含的思想标志着儒学的萌芽；孔子的学说标志着儒学的产生和成形；孟子将儒学导向"仁政"，荀子将儒学导向"礼乐"，标志着儒学的成熟；而儒学吸收诸子百家特别是法家的学说，由董仲舒发扬光大，标志着儒学第一次大变革的完成。中国儒学的第一次变革——外儒内法、兼有黄老基本上适应了封建统治制度，成为汉王朝的意识形态。汉朝经历了三百多年，阶级矛盾激化，中国又进入一个新的急剧动荡的时期：三国两晋南北朝。

二 儒学面临的根本性变革：儒、释、道合流——儒家在亚洲范围内的融合

历史惊人的相似，每一次急剧动荡的时期，都是思想文化大发展的时期，因为这个时期统治政权能够控制的区域、空间、程度有了不同的削弱，因而一些行为"怪异"、言论"反动"的思想家能够生存下来而不为当权者杀害。春秋战国时期如此、三国两晋南北朝时期如此、五代辽宋夏金元时期如此、近现代史上的新文化运动亦是如此。[①]中国历史上这四次变革都促进了思想文化的大发展，它们分别是：儒学的产生及与诸子百家的融合；儒学与道家相结合——魏晋玄学；儒、释、道的融合——宋明理学；马克思主义的中国化。

从汉朝中后期开始，儒学走向谶纬神学，这是儒学神学化的开始。儒学是入世的，而神的信仰却是出世的，入世与出世的结合先天性地处于矛盾之中。当董仲舒鼓吹"三纲""五常""可求于天"之时，他强行以自然的警示附会人间的吉凶，这并非儒家所长，儒家的传统是"夫子之言性与天道，不可得而闻也"[②]。儒家之短恰是道家所长，道家首先在三国两晋时期走向了"辩名析理"，到后来又在佛学传入的刺激之下获得了一种新的形式——道教，这使儒、道在儒家"别黑白而定一尊"以后延续了一种良好的互动局面，产生了"辩名析理"的魏晋玄学。

---

[①] 近来，有学者声称，中国文化史上有两个流光溢彩的时代，一是先秦百家争鸣时期，二是新文化运动时期，我想之所以这两个时期流光溢彩，其原因大约如此。其实在中国历史上这样的时期有四个，不过先秦和新文化运动从时间段上来讲比较集中而已。

[②] 《论语·公冶长》，程昌明译注，书海出版社，2001，第52页。

## 第六章　传统与现代的转换

"辩名析理"是玄学的基本方法，玄学是儒道相融合的产物，它"讨论'玄之又玄'的抽象道理……但其基本点仍是如何处理儒家和道家的相互关系"①。他们"采取'得意忘言'的方法来注疏和解读经典，把汉儒'我注'经典时的繁复考证转化成经典'注我'的清通表达"②。实际上是儒道结合，以道家来解释儒家，以儒家来解释道家。但玄学是以道家为主的，在玄学中，无论是王弼的"贵无论"，还是裴頠的"崇有论"，实际上在某种程度上都包含了"越名教而任自然"。道家在精神超越层面走向了道教，在世俗生活方面则融合了儒学，前者通过《抱朴子》在学理上对道教的理论系统进行了完善，后者将春秋"天人之辩"导向了"有无""动静"之辩。

"玄学从魏正始时期的'正始玄风'开始，到东晋时期的'玄佛合流'大致结束。"③ 在魏晋后期，"如何解决以血缘、人伦关系为纽带的社会和人心的凝聚问题……玄学对此显然已越来越感到力不从心"④，而"佛教哲学以色、空释有、无，强调有非真有、无非真无，有无皆是幻相，因因缘而生灭聚散。这在理论上显然已经超越了玄学思辨所可能容纳的范围"，所以"终至隋唐，玄学完全被佛学所取代"⑤。

"春秋战国时的诸子百家奠定了传统文化的基调，而魏晋南北朝时期的玄、佛、儒思想，则成就了唐以后中国传统文化的格局。"⑥ 第二次大融合的高潮很快来临，这是儒、道、佛相融合的时期。佛教于东汉末年传入中国，早在三国两晋时期已经得到较大的发展，南北朝是佛学的鼎盛时期，"南朝四百八十寺，多少楼台烟雨中"。佛教的鼎盛离不开与政权的结合，达摩"一苇渡江"⑦ 代表了佛教的世俗化过程。这种努力是有成效的，

---

① 张立文主编《中国哲学史新编》，中国人民大学出版社，2007，第114页。
② 复旦大学哲学系中国哲学教研室编著《中国古代哲学史》，上海古籍出版社，2011，第228页。
③ 张立文主编《中国哲学史新编》，中国人民大学出版社，2007，第114页。
④ 张立文主编《中国哲学史新编》，中国人民大学出版社，2007，第115页。
⑤ 张立文主编《中国哲学史新编》，中国人民大学出版社，2007，第116页。
⑥ 复旦大学哲学系中国哲学教研室编著《中国古代哲学史》，上海古籍出版社，2011，第229页。
⑦ 相传达摩找到梁武帝弘扬佛法，未即取得梁武帝的信任，但后者后来恍然醒悟。此时，达摩已经离去，梁武帝立刻命人追赶。达摩走到长江南岸，看到后面有人追来，折了根芦苇投入江中，站在芦苇上飘然过江。达摩"一苇渡江"后，来到嵩山少林寺，功到业成，弘扬了对中国影响深远的大乘禅法。

佛教的传播在很多王朝成为政府行为，玄奘取经便是这种政府行为的延续和体现。佛教繁盛时在中国有"十三宗"，"隋唐佛教宗派的出现，标志了中国佛教的成熟、本土化的完成……表明中国佛教已具备独立发展和自我更新的能力"[①]。而随着佛教的发展，僧尼、寺院数目激增，寺院经济不断膨胀，不仅仅削弱了政府的经济实力，而且被认为破坏了儒家的孝悌伦理，在这种情况下，许多儒学家挺身而出，激烈反对佛教。但也正是因为激烈地反对导致激进的变革，道教因佛教的刺激而产生，儒家因佛学的刺激而革新。佛学研讨的问题成为中国传统文化中普遍讨论的问题，佛学的语言成为儒释道通俗应用的语言。"唐代的重玄学是援佛入道的重要表现……宋明道学虽以辟佛为目的，但其内涵却是长期儒佛会通的结果。"[②]"儒家治世、道家治身、佛家治心，南宋孝宗的这番总结，成为三教相资互用的基本论调"，而"儒、释、道三家的互动，促进了三教的合流"[③]，宋明理学就是三教合流的结果，它成为中国封建社会后期的统治思想。

儒释道相融时期是儒学国际化的开端，一方面，儒学吸收佛学精巧的思辨与严密的逻辑完成了自我改造；另一方面，儒学又传播到周边朝鲜、日本和越南等国家，在东亚初步形成了儒教文化圈，完成了自身的一次凤凰涅槃。也正是这次融合所产生的宋明理学，被视为中国传统文化的一次伟大复兴。这次复兴为今日中西文化的交流展示了样板意义，成为今日思想界对于中国传统文化的一个梦想。

在中国传统文化的第二次大融合中，经历了两次大变革。第二次变革——玄学的产生是第二次大融合的第一个高潮；第三次变革——理学、心学的产生与发展是第二次大融合的第二个高潮。第二次大融合时中国儒学与印度佛教的融合是在亚洲范围内的融和，第二次大融合时中国思想文化对外的传播主要是在亚洲范围内的传播。

---

[①] 复旦大学哲学系中国哲学教研室编著《中国古代哲学史》，上海古籍出版社，2011，第325页。

[②] 复旦大学哲学系中国哲学教研室编著《中国古代哲学史》，上海古籍出版社，2011，第329页。

[③] 复旦大学哲学系中国哲学教研室编著《中国古代哲学史》，上海古籍出版社，2011，第329页。

明末清初，伟大的思想家王夫之、顾炎武、黄宗羲对理学做了完善以后，在接下来的时间里，中国的思想文化开始进入类似于西方基督教思想禁锢的"漫漫长夜"，它在清王朝的"文字狱"中艰难挣扎，等待着一次新机遇的到来。

三 儒学在当代的新机遇：马克思主义中国化——儒学在世界范围内的融合

1840 年的鸦片战争标志着中国近代史上屈辱的开始，但由此引发的西学东渐所导致的辛亥革命也标志着近三百年来另一场屈辱的结束。中国开始近代化了，在武力的逼迫之下，古老的中华帝国不得不打开大门，这是中华文明史、文化史上的一次重大危机。在这场危机中，先进的知识分子开始自觉地向西方寻求真理，拉开了中国传统文化与西方文化相融合的序幕。这是儒学自身发展的第三次大融合。如果说，第一次融合是在中国范围内发生的，第二次融合是在亚洲范围内发生的，那么第三次融合则是在世界范围内发生的。

中国传统文化与西方文化的融合从中国人自觉向西方学习开始，"周虽旧邦、其命维新"[①]，在每一个历史变革的节点，中国这样一个古老的国家虽然历经磨难，却总是能够通过变革获得新生，近代史上的这次向西方学习，便是"旧邦新命"的一次变革。

## 第二节 "旧邦新命"的时代命题

增田涉在《西学东渐与中国事情》中曾经描述过中国近代史上所遭遇的"旧邦新命"："中国人士目睹鸦片战争以来的迭次失败，在沉痛反省自己国家和本国文化缺点的同时，通过大量出版西方学术、文化的汉文译述，在思想上也产生了变革国家体制的倾向。这些启蒙读物，成了古典中国向现代中国进行体制变革的桥梁。"[②]

---

[①] 《诗经·大雅》，丁夯译注，书海出版社，2001，第 188 页。
[②] 〔日〕增田涉：《西学东渐与中国事情》，由其民、周启乾译，凤凰出版传媒集团，2011，第 4 页。

"旧邦新命"不仅仅是中国近现代史的产物,它实际上是中国人的一个传统。在中国具有根本性影响力的《大学》就主张"周虽旧邦,其命维新",在《易传》中又讲到"日新之谓盛德,生生之谓易",其意思是说,道由阴阳互动而日新月异,气象万千,从而造就了盛德伟业。在当代,冯友兰将"周虽旧邦,其命维新"称作"旧邦新命",并声称"阐旧邦以辅新命,余平生志事盖在斯矣"①。他对"旧邦新命"的解释是,"旧邦"指源远流长的中国文化传统,"新命"指现代化和建设社会主义,而"阐旧邦以辅新命"就是要"把中国古典哲学中的有永久价值的东西阐发出来,以作为中国哲学发展的养料"②,而"马克思主义在中国也要接上中国古典哲学,作为来源之一,才会成为中国的马克思主义"③。

## 一 "旧邦新命"的起点:近代中国向西方学习的技术层面

冯友兰对"旧邦新命"的理解代表了近现代中国思想史的发展历程,尤其是在清末民初时期,知识分子面对家国之变寻找救国救民真理的艰苦历程。按照中国化马克思主义的理解,面对惊世之变,第一个引进西方文化挽救中国危亡的是洪秀全,他将基督教与中国传统的封建王权、神权相结合,创造出太平天国这样一种国家政权形式,形成了与清王朝分庭抗礼的农民政权。

太平天国运动是近现代中国人最早向西方学习以挽救国家危亡的运动,洪秀全受西方基督教的启发,将基督教与中国封建皇权制度相结合创立了拜上帝教,掀起了这场运动。但是,由于太平天国的阶级局限性,在曾国藩为代表的封建地主阶级打着"维护名教"旗号的反扑之下,太平天国运动失败了。

在冯友兰看来,洪秀全太平天国的失败代表着中国传统文化维护自身的一次胜利,他说:"曾国藩与太平天国的斗争,是中西两种文化、两种宗教的斗争……这个斗争中所要保护的是中国的传统文化,特别是其中的

---

① 冯友兰:《康有为"公车上书"书后》,载《冯友兰学术精华录》,北京师范学院出版社,1988,第1页。
② 冯友兰:《三松堂自序》,人民出版社,1998,第372页。
③ 冯友兰:《三松堂自序》,人民出版社,1998,第404页。

纲常名教。"[1] 在他看来，洪秀全失败的根源在于，虽然洪秀全反封建反得很彻底，但是洪秀全"彻底和中国传统文化决裂"以后，其向西方"学习的是宗教，是西方中世纪的神权政治，这就与中国近代维新的总方向和中国近代史的主流背道而驰了"[2]。太平天国所建立的军政教合一的政体形式是一种畸形的宗教神权体制，这种体制无法协调其与中国传统儒家文化之间的关系，那么，太平天国和清王朝的对立，实际上是西方神权宗教与中国传统封建思想相结合的杂揉形式与传统儒家纲常名教的对立。在曾国藩看来，太平天国造成的结果是："举中国数千年礼义人伦、诗书典则，一旦扫地荡尽……乃开辟以来名教之奇变，我孔子孟子之所痛哭于九原。"[3] 所以，"如果太平天国统一了中国，那就是要把中国拉回到西方的中世纪，使中国的近代化推迟几个世纪"[4]，而"曾国藩的成功阻止了中国的后退……这是他的一个大贡献"[5]。

曾国藩的另外一个贡献就是在镇压太平天国以后对洋务运动的身体力行，这是地主阶级改良派在内忧外患之际自觉挽救民族危亡的行动，这些行动遭到了封建保守官僚的抵制。大学士倭仁说："立国之道，尚礼义不尚权谋；根本之图，在人心不在技艺"[6]，主张"以忠信为甲胄、以礼义为干橹"[7] 去抵抗"坚船利炮"，这代表了整个统治集团内部保守派的声音。然而在战争中成长起来的洋务派深深知道，在西方的"坚船利炮"前，坐而论道是没有用的，只有引进先进的技术才能维持自身的统治。在曾国藩给皇帝的奏稿中，他说："目前资夷力以助剿济运，得纾一时之忧；将来师夷智以造炮制船，尤可期永远之利。"[8]

在严复看来，洋务派的基本主张可以归结为三个方面：一是中学为体，西学为用；二是"政本艺末"，以政带工；三是"主于中学而以西学辅其不足"。所以洋务派对于西方的学习是不彻底的，也是浅层次的，这

---

[1] 冯友兰：《中国哲学史新编》（下），人民出版社，1999，第418页。
[2] 冯友兰：《中国哲学史新编》（下），人民出版社，1999，第406页。
[3] 曾国藩：《曾国藩全集·诗文》，岳麓书社，1994，第232页。
[4] 冯友兰：《中国哲学史新编》（下），人民出版社，1999，第418页。
[5] 冯友兰：《中国哲学史新编》（下），人民出版社，1999，第419页。
[6] 《中国近代史资料丛刊·洋务运动》（第2卷），上海人民出版社，1962，第30页。
[7] 《中国近代史资料丛刊·洋务运动》（第2卷），上海人民出版社，1962，第34页。
[8] 李瀚章、李鸿章：《曾文正公全集·奏稿二》，线装书局，2016，第246页。

就注定了他们的行动一定会失败。但尽管如此，洋务派的活动符合近现代中国维新的总方向，使清王朝出现了"同治中兴"的局面，也算是清朝统治集团最终灭亡前的一次回光返照。

二 "旧邦新命"的发展：近代中国向西方学习的制度层面

在清政府面临西方"坚船利炮"的强势入侵之际，一衣带水的日本也遭遇了类似的局面。日本人忽然发现，时代变了，他们过去所学习的对象已经彻底衰落，日本自此进行了明治维新，开始了脱亚入欧的进程。在日本人看来，当时世界上最强大的国家是英国，所以他们就开始学习英国。日本人向西方的学习与中国不同，中国学习西方从技术开始，而日本则直接从政治体制入手模仿英国建立了君主立宪制。从中国与日本接触西方的时间上来讲，日本人接触西方相比中国人还要晚，但是他们向西方的学习更迅速、更深刻，所以他们一跃成为资本主义强国，并通过1894年甲午战争打败了中国。

如果说，1840年鸦片战争的硝烟还未能让中国人放弃"立国之道，尚礼义不尚权谋；根本之图，在人心不在技艺"①的话，那么，1894年甲午战争的失败则彻底地让中国人从"天朝上国"的迷梦中惊醒过来。甲午战争让中国的知识分子彻底明白，仅仅从技术上向西方学习不足以挽救中国，必须从制度上向西方学习才能够挽救民族危亡。以1894年"公车上书"为标志，资产阶级改良派登上了历史舞台，其代表人物是康有为、梁启超、谭嗣同等。

严格说来，资产阶级改良派的主要代表都脱胎于清王朝地主阶级统治集团内部，他们不是一个完全独立的代表资产阶级利益的派别，他们的目的还是维护地主阶级的利益，无论他们采用什么样的主张，归根结底是为了挽回地主阶级统治力量的丧失。然而，与地主阶级改良派相比，资产阶级改良派所面对的局势更为复杂。在1840年以后直至1898年甲午战争约半个世纪，虽然清王朝经历了太平天国运动和西方列强入侵，但是整个社会的思想文化系统还未发生根本性的变化，清政府的统治合法性并未完全

---

① 《中国近代史资料丛刊·洋务运动》（第2卷），上海人民出版社，1962，第30页。

被破坏，整个知识分子系统的基本认知并未得到根本性的颠覆，然而这一切在甲午战争以后全部都改变了。

思想的力量是改变社会最本原的力量，中国封建社会的权力系统向来存在二元结构，封建王朝掌握政权，而知识分子掌握士权，士权是一种知权，也就是说，知识分子向来掌握话语权。中国的知识分子与政权向来都存在合作关系，这种合作关系以封建王朝将权力向知识分子让渡和知识分子为政权做论证为根本特征。当二者的合作关系融洽的时候，封建王朝的意识形态就会非常稳固，当二者的合作关系出现破裂的时候，往往意味着统治阶级统治合法性的丧失，这种状态与社会动荡相互激发，渐趋合频，就会促成封建王朝的大变革。当1894年甲午战争失败的消息在中国知识分子中间蔓延开来，直接促使了知识分子与封建统治思想的分裂，这种分裂以"格义"的方式出现，而"格义"的焦点，渐渐已经不是知识分子为统治政权做论证了。

当然，在资产阶级改良派的领袖康有为那里，知识分子对政权还存在幻想，康有为寄希望于能够创造一种在变革基础上的合作关系，所以康有为"以古格今"，拿过去的东西来解释现在，同时杂糅了一些西方的东西。

康有为"以古格今"的理论基础是公羊三世说，他说："人类进化，皆有定位，自族制而为部落，由部落而成国家，由国家而成大统。由独人而渐立酋长，由酋长而渐至君臣。由君臣而渐为立宪，由立宪而渐为共和……盖自据乱进为升平，升平进为太平，进化有渐，因革有由，验之万国，莫不同风。"[1] 他将"三世说"解释为人类社会制度的进化，认为"孔子生当据乱世，今者大地既通，欧美大变，盖进至升平之世矣。异日大地大小远近如一，国土既尽，种类不分，风化齐同，则如一而太平矣。孔子已预知之"[2]。康有为的意思是说，从据乱世到升平世到太平世，孔子早就告诉我们了，我们要顺应历史潮流，从据乱世转向升平世，而所谓"升平世"，就是他所主张的君主立宪制，他的基本主张是变封建君主专制为君主立宪制，他说，"观大地诸国，皆以变法而强，守旧而亡"，而他所设想的变革是，"统筹全局以图变法，御门誓众以定国是，开局亲临以定

---

[1] 康有为：《论语注》，中华书局，2012，卷2。
[2] 康有为：《论语注》，中华书局，2012，卷2。

制度",这是他的三项基本主张。

康有为的"托古改制"并不是完全采用西方的政治制度,实际上,在"百日维新"的时候,他对于西方的虚君共和并不了解,他虽然表面上打着引进西方政治制度的旗号,但其骨子里尊崇的还是孔子的儒家学说。相对于康有为,谭嗣同对西方的了解深入得多,而他"以中格西"的主张也就激进得多,其基本形式是以西方物理学的"以太"概念建构他的仁学。他的"以太"是什么东西呢?他说:"遍法界,虚空界,众生界,有至大至精微、无所不胶粘、不贯洽而充满之一物焉。目不得而色,耳不得而声,口鼻不得而臭味,无以名之,名之曰以太。"① 这样,他就用"以太"这个概念将哲学、佛学、科学和中国传统文化的东西贯穿起来了。

正因为谭嗣同主张"以太"的自然观,促使他形成了"通"的社会观,他说:"仁以通为第一义。以太也,电也,心力也,皆指出所以通之具。"② 在他看来,"通"有四义,一是中外通,二是上下通,三是男女通,四是人我通。第一通主张中外平等,各国之间相互协作;第二通主张上下协调,取消封建等级差别;第三通主张男女平等,取消男尊女卑制度;第四通主张人人平等,取消人与人之间的界限。谭嗣同既然主张这种社会观,那么他导出反对君主专制的结论也就不稀罕了,他说:"生民之初,本无所谓君臣也,则皆民也。民不能相治,亦不暇治,于是共举一民为君。"③ 所以"非君择民,而民择君也……君末也,民本也"④。

谭嗣同的这个思想在"百日维新"中是惊世骇俗的,他的思想要比和他同时代并肩维新的思想家进步得多,但他本人却不得不宥于时代的局限性参与资产阶级维新派的改良。也正是如此,谭嗣同在"百日维新"中的思想主张对"百日维新"后的实践历程起到了巨大的作用,"不有行者,无以图将来;不有死者,无以酬圣主",他用他的血告诉他的同志,维新变法的资产阶级改良道路在中国是行不通的,挽救中国的危亡,必须要革命。这不仅仅是谭嗣同的责任担当,更是如苏格拉底一样,对其所持理念的具体实践。

---

① 《谭嗣同全集·仁学篇》,中华书局,1981,第293页。
② 《谭嗣同全集·仁学篇》,中华书局,1981,第293页。
③ 《谭嗣同全集·仁学篇》,中华书局,1981,第339页。
④ 《谭嗣同全集·仁学篇》,中华书局,1981,第339页。

## 第六章 传统与现代的转换

相对于谭嗣同，严复的思想是"以西格中"，"谭嗣同是站在中学的立场上，以中学为主，从中学看西学，对于西学做格义；严复是站在西学的立场上，以西学为主，从西学看中学，对中学做格义"①。我在这里的意思并不是说，谭嗣同与严复处于两个对立面，事实上，"以西格中"就必然会有"以中格西"，而"以中格西"就必然会有"以西格中"，而是说，他们的思想各有所侧重。

严复本人是一个地主阶级改良派，他甚至没有参加资产阶级维新派的改良，直到张勋复辟，严复还积极发起"筹安会"进行参与，但是严复的思想比谭嗣同还要激进，他敏锐地看到了中国君主专制的落后和西方政治体制的先进，并积极地向中国人介绍。可以说，正是严复对西方思想的引进与宣传导致了资产阶级革命的发生，最终导致了他所效忠的清王朝的覆亡。这大概是与严复一生的奇特经历分不开的，他最初就学于地主阶级改良派举办的船政学堂，后来又被公派到英国留学，他感兴趣的东西不是技术，而是文化与政治。甲午战争之后，严复长期从事教育和译介工作，翻译了大量的西方哲学名著。就这一点而言，严复对西方的了解已经从技术的层面越过制度的层面到达文化的层面。

严复对中国问题的看法直指鹄的，他说，西方的命脉"不外于学术则黜伪而崇真，于刑政则屈私以为公而已。斯二者，与中国理道初无异也。顾彼行之而常通，吾行之而常病者，则自由不自由异耳"。② 也就是说，西方富强的关键在于学术和政治，这一点中国也有，但中国为什么行不通，那是因为缺少西方的自由。正因为如此，严复对君主专制的看法比较激烈，他的文章《辟韩》猛烈地反对君主专制，他说："夫自秦以来，为中国之君者，皆其尤强梗者也，最能欺夺者也。"③ 因此他引用西方的政治原则认为，西方人认为国家是公民的公产，而王侯将相是国民的公仆，但中国人认为国家是王侯将相的私产，而国民是王侯将相的奴仆。如果发生国与国的争端，那么西方人作为公民就是为自己而斗，而中国人作为奴仆就是为主人而斗，"固何所往而不败？"④ 在猛烈批判君主专制的基础上，他

---

① 冯友兰：《中国哲学史新编》（下），人民出版社，1999，第504页。
② 《严复集》（第1册），中华书局，1986，第2页。
③ 《严复集》（第1册），中华书局，1986，第34页。
④ 《严复集》（第1册），中华书局，1986，第34页。

为中国人指出了救亡的一条道路：学术。

不要以为严复"迂而阔于事情"，冯友兰说："二十多年后的新文化运动正是这样说和这样做的。"① 如果说，谭嗣同以其行动实践了他的思想主张，而严复的思想与实践则是极其矛盾的，但两个人共同为资产阶级革命进行了理论上的引进和铺垫，成为中国资产阶级革命思想的两大源头。自谭嗣同和严复以后，中国知识分子与清王朝的合作关系完全破裂了，孙中山领导的辛亥革命风起云涌，清王朝这栋千疮百孔的帝国大厦便摧枯拉朽般地倒塌了。

### 三 "旧邦新命"的高潮：近代中国向西方学习的文化层面

辛亥革命的成功并未将苦难深重的旧中国从落后挨打的局面中拯救出来，国家依然贫弱、列强依然环伺、军阀纷纷割据、社会依然动荡、人民生活依然困苦，而知识分子向西方寻求真理的步伐依然没有停止。就在知识分子向西方学习的过程中，产生了国学与西学之争。

国学这个名词并不产生在中国，而是由梁启超与黄遵宪在日本创办《国学报》始，又从日本传入，其精确出现时间已不可考。梁黄创办《国学报》的目的，乃是"养成国民，当以保国粹为主义，当取旧学磨洗而光大之"②。所以最早的国学乃是旧学，而国学的目的，乃是保存国粹。后来国粹论者邓实给国学下了一个被普遍接受的定义："国学者何？一国所自有之学也。有地而人生其上，因以成国焉，有其国者有其学。学也者，学其一国之学以为国用，而自治其一国也。"③ 胡适从"国故"的立场出发，也给国学下了一个定义："国学在我们的心眼里，只是国故学的缩写。中国的一切过去的文化历史，都是我们的国故；研究这一切过去的历史文化的学问，就是国故学，省称为国学。"④

邓实的定义与胡适的定义反映的是不同的主张，我们从邓实的定义不难看出，其所代表的是中西之争，在西方文化汹汹而来的气势面前，国学

---

① 冯友兰：《中国哲学史新编》（下），人民出版社，1999，第511页。
② 郑海麟、张伟友编校《黄遵宪文集》，中文出版社，1991，第199页。
③ 邓实：《国学讲习记》，《国粹学报》1905年第19期。
④ 胡适：《〈国学季刊〉发刊宣言》，《国学季刊》1923年第1期。

的出现代表了整个保守派学者对中国传统文化的忧思,他们将传统文化的保存提高到亡国灭种的高度,说:"夫粹者,人人之所欲也。我不保存之,则人将攘夺之,还以我之粹而攻我之不粹,则国不成其为国矣。"① 而胡适的定义代表的是古今之争,他们不反对引进西方文化,但是不能因为对西方文化的引进而泯灭中国传统文化,比如章太炎说:"吾闻处竞争之世,徒恃国学固不足以立国矣,而吾未闻国学不兴而国能自立者也。吾闻有国亡而国学不亡者矣,而吾未闻国学先亡而国仍立者也。"②

毫无疑问,所有国学的提倡者都是以保存国粹为出发点,也当然对国学的价值持正面态度,尤其是辛亥革命以后,袁世凯窃取了革命果实,他逆流而动,玩弄民主共和,在思想文化上大搞尊孔,为其恢复专制帝制做论证。他刚刚登上总统宝座,就大搞尊孔祭天,并于1913年6月亲自发表"尊孔令",鼓吹"孔学博大",引发了一股尊孔复古的逆流。自1912年起,尊孔复古派在全国各地先后成立了"孔教会""尊孔会""孔道会"等,出版了《不忍杂志》和《孔教会杂志》等,公开宣扬孔教,抵制向西方学习,国学热也趁机兴起。

面对这股反动逆流,以陈独秀、李大钊、胡适、鲁迅为代表的激进民主主义者同封建尊孔复古派展开了激烈地斗争。陈独秀就毫不客气地否定国学,认为要在国学中寻找救国救民的道理是:"妙想天开,要在粪秽里寻找香水。"③ 1915年,他在上海创办《青年杂志》,引进西方文化,高举民主和科学两面大旗,从政治观点、学术思想、伦理道德、文学艺术等方面向封建复古势力展开猛烈地冲击,这是新文化运动的开始。在这场运动中,"民主"主要指民主思想和民主政治,而"科学"主要指近代自然科学法则和科学精神。新文化运动宣扬民主,反对封建专制,矛头直指封建专制的理论支柱儒家思想;宣扬科学,反对迷信,为中国引进先进的自然科学理念和技术。民主和科学成为新文化运动的两大目标,反映了中国社会发展的要求和人民的迫切需要,实际上代表了近现代史上中国人民引进

---

① 黄节:《社说》,《国粹学报》1905年第1期。
② 章太炎:《国学讲习会序》,载桑兵等编《国学的历史》,国家图书馆出版社,2010,第77页。
③ 陈独秀:《寸铁·国学》,载《陈独秀著作选》(第2卷),上海人民出版社,1993,第517页。

先进的西方文化、挽救国家民族危亡的总方向。

1917年俄国十月革命的爆发为新文化运动创造了一次新的契机，新文化运动从此有了新的内容，进入引进马克思主义的新阶段。1918年11月，《新青年》发表了李大钊写的《庶民的胜利》和《布尔什维主义的胜利》，热烈欢呼俄国社会主义革命的胜利，这是中国人引进马克思主义的开始。至此以后，越来越多的知识分子开始研究马克思主义，随着革命形势的发展，《新青年》也逐渐变成宣传马列主义的刊物。

新文化运动是部分青年自由主义者和左翼激进文人之间的不稳定组合，主要成员都相信必须用现代西方文化替代中国传统文化，但彼此对西方文化和中国现实的理解大相径庭，所以这个运动在五四运动以后迅速分解并依照各种政治意识形态重新组合。实际上，五四运动确实是新文化运动的一个转折，在五四运动之前，新文化运动还是一场纯粹的文化运动，在五四运动之后，新文化运动已经是一场政治运动了。在文化运动中，新文化运动的主要参与者确实是基于反对共同目标基础上的松散组合，而这场运动发展到政治运动之后，由于政治立场的不同，新文化运动中知识分子们的重新分化组合则是必然的。

新文化运动在近代史上对于中国人具有思想启蒙的作用，它的一个重要成果就是为中国人找到了救国救民的真理：马克思主义。历史事实证明，只有马克思主义才能救中国，也只有马克思主义才能发展中国。马克思主义正是新文化运动所达到的最终结果。

## 第三节　马克思主义中国化的两条主线

"马克思主义是一种西方文化，西方文化一产生就冲突于'一'、'多'之间，从古希腊哲学开始，对'一'的追求演变为追求真理，达致科学；而对'多'的追求演变为追求民主，达致自由。"[①] 思维理性催生了技术理性，真理与科学成为西方文化的根本基因；技术理性催生了资本理性，民主与自由成为西方文化的必然结果。"对于马克思主义而言，中国化的过程中始终伴随着反教条主义与反自由主义，教条主义与反教条主义

---

① 陈双泉、吴琼：《后现代意义上的科学与民主》，《新疆社会科学》2017年第1期，第9页。

之间攻防的根源是真理之争；自由主义与反自由主义之间论战的根源是民主之恨，马克思主义中国化的过程就是民主与科学在中国传播的过程。"① 真理（或者说科学）与民主（或者说自由）乃是近现代史上新文化运动的思想荡涤给我们确立的两大任务。

## 一 中国革命时期的反教条主义与反自由主义

马克思主义在中国的传播是从指导中国革命开始的，正是在指导中国革命取得一个又一个胜利的历史进程中，马克思主义与中国具体国情相结合，产生了马克思主义中国化。回首硝烟弥漫的年代，1938年10月14日，在中共六届六中全会上，毛泽东代表中央作《论新阶段》的政治报告时，第一次明确提出了"马克思主义中国化"的论断，他说："离开中国特点来谈马克思主义，只是抽象的空洞的马克思主义。因此，使马克思主义在中国具体化，使之在其每一表现中带着必须有的中国的特性，即是说，按照中国的特点去应用它，成为全党亟待了解并亟须解决的问题。"②

毛泽东的论断是有所指的，直接对象是王明，在中国共产党成立之初，由于既缺乏理论指导又缺乏实践经验，那么如何争取民族独立和人民解放，如何把马克思主义与中国革命实际相结合，便成了马克思主义必须要回答的问题。从苏联回来，代表共产国际的王明生吞活剥马克思主义书籍中的只言片语，把共产国际的决议和斯大林的论述当成指导中国革命的"最高原则"，使"左"倾冒险主义一度在党内占据统治地位，给党的革命事业造成了重大损失。在革命生死存亡的危急关头，已经被边缘化的毛泽东重新掌握了军事指挥权，成为红军被迫长征以后军事上扭转不利局面的一个重要转折点。毛泽东之所以能够指挥红军取得胜利，关键在于他不拘泥于马克思主义文本而将马克思主义基本原理与中国的具体情况相结合，这也是马克思主义中国化的精髓和要义。在长期的革命进程中，毛泽东对于马克思主义的理解和认识不断升华，"马克思主义中国化"概念的提出代表着毛泽东掌握了意识形态的解释权，这使中国共产党实现了革命战争

---

① 丁志刚、黄蕾：《文化的重构与道德的重建》，《山西大学学报》（哲学社会科学版）2016年第3期，第30页。
② 《毛泽东选集》（第2卷），人民出版社，1991，第534页。

时期从组织上到思想上的高度统一。

毛泽东的马克思主义中国化有两条明确的主线：反教条主义和反自由主义。在对马克思主义经典著作的运用中，毛泽东明确反对照搬马克思主义的原文字句。他曾经做过一个《改造我们的学习》的演讲，在这个演讲中，他将"十七八岁的娃娃，教他们啃《资本论》，啃《反杜林论》"列为教条主义最恶劣的表现之一；而对于"俄化概念在中共党内早已形成的一种特有精神气质和深厚的亲苏气氛"则深恶痛绝。再加上他反对不加选择地照搬理论，因此便对斯大林"神学大全"式的马克思主义教条常常越轨，实际上走向了本土化、民族化的马克思主义。他说："马克思主义的'本本'是要学习的，但是必须同我国的实际情况相结合。我们需要'本本'，但是一定要纠正脱离实际情况的本本主义。"①

但反对教条主义并不代表着毛泽东对马克思主义经典理论不加重视，在他的革命生涯中，他始终对马克思主义经典著作刻苦钻研、深刻理解。从1937年开始，他就着手系统选读了马克思列宁主义著作。在1939年，当他第一次看到斯大林所编著的《联共布党史》，就敏锐地判断这本书对于中国革命具有无可替代的实用意义，立即向党内干部做出号召进行学习。《联共布党史》这本书专注于马克思主义的阶级斗争理论和无产阶级专政理论，毛泽东以这种理论号召全中国的被压迫阶级起来推翻剥削阶级。从1939年至50年代末，毛泽东十数次号召全党学习这本书，他明确提出对于马列主义的研究要以这本书为中心，其他的一切都是辅助材料。

如果说，反教条主义代表了毛泽东对过去错误思想的清理，那么，反自由主义则代表了毛泽东对党内一切小资产阶级思想的防御。毛泽东的反教条主义最初主要是针对党内部分高层的错误思想的，但随着革命的开展，党内意识形态的斗争又出现了新情况，迫使毛泽东将意识形态斗争的矛头指向了自由主义。在中国革命的进程中，中国共产党建立在敌人力量薄弱的广大农村地区，党长期以来走的是农村包围城市的游击战争路线，党员中的绝大多数成员来自农民小生产者和其他小资产阶级，他们天生自私自利、散漫自由，这种倾向在党内弥散开来，形成一种自由主义的风气，鼓吹小资产阶级的所谓"自由""平等""博爱"，呼唤所谓"人道

---

① 《毛泽东选集》（第1卷），人民出版社，1991，第111~112页。

的、民主的社会主义"等。

1937年9月，毛泽东写了《反对自由主义》这篇文章，深刻剖析了自由主义所带来的种种危害，号召广大共产党员要积极学习并灵活运用马克思主义理论，克服小资产阶级的自私自利性。他说："自由主义是机会主义的一种表现，是和马克思主义根本冲突的。它是消极的东西，客观上起着援助敌人的作用，因此敌人是欢迎我们内部保存自由主义的。自由主义的性质如此，革命队伍中不应该保留它的地位。"① 毛泽东的这篇文章在当时对于纠正广大党员思想上的自由化之风起了很大的作用。在1942年的延安"整风运动"中，这篇文章更是作为重要学习文献，彻底打击了自由主义，并通过对自由主义的打击彻底击垮了教条主义，成为党思想建设上的锐利武器。

毛泽东的反教条主义和反自由主义是革命战争年代的反"左"与反右，无论是"左"还是右，都在形式上披着"马克思主义"或者"社会主义"的外衣，按照毛泽东的说法，他们都不是真正的马克思主义。只有毛泽东坚持了马克思主义与中国具体国情相结合，经过一系列艰苦卓绝的斗争，领导中国共产党取得了中国革命的胜利，从而完成了马克思主义中国化的第一次飞跃，形成了马克思主义中国化的第一次伟大成果：毛泽东思想。

## 二 改革开放时期的反教条主义和反自由主义

毛泽东逝世以后，面对"文革"的创伤，中国百废待兴、百业待举。在全国人民急切盼望变革之际，中国却再一次走向了新的教条主义——"两个凡是"。"两个凡是"指的是："凡是毛主席作出的决策，我们都坚决维护；凡是毛主席的指示，我们都始终不渝地遵循。"② 这种建基于个人崇拜的意识形态将真理标准置于对个人的迷信基础之上，形成了对马克思主义真理新的"遮蔽"。鉴于文化大革命对人性、经济和社会的摧残，"两个凡是"不得人心，更是遭到了邓小平、陈云等人的坚决反对。1977年4月10日，邓小平致信党中央，郑重提出："我们必须世世代代地用准确的

---

① 《毛泽东选集》（第2卷），人民出版社，1991，第361页.
② 《学好文件抓住纲》，《人民日报》1977年2月7日。

完整的毛泽东思想来指导我们全党、全军和全国人民。"① 5月24日,他在另外一个谈话中进一步提出,"'两个凡是'不行"②,"毛泽东思想是个思想体系"③,实事求是"是个重要的理论问题,是个是否坚持历史唯物主义的问题"④。

在"两个凡是"教条主义的意识形态笼罩下,整个理论界一片沉寂。然而,一篇文章石破天惊,从思想上揭开了改革开放的序幕。1977年10月,南京大学哲学系教师胡福明在《光明日报》上发表了《实践是检验真理的唯一标准》,文章重申了"实践是检验真理的唯一标准"这条马克思主义认识论的基本原理,强调理论与实践相统一是马克思主义的最基本原则,指出一个理论是否正确地反映了客观实际、是不是真理,只能靠社会实践来检验。我们要完成中国共产党在新时期的总任务,面临许多新问题,需要去认识、去研究,而不能躺在马列主义、毛泽东思想的现成条文之上去限制、宰割、裁剪无限丰富和飞速发展的革命实践。尽管这篇文章所阐述的只是马克思主义的基本观点,但批判的锋芒直指"两个凡是",成为"凡是派"和"实践派"在意识形态领域的一场斗争。

邓小平高度评价了关于真理标准问题的大讨论,他说:"目前进行的关于实践是检验真理的唯一标准问题的讨论,实际上也是要不要解放思想的争论。大家认为进行这个争论很有必要,意义很大。从争论的情况来看,越来越重要。"⑤ 在这场斗争中,邓小平明确反对"两个凡是"的教条主义,他说:"一个党、一个国家、一个民族,如果一切从本本出发,思想僵化、迷信盛行,那它就不能前进,它的生机就停止了,就要亡党亡国。"⑥ 邓小平关于毛泽东思想的正确理解得到了全党和全国人民的一致支持,在关于真理标准问题的讨论中,"实践派"取得了压倒性胜利,以邓小平为核心的第二代中央领导集体走上了历史舞台,领导中国开始了改革开放新时期的伟大征程,开始了马克思主义中国化的第二次飞跃。

---

① 《邓小平文选》(第2卷),人民出版社,1994,第39页。
② 《邓小平文选》(第2卷),人民出版社,1994,第38页。
③ 《邓小平文选》(第2卷),人民出版社,1994,第39页。
④ 《邓小平文选》(第2卷),人民出版社,1994,第38页。
⑤ 《邓小平文选》(第2卷),人民出版社,1994,第143页。
⑥ 《邓小平文选》(第2卷),人民出版社,1994,第143页。

改革开放一开始，以邓小平为核心的中央领导集体就"作出了把党和国家的工作重点从以阶级斗争为纲转移到以经济建设为中心，实行改革开放的战略决策"[①] 上来，紧紧抓住了经济发展这个"牛鼻子"。和毛泽东一样，邓小平具有深厚的马克思主义理论水平，他信奉马克思主义经济基础决定上层建筑、生产力决定生产关系这个基本原理，认为解决中国的事情首先还是要从经济着手。在改革开放前夕，中国所面临的国际国内形势异常复杂，苏美两大阵营剑拔弩张，而中国却不属于两大阵营中的任何一方，并与两大阵营同时都存在剧烈斗争。在国内，闭塞僵化的计划经济体制使国民经济濒临崩溃，整个社会政治混乱，民生凋敝，人心思变。所以，邓小平反教条主义绝不仅仅针对"两个凡是"，他所针对的是整个脱离当时国际国内实际而保守固化的种种意识形态认知，他的历史使命则是将偏离了历史发展航道的这艘中国航船拉回正确的航向。因此，邓小平采取了一系列措施，政治上平反冤假错案，经济上实行商品经济，文化上倡导"百花齐放"，使中国迎来了一个高速发展的历史时期，把握住了不可多得的历史机遇。总而言之，邓小平在改革开放以后最为关心的问题就是清理在党内根深蒂固的"左"的教条主义，在1992年南方谈话之时，邓小平说："有右的东西影响我们，也有'左'的东西影响我们，但根深蒂固的还是'左'的东西……右可以葬送社会主义，'左'也可以葬送社会主义。中国要警惕右，但主要是防止'左'。"[②]

邓小平所指的右的东西，是指伴随经济发展大潮而来的反对党的领导、反对社会主义道路，甚至主张走资本主义道路的各种资产阶级自由化思潮。这股思潮的出现是必然的，它以学潮的形式表现出来，80年代末在中国掀起了一场风波。对于这场风波，邓小平高瞻远瞩，看得很清楚，他说："这场风波迟早要来。这是国际的大气候和中国自己的小气候所决定了的，是一定要来的，是不以人们的意志为转移的。"[③] 但邓小平绝不允许右的风波影响改革开放的大局，他旗帜鲜明地提出四项基本原则，体现了邓小平既反对"左"，也反对右。邓小平对中国政治经济社会大局的掌舵

---

[①] 刘贵军：《历史是这样转折的——论邓小平、陈云与实事求是思想路线的重新确立》，《邓小平研究》2016年第3期，第71页。
[②] 《邓小平文选》（第3卷），人民出版社，1994，第375页。
[③] 《邓小平文选》（第3卷），人民出版社，1994，第302页。

使中国保持了政治稳定,保持了改革开放的良好局面。自1978年以来,中国的改革开放进程始终在邓小平所设计的轨道上运行,他因此也被称为中国改革开放的"总设计师"。

三 科学与民主:一种"去蔽"视域中的马克思主义

应该说,在中国革命和社会主义建设进程中,"左"在相当长的时间内代表着教条主义,右在相当长的时间内代表着自由主义,在马克思主义中国化的历史进程中,既反对教条主义,又反对自由主义,具有既反对"左",又反对右的意义。然而,从历史根源上来讲,"左"与"右"的特定称谓并不起源于中国,而是起源于近代法国大革命。1789年,法国巴士底狱被攻陷,在1791年召开的制宪会议上,拥护革命的议员占据了议会左边的席位,而反对的议员占据了右边的席位,由此形成了"左"派与右派之分,也形成了"左"与"右"的政治话语传统。[①] 在中国革命之初,中国人对于革命的认知延续了这个传统。但随着时代的变化,无论是在中国,还是在世界,"左"与"右"的划分已经完全改变了其最初的意义。今天,西方围绕自由、平等、政府、社会及其相互关系,"左"和"右"虽然仍然针锋相对,但与法国制宪会议时的政治语境完全不在一个话语体系。对于中国而言,"左"曾经长期代表革命、进步和激进,"右"曾经长期代表改良、倒退和保守,但随着时代的变化,这个划分在今天也失去了其初始意义。在中国近现代革命进程中,虽然一直以"左"为底色,然而"左"倾冒险主义与机会主义一度让革命到达崩溃的边缘。至于右,当中国共产党刚刚成立,便产生过丧失革命领导权的严重问题,被称为"右倾投降主义";而在延安整风时期,小资产阶级所表现出的那种自由主义也被视为右倾的表现。"左"与右交替出现,都给中国革命和社会主义建设造成了不可弥补的损失。

今天,"左""右"之争依然存在,一种极端的表现就是科学虚无主义。科学虚无主义反对科学,反对民主,试图在传统文化伟大复兴的名义下,使几千年传承下来的伦理道德的文化惯性继续传承下去。然而,他们所呼唤的伦理道德惯性蕴含着一个前提:今天"世风日下",所以要"恢

---

[①] 顾肃:《当代西方社会思政治思想谱系中的左与右》,《人民论坛》2013年第7期,第68页。

复周礼";而他们关于"牧羊人"的主张正是"恢复周礼"必然要达到的一个结论:封建专制;他们对伦理道德的呼唤,必然会达到一个终极目的:建立孔教,使中国变成儒教国。很显然,科学虚无主义的种种主张构成了对马克思主义中国化和传统文化现代化的"遮蔽"。

众所周知,西学东渐以后,马克思主义挟民主与科学而来,一直存在着对中国传统文化中伦理道德的压制。几千年来,中国传统文化一直是以伦理道德为中心的,然而新文化运动沉重打击了以封建礼教为代表的中国传统伦理,陈独秀说,中国传统伦理"于近世自由平等之新思潮,显相背驰,不于根本上词而辟之,则人智不张,国力浸削,吾恐其敝将只有孔子而无中国也。"[①] 李大钊也说:"吾华之有孔子,吾华之幸,亦吾华之不幸也。"因为崇拜孔子会使中国人"日鞠躬尽礼、局促趋承于败宇荒墟、残骸枯骨之前,而黯然无生气"[②],所以要"取由来之历史,一举而摧焚之,取从前之文明,一举而沦葬之"[③]。

## 第四节 传统文化的现代构境

今天,五四运动已经历经百年,作为新文化运动的高潮,五四运动为中国人引来了马克思主义,当马克思主义在中国历经百年传播,中国人是否要引进马克思主义的问题早已转换为马克思主义中国化的问题,而且这个问题和传统文化现代化的问题交织在一起,成为当下最基本的意识形态认知。究其实质,马克思主义中国化的问题是如何将外来文化改造为本土文化的问题,简称为洋为中用;传统文化现代化的问题是如何将过去文化改造为当下文化的问题,简称为古为今用。洋为中用的问题在今天的经典表述是"将马克思主义与中国实际相结合",古为今用的问题在今天的经典表述是"中国传统文化的伟大复兴",两者交织在一起,可以概述在"中华民族的伟大复兴"[④] 这个总命题之下。

---

① 《陈独秀文章选编》(上),生活·读书·新知三联书店,1984,第177页。
② 《李大钊文集》,人民出版社,1984,第160页。
③ 《李大钊文集》,人民出版社,1984,第181页。
④ 习近平:《在十八届中央政治局常委同中外记者见面时的讲话》(2012年11月15日)。

## 一 马克思主义中国化与传统文化现代化

近现代，中国人为什么能够接受马克思主义？这不仅仅是国际共产主义运动的形势所迫，更是因为中国传统文化本身就具备马克思主义生长发芽的文化特质。中国传统文化本身非常注重"天人合一""知行合一""中和之道"，其核心主题是"通天人之际"，从整体上贯通天人之道而把握其关系。这就意味着，中国传统文化所处理的主题，不仅包括人类群体与自然界的和谐、人类群体自身的和谐，也包括个体自我在精神上的和谐，这与马克思主义哲学所处理的三种关系：人与自然的关系、人与人的关系、人与自己的关系相一致。中国传统文化所讨论的主题，凡道理、性命、名实、形神、有无、动静、言意、道器、理气、心物、知行、古今等问题，归根到底都是以"天人之际"为中心，都可以概括在"天人之际"的范围之内，这是马克思主义所讨论的人与自然的关系。中国传统儒学从根本上来说是一种"天人之学"，每一种新的思想体系也就是一种新的"天人新义"。这种结构实际上与马克思主义哲学中思维和存在的关系问题本质相通，"天道"涉及万物的存在，"人道"则涉及人的精神境界，即思维。"天道"与"人道"的关系，实际上可以概括为物质和精神的关系，而物质和精神的关系是马克思主义哲学的基本问题。

在新文化运动以后的思想文化传播史上，马克思主义传承西方思想中谓词哲学[①]的传统，契合于中国哲学的思维脉络，更易于和中国的本土文化相融合。中国人对于马克思主义哲学的认同，其哲学谱系就源于这种"谓词哲学"的传统。中国哲学中有丰富的辩证法而缺少知识论，先秦哲学以后，"六经注我，我注六经"，大都是引经据典对孔孟哲学的反思，这种反思实际上是对自身生活实践的认识过程。如果我们把反思的对象划分

---

[①] "宾词哲学"由柏拉图、亚里士多德到莱布尼茨，直至近代的康德、黑格尔，到现代的胡塞尔一脉相承，实际上是一种理性主义。与理性主义相对应的是非理性主义，它的根源可以追溯到古希腊神谱世系，在经过柏拉图理性主义的辩证后到达早期基督教重新取得一种非理性的形式，实现了理性主义与非理性主义的早期结合。在文艺复兴时期，马丁·路德宗教改革咒骂"理性"是一个"婊子"，但改革的结果恰恰又是理性神学，这又是理性的回归。非理性传统流传下来，就形成了一个"谓词哲学"的传统，近现代的尼采、叔本华、海德格尔应归于这样一个传统。如果单从语言学的角度来看，马克思主义哲学也应归于这样一个传统。

为"生活经验实践"和"思想理论实践"的话,中国哲学大致相当于"生活经验实践",中国历朝历代的哲学家都缠绕在生活层面上和政治相结合,他们纠缠于现实生活中没有超越、缺乏逻辑,就不可能像西方哲学家那样从具体事实中抽象出纯形式的思辨,也就无法形成系统的知识论。[1]

正因为如此,毋庸讳言,中国传统文化在近现代日趋衰落,作为四大文明中唯一幸存的文明,中国传统文化在几千年的人类历史中经历了风风雨雨,虽然没有中断泯灭,但是在人类进入工业化时代后却遭遇了深重危机。然而今天,随着中国经济的迅速发展、科技的长足进步,民族精神的空前高涨,中华民族的伟大复兴似乎在某种程度上达到了最大的国家认同,而在中华民族的伟大复兴中,文化的复兴显得尤为重要。

## 二 人类文明更替规律与传统文化的衰落

施宾格勒告诉我们,世界上存在着或存在过八种自成体系的文化:埃及文化、巴比伦文化、印度文化、中国文化、古希腊罗马文化、玛雅文化、伊斯兰文化和西欧文化,这八种文化无一例外都经历过或正在经历着蓬勃兴起、茁壮成长、繁荣发展和衰老死亡的过程。在人类文明进程中,一种文化由发展到衰落似乎是每一种文化都无法摆脱的宿命,其实质乃是人类知识更新规律所带来的必然挑战。康德早就给我们揭示过这个规律,在康德那里,理性之思的无限性思维为有限的知性认识开辟潜在无限可能性的过程是一个认识无限推进的过程,也是科学产生的过程,这个过程是人类运用思维定式将认知成果固定下来的过程。科学产生的动力机制表明了,人类的认识不可能永远停留在某个层次或者某种水准而止步不前。

然而,对于科学而言,一旦用定式进行精确的表示,它必然形成一个由科学家集团或者科学共同体所共同信奉的范式。范式是一个科学概念,然而,以科学技术进步为基础的人类文明必然要接受范式的折射,其在发展中将会形成一些文明认知的"硬核",就像科学纲领禁止对"硬核"提出挑战一样,文明也会千方百计禁止对自身形成挑战,它常常以调整"保护带"的方式确保"硬核"不受攻击,并完全拒绝把"硬核"部分置于

---

[1] 朱光亚、黄蕾:《德性和知识的分野——由〈智者篇〉看中国哲学》,《佳木斯大学社会科学学报》2008年第5期,第2页。

讨论之中而构成意识形态，致使每种文明到达一定的繁荣程度以后必将停步不前。

这样，对于文明而言，其内生动力会千方百计地将自身遗产以物质或者非物质的形式固定下来；但对于知识而言，其内生动力会以理性推动知性的方式推翻自身所造成的任何遗迹，这就使人类文明自身存在与人类认识推进规律二者之间存在悖论而不断引发冲突，这种冲突致使"每一种文化，像每一个人一样，有其幼年、青年、成年、老年的时期"[1]，它们在经历了蓬勃兴起、茁壮成长和繁荣发展以后必然会衰老死亡。对于中国传统文化而言，衰老死亡是一个必然过程，而且在魏晋玄学之后，已经衰老死亡过一次了，在那次衰亡中，传统儒家文化在相当长的时间内失去了在传统文化结构中的优势地位。但后来，以儒家为主体的中国传统文化汲取佛教和道家的文化因素产生了宋明理学，实现了伟大复兴。[2] 鸦片战争以后，中国传统文化毫无疑问再次呈现衰老死亡的疲态，也使中国传统文化再次面临复兴的问题。

### 三 传统文化现代化的方法论构造

中国传统文化与马克思主义之间的融合分别体现在二者"关系"领域的研究和"实践"领域的研究之中。对于前者而言，传统文化与马克思主义中国化的"关系"正处于伽达默尔所讲的"视域融合"之中，传统文化之于马克思主义的资源意义属于以"今"审"古"。当伽达默尔以"偏见"的合理性消除了古今之争之后，我们今天的以"今"审"古"实际上已经成为一种创造和构建，通过这种创造和构建，传统文化对马克思主义中国化的资源性价值贡献就成为民族文化传统在时间与空间上生命力的延伸，而这是以"今"审"古"的必然结果。在实践领域，传统元素代入现代实践是一条基本的路径。"实践领域"的研究使传统文化的现代化与马克思主义的中国化避免陷入了重复性与表层化，它既能够探知基础理论的深层结构，也可以进行以哲学理论为基础的思想创新，使理论研究的视

---

[1] Oswald Spengler, *The Decling of the West*, New York: Alfred A. Knopf, 1926: 97.
[2] 朱光亚：《伊斯兰凯拉姆体系与"三教合流"》，《中北大学学报》（社会科学版）2018年第6期，第76页。

野和范围拓展到国家、民族甚至全球化的高度，延伸到政治、经济以及宗教、教育等各个领域，在更开阔的"论域"内获得更为丰硕的理论成果。

"论域"本是数理逻辑概念，它的基本含义为，在一个逻辑系统中所有个体组成的集合，在科学研究中意指某个领域内的论题所包括的类的总和。我们将"论域"这个概念放置于哲学领域，特指经历了"哥白尼革命"之后，人类直观能力所能够直观到的内容的集合。按照康德的理论，人们在观察事物时都不由自主地用观察到的现象去判定观察对象的性质，从而总结出科学的原则、概念的普遍性和必然性并将其视为观察对象固有的客观性，这是过去所有观念错误的原因，所以他反其道而行之，用"先天综合判断"表述"关于对象的先天知识"。

康德的"先天综合判断"是一种观念主义，这种观念主义有其思想根源，当笛卡尔提出"我思故我在"的时候，就已经开了用观念主义直观对象的先河。按照笛卡尔，他绝不接受他没有确定为真的东西从而怀疑一切，他认为唯一所不能怀疑的就是正在思考的人自身，于是他将"我思故我在"当作"研求的哲学的第一条原理"，将自我观念本身当作判断真理的终极标准，并从此出发，论证了自我、上帝和物质实体的存在。

到了胡塞尔，他认为认识之本质在于主体在"纯粹自我意识"中构造出种种对象的能力，自我意识不仅包容对象，而且赋予对象以意义。因为"任何对象之所以成为该对象，是因为它具有特定的意义（含义），而对象的含义不是对象自身所固有的，而是自我意识所给予的"[①]。意向性最基本的功能是"对象化"，在这里，意向把那些作为意识流组成部分的材料归于意向的对象，即意识总是指向对象、指向某物。相反，意识的对象则不具有意向性，只能被意识所指向，而意识总是对某物的意识，没有无对象的意识，由此意识活动具有意向性的基本结构。[②]

胡塞尔意向性的基本结构强调主体对客体的直观，那么在进行直观以前，必然要排除掉一切前见，这一点与海德格尔背道而驰。在海德格尔看来，理解自身不可避免地具有前有、前见和前设，没有前见就没有理解，

---

[①] 班秀萍：《现象学美学的现代审视》，《江西社会科学》2001年第8期，第94页。
[②] 周贵华：《试论胡塞尔现象学方法的多重含义》，《黑龙江社会科学》2004年第1期，第35页。

理解的前结构决定了理解,理解是理解前结构的重复,这不是简单的重复,而是对未来的筹划,"理解就是对可能性的筹划"①,而此筹划,被其弟子伽达默尔称为效果历史。

伽达默尔从海德格尔那里获得关于存在历史性的思想,他认为历史性是"此在"存在的根本特征,因为"此在"的存在过程是时间性,而作为"此在""动中之在"的历史是主体和客体相互融通的关系,因此,历史不是客观的,因为历史总是人的一部分,人不能在历史之外,或在历史之上,而必须在历史内部认识历史。历史也不是主观的,因为它先于人的反思,它预先决定了反思的对象和方向。伽达默尔把这种涵盖了主客观关系的历史叫作效果历史,效果历史的含义是,对历史的主观理解同时也是历史造就的客观效果。伽达默尔指出,历史既是理解的产物,也是理解的前提,它表现为理解的处境与理解的"界域"之间相互作用的合力。人始终处于处境之中,并且在处境中理解,但不能站在处境之外,因此,处境是人理解范围的界限,这种界限叫"界域"(horizont)。

## 四 马克思主义中国化的文本语境

效果历史的意义在于,它化解了主观主义的历史观和客观主义的历史观之间的争论,使真正的理解不是克服历史的局限性,而是适应人存在的历史性,具体地说,就是要正确评价理解与传统的关系。如此一来,按照伽达默尔,对马克思主义的理解应该是一个"界域"开放的过程,这个理解不能是对权威的简单盲从,盲从与理解格格不入。土地革命时期,当王明挟共产国际之训令回到中国之时,他对马克思主义权威的盲从就成为教条主义。伽达默尔认为,权威不应该是被动的给予,而应该是主动的获得;权威与服从无关,反而与知识相关;承认并服从权威不是盲目被迫的,而是在理解的基础上理性自由的选择。按照伽达默尔的理论,马克思主义是"放之四海而皆准"的原则,但对马克思主义的理解不能基于教条主义的虚妄而应基于"界域"的开放。因此,我们也不能试图去克服对马克思主义的文本解释和马克思主义文本原义之间的时间间距,因为文本的原义

---

① 海德格尔:《存在与时间》,伦敦:巴塞尔·布莱克威尔出版社,1962,第185页。

## 第六章 传统与现代的转换

是不可能恢复的,文本作者的意图或作品的社会背景是当代人不可能客观再现的。"时间间距不但是不可能克服的,而且也是不应当克服的"①,时间间距可以消除读者对文本的功利兴趣和主观投入,起到过滤偏见的作用,使偏见成为只与历史性相关而与个人利益无关的权威性和普遍性的理解。

伽达默尔指出,理解是人存在的基本模式,它是从文本中接受有意义的东西,并把它们解释成自己理解世界的方式。理解不是对作者心理意图的揣测,而是读者与文本的沟通。这种沟通是将自己置于传统的一个过程,在这个过程中过去和现在不断融合。"这种融合是文本的读者与作者的'视域融合',因为双方都处在效果历史中,这一历史对作者而言是他"界域"的开放性,对读者而言是他"界域"的传统性。"② 任何解释都是基于现在和未来对过去的理解,都是一种偏见,所以任何对历史的解释都是现代史。承认偏见的合理性并不导致主观性,反而恰恰消灭主观性。偏见是基于历史传统的理解,它的界域是开放的、面向未来的、随时准备接受检验、修改和调整的。因此,对马克思主义文本的理解是一种创造,不但是作者的创造,而且是读者的创造,是建造文本意义的无限延伸,被理解的文本是在历史中表现出来的东西,它要比作者想要表现的东西多得多。按照这种原则对文本所做的理解既是历史性的研究,也是理论性的研究,它所遵循的是一种问答逻辑。问答逻辑把理解看作我—你关系而非主观—客观关系。作为对话者的你不是认识对象而是处于与我同等地位的理解的来源。这种我—你关系是开放性的对话,是互相倾听、反复进行的过程,包含同意批评、自我修正和服从,并在此基础上实现相互理解。

然而,"文本的魔咒一次又一次的奏响,人们在文本的迷障中要么成为其魔咒的牺牲品,要么在误以为穿越了文本的丛林抵达'真实'之后实际上堕入了拉康意义的空无"③。换句话说,当我们面对马克思的文本之

---

① 饶筱筱:《伽达默尔与孟子的解释学思想——"知人论世"、"以意逆志"与"'偏见'的合理性"之理论透析》,《华中师范大学研究生学报》2011年第1期,第25页。
② 张艳丰:《翻译主体性的界定问题研究》,《兰州大学学报》(社会科学版)2007年第4期,第27页。
③ 蓝江:《大写的一、主体和构境论——一种历史唯物主义的重建》,《新诸子论坛》2013年第4期。

时，效果历史是否可以真的让我们抵达一个一尘不染的马克思？我们对马克思主义文本的认知是否仅仅是我们自身所建构的结果？非实体关系场景是否能够承载我们的思想构境？按照拉康，想象通过镜像把有意识地、无意识地所知觉到的和想象到的东西记录下来，形成世界的图像；"象征作为能指者决定了主体是非善恶的原则与人行为的准则。"① 现实的东西是由想象的东西与象征的东西结合而成，在象征的东西限制之下所实现出来的想象中的要求就是现实的东西，这就使证据与证据之间、事实与事实之间的关系是一种建立于介质之上的主观性逻辑而非客观性逻辑，经过主观想象链接起来的客观性证据就构成了一种事态。但在事态光滑的表面之下，掩盖的却是拉康所谓的症候。症候以某种方式隐藏下来，使"看似平滑的事态之一，隐藏的却是存在其他填充用以缝合两个时间之间断裂的可能性，而这种可能性因为作为大写的一的平滑的事态被牺牲掉了"②。

然而，在拉康看来，"无意识的话语具有一种语言结构"、"无意识是他者的话语"③，我们永远也弄不清那个前文本的绝对真实的马克思，这是一个事实，因为在表层的表征和最终的真实那里永远存在一个使其连接的介质，最终的真相将永远潜伏在介质之后。人与外界之间的关系起始于人如同婴儿般的疑问状态，并通过想象和对幻想事物的反省形成对世界的了解。在这个认识过程中，我们通过想象与外界建立了一种双元对立关系，在文本学的意义上，这种对立关系不再以还原解读对象的原初语境为指向，转而承认解读理解本身无法消除的生产性，这使任何理解只能处于历史的相对性之中，这就是构境，也正是构境，在哲学意义上使"马克思主义中国化"这个命题成为可能。

## 五　马克思主义中国化语境中传统文化文本的断裂

今天，马克思主义中国化的问题永远也不可能回避传统文化现代化的

---

① 王晓娜：《索绪尔的符号学理论对人文社会科学的影响》，《江苏社会科学》2002 年第 4 期，第 206 页。
② 蓝江：《大写的一、主体和构境论——一种历史唯物主义的重建》，《新诸子论坛》2013 年第 4 期。
③ 马元龙：《无意识就是大他者的话语——论拉康的无意识理论》，《中国人民大学学报》2014 年第 3 期，第 137 页。

问题，但近年来，我们却越来越清晰地面临一个现实：当马克思主义哲学上构境的乐章还未响起，古老的编钟却发出沉闷的声音，当马克思主义逐渐淡化对中国古老传统文化的挑战，二者由分离走向融合之际，儒家却"集体发声，吹响了复兴儒学、回归道统，儒化中国的集结号"①。于是，马克思主义中国化所面临的传统文化就呈现出这样一幅图景："如今世界像一部宏大的交响乐，中国是要加个这个交响乐乐队，用自己的政治和文化给这部乐曲增加复调、丰富声部，使它显得更丰富和更华丽？还是用不和谐的节奏、韵律甚至音量，压倒它甚至取代它？"②显然，马克思主义中国化历史背景中的传统文化现代化走的是第一条进路，而以部分大陆新儒家为代表的科学虚无主义走的是第二条进路③，这是两种根本不同的进路。

当科学虚无主义者否弃科学、诋毁民主之时，很明显，他们的政治诉求完全抛开了马克思主义，他们对传统文化的态度，尤其是对传统儒学的解读已经"从努力发掘传统中国的儒家思想与现代西方价值之间的共同点，到竭力划清中国思想和西方价值之间的界限"，也就是说，从宣称"你有的我也有"转向了自夸"你没有的我也有"，已经完全走向了马克思主义文本的断裂转而投向"使天欲平治天下，当今之世，舍我其谁"的政治幻想。这种政治幻想显然是一个"伪构境"的他者理论图像，而对这种他者理论图像的曲解无疑正是部分大陆新儒家的现代性解释学之谬误所在。

"对阅读本身进行再阅读和再解读，在一种当下的思想构境中呈现再解读者本人的猜想、推论和主观认定"④，这种复建式的解读是一种整体性

---

① 葛兆光先生在发表《异想天开——近年来大陆新儒学的政治诉求》时，曾讲到2016年大陆新儒学的五大"重镇"联袂出演，在新加坡出版了著作《中国必须再儒化——"大陆新儒家"新主张》，全面提出当下大陆新儒学的政治诉求与文化理念，据称这是"儒家自'文革'后第一次集体发声，吹响了复兴儒学，回归道统，儒化中国的集结号。"
② 葛兆光：《异想天开——近年来大陆新儒学的政治诉求》，《思想》（台湾）2017年第33期。
③ 葛兆光先生在发表《异想天开——近年来大陆新儒学的政治诉求》时专门说明，他的文章概括的是当前大陆新儒学呈现的整体取向，并没有着意区分大陆新儒学内部的差异，也不涉及对儒家思想有认同或同情的其他学者。本书在论证时仅引用部分极端大陆新儒家的观点，并不代表对所有大陆新儒家的批判，事实上，据作者的观察，相当多的大陆新儒家并不排斥科学，也没有指向政治诉求。
④ 张一兵：《回到列宁——关于"哲学笔记"的一种后文本学解读》，江苏人民出版社，2008，第12页。

的思考，它将已经不在场的作者和读者的思考活动重新模拟再现出来，是一个思想者从"他性镜像空间"，经过"自主性思想构序"[1]，再到"独创性思考之境"[2] 的过程，然而，"伪构境"的他者理论图像使大陆新儒家的思想架构经历了一次篡位，它使"能指的至上性和对于所指的统治性"寄托于所指之上，以至于这次篡位使马克思主义中国化对传统文化现代化的构境走向死亡和迷思，使对中国传统儒学断裂的文本解读达到了能指的狂欢。笔者认为，这正是马克思主义中国化对中国当代意识形态乃至民族走向的构境所不希望的。

---

[1] 袁久红：《海德格尔思想道路的构境论阐释——张一兵〈回到海德格尔——本有与构境〉（第一卷）解读》，《哲学分析》2013 第 3 期，第 25 页。
[2] 韩欲立：《唯物主义的动摇：思想构境论的后马克思主义精神症候》，《晋阳学刊》2011 年第 6 期，第 52 页。

# 参考文献

## 一 著作类

[1]《诗经》,书海出版社,2001年版。

[2]《论语》,书海出版社,2001年版。

[3]《老子》,书海出版社,2001年版。

[4]《庄子》,书海出版社,2001年版。

[5]《墨子》,书海出版社,2001年版。

[6]《大学·中庸》,书海出版社,2001年版。

[7]《孟子》,书海出版社,2001年版。

[8]《荀子》,书海出版社,2001年版。

[9]《尚书》,书海出版社,2001年版。

[10]《金刚经》,书海出版社,2001年版。

[11]《朱子全书》(全27册),上海古籍出版社、安徽教育出版社,2002年版。

[12]《王阳明全集》(上、下),上海古籍出版社,2005年版。

[13] 王阳明:《传习录》,云南大学出版社,2003年版。

[14]《胡适学术文集》,中华书局,1991年版。

[15]《梁启超哲学思想论文选》,北京大学出版社,1984年版。

[16] 冯友兰:《中国哲学史》,商务印书馆,1976年版。

[17] 冯友兰:《中国哲学史新编》,人民出版社,1998年版。

[18] 侯外庐、邱汉生、张岂之:《宋明理学史》,人民出版社,1984年版。

[19] 冯契：《认识世界认识自我》，华东师范大学出版社，2011年版。
[20] 冯契：《中国古代哲学的逻辑发展》，上海人民出版社，1983年版。
[21] 张立文：《宋明理学研究》，人民出版社，2001年版。
[22] 张岱年：《中国哲学问题史》，中国社会科学出版社，1982年版。
[23] 牟宗三：《心体与性体》（1—3卷），上海古籍出版社，1999年版。
[24] 牟宗三：《从陆象山到刘蕺山》，上海古籍出版社，2001年。
[25] 杨荣国：《中国古代思想史》，人民出版社，1954年版。
[26] 梁漱溟：《中西文化及其哲学》，商务印书馆，1999年版。
[27] 潘德荣：《国学西渐——国学对西方的影响轨迹》，安徽人民出版社，2012年版。
[28] 潘德荣：《诠释学导论》，广西师范大学出版社，2015年版。
[29] 潘德荣：《文字·诠释·传统——中国诠释传统的现代转化》，上海译文出版社，2003年版。
[30] 潘德荣：《西方诠释学史》，北京大学出版社，2016年版。
[31] 倪梁康：《胡塞尔现象学概念通释》，三联书店，1999年版。
[32] 倪梁康：《现象学及其效应》，三联书店，1994年版。
[33] 倪梁康：《现象学的始基》，中国人民大学出版社，2009年版。
[34] 方向红：《生成与解构——德里达早期现象学批判疏论》，南京大学出版社，2006年版。
[35] 方向红：《时间与存在——胡塞尔与海德格尔现象学的基本问题》，商务印书馆，2014年版。
[36] 李敖：《北京法源寺》，中国友谊出版公司，2000年版。
[37] 李朝东：《西方哲学思想》，甘肃人民出版社，1999年版。
[38] 李朝东：《教育启蒙与公民人格建构》，中国社会科学出版社，2009年版。
[39] 李朝东、卓杰：《形而上学的现代困境》，甘肃人民出版社，1995年版。
[40] 李朝东：《中西哲学与文化精神》，西北师范大学政法学院哲学系内部资料。
[41] 张祥龙：《从现象学到孔夫子》，商务印书馆，2011年版。
[42] 张祥龙：《现象学导论七讲》，中国人民大学出版社，2011年版。
[43] 刘小枫：《走向十字架的真》，华东师范大学出版社，2011年版。

[44] 刘小枫：《沉重的肉身》，上海人民出版社，1999 年版。
[45] 顾彬、刘小枫：《基督教、儒教与现代中国革命精神》，香港：汉语基督教文化研究所，1999 年版。
[46] 孙周兴：《边界上的行者》，上海人民出版社，2011 年版。
[47] 孙周兴：《我们时代的思想姿态》，东方出版社，2001 年版。
[48] 孙周兴：《后哲学的哲学问题》，商务印书馆，2009 年版。
[49] 张志扬：《禁止与引诱》，上海人民出版社，2009 年版。
[50] 张志扬：《渎神的节日》，上海三联书店，1997 年版。
[51] 张志扬、陈家琪：《形而上学的巴别塔》，同济大学出版社，2004 年版。
[52] 张庆熊：《自我、主体际性与文化交流》，上海人民出版社，1999 年版。
[53] 苏德超：《哲学、语言与生活》，湖南教育出版社，2010 年版。
[54] 余英时：《人文·民主·思想》，海豚出版社，2011 年版。
[55] 张立文：《中国哲学史新编》，中国人民大学出版社，2007 年版。
[56] 丁祯彦、裘宏主编：《中国哲学史教程》，华东师大出版社，1989 年版。
[57] 夏基松：《现代西方哲学教程新编》，高等教育出版社，1998 年版。
[58] 刘放桐等：《新编现代西方哲学》，人民出版社，2000 年版。
[59] 赵敦华：《西方哲学简史》，北京大学出版社，2001 年版。
[60] 赵敦华：《现代西方哲学新编》，北京大学出版社，2001 年版。
[61] 韩震：《西方哲学概论》，北京师范大学出版社，2006 年版。
[62] 北京大学哲学系外国哲学史教研室编译：《西方哲学原著选读》，商务印书馆，1986 年版。
[63] 张汝伦：《现代西方哲学十五讲》，北京大学出版社，2003 年版。
[64] 张志伟：《西方哲学史》，中国人民大学出版社，2002 年版。
[65] 〔美〕撒穆尔·伊诺克·斯通普夫、詹姆斯·菲泽：《西方哲学史》，中华书局，2005 年版。
[66] 〔日〕增田涉：《西学东渐与中国事情》，冉其民、周启乾译，江苏人民出版社，2011 版。
[67] 让-吕克·马里翁：《还原与给予》，方向红译，上海译文出版社，2006 年版。
[68] 〔英〕罗素：西方哲学史，商务印书馆，1997 年版。
[69] 罗森塔尔、尤金：《简明哲学词典》，三联书店，1973 年版。

[70] 古斯塔夫·施瓦布:《希腊神话故事》,京华出版社,2003 版。

[71] 汪子嵩、王太庆编:《陈康论希腊哲学》,商务印书馆,1990 年版。

[72] 柏拉图:《智者篇》,陈康译注,商务印书馆,1982 年版。

[73] 柏拉图:《巴曼尼德斯篇》,陈康译注,商务印书馆,1982 年版。

[74] 亚里士多德:《物理学》,张竹明译,商务印书馆,1982 年版。

[75] 〔英〕霍布斯:《利维坦》,张妍、赵闻道译,湖南文艺出版社,2011 年版。

[76] 〔法〕卢梭:《论人与人之间不平等的起因和基础》,商务印书馆,2007 年版。

[77] 〔德〕尼采:《悲剧的诞生》,熊希伟译,华龄出版社,1996 年版。

[78] 《康德三大批判精粹》:杨祖陶、邓晓芒译,人民出版社,2001 年版。

[79] 黑格尔:《哲学史讲演录》(1-4 卷),贺麟、王太庆译,商务印书馆,1981 年版。

[80] 文德尔班:《哲学史教程》(上、下),商务印书馆,1987 年版。

[81] 〔英〕露西·艾尔:《莉娜的邀请》,重庆大学出版社,2011 年版。

[82] 〔德〕埃德蒙德·胡塞尔:《逻辑研究》,倪梁康译,上海译文出版社,1994 年版。

[83] 〔德〕埃德蒙德·胡塞尔:《现象学与哲学的危机》,吕祥译,国际文化出版公司,1988 年版。

[84] 〔德〕埃德蒙德·胡塞尔:《现象学的观念》,倪梁康译,上海译文出版社,1986 年版。

[85] 〔德〕埃德蒙德·胡塞尔:《笛卡尔沉思与巴黎演讲》,张宪译,人民出版社,2008 年版。

[86] 〔德〕埃德蒙德·胡塞尔:《欧洲科学危机与超越论的现象学》,王炳文译,商务印书馆,2005 年版。

[87] 〔德〕埃德蒙德·胡塞尔:《欧洲科学危机与超越现象学》,张庆熊译,上海译文出版社,1988 年版。

[88] 〔德〕埃德蒙德·胡塞尔:《纯粹现象学通论》,李幼蒸译,中国人民大学出版社,2004 年版。

[89] 〔德〕海德格尔:《海德格尔存在哲学》,孙周兴译,九州出版社,2004 年版。

[90]〔法〕莫里斯·梅洛-庞蒂:《知觉现象学》,商务印书馆,2001年版。

## 二 期刊论文类:

[1] 李朝东:《西方哲学的概念和功用》,甘肃理论学刊,2000年第6期。

[2] 李朝东:《意志自由与责任承担》,《西北师大学报》(社会科学版) 2002年第4期。

[3] 李朝东:《知识起源的前述谓经验之现象学澄清》,中国现代外国哲学学会年会暨西方技术文化与后现代哲学学术研讨会论文集,2004年。

[4] 李朝东:《论柏拉图的相论辩证法》,《西北师大学报》(社会科学版) 2001年第6期。

[5] 陈晓龙:《论宗教及儒学的超越性》,《西北师范大学学报》2000年第3期。

[6] 赵敦华:《人学研究的"达尔文范式"》,《复旦学报》(社会科学版) 2002年第4期。

[7] 汤一介:《文化的互动及其双向选择——以印度佛教和西方哲学传入中国为例》,《开放时代》2002年第4期。

[8] 倪祥保:《中西文化比较与理解现代科学》,《苏州大学学报》(哲学社会科学版) 2003年第1期。

[9] 张再林:《中国古代哲学的身体性》,《中华读书报》2006年第1期。

[10] 龚群:《从孟子到朱熹的心性哲学》,《南昌大学学报》(人文社会科学版) 2002年第3期。

[11] 赵广明:《柏拉图的理念》,《中国社会科学院研究生院学报》2003年第2期。

[12] L. 登盖伊:《现象学作为一种第一哲学:马里翁、雅尼科与里希尔》,朱光亚译、谢利民校,《世界哲学》2013年第2期。

[13] 伯特·霍普金斯:《雅克.克莱恩的哲学成就》,朱光亚译、黄蕾校,《武汉科技大学学报》2014年第2期。

[14] 陈双泉:《中等收入陷阱的哲学分析》,《北京城市学院学报》2014年第2期。

[15] 伯特·霍普金斯:《欧陆哲学与分析哲学的先天不可贯通性》,朱光

亚译，《山西大学学报》2014 年第 6 期。

[16] 伯特·霍普金斯：《对意向性本体论批判的方法论预设——柏拉图笔下的苏格拉底看艾多斯》，朱光亚译，《辽宁大学学报》（哲学社会科学版）2015 年第 4 期。

[17] 伯特·霍普金斯：《意向历史性原解构主义批判之背后的预设——主体内在观念性与主体间观念性之间的融合》，朱光亚译、黄蕾校，《深圳大学学报》（人文社会科学版）2015 年第 6 期。

[18] 伯特·霍普金斯：《胡塞尔的心理主义及对心理主义的批判》，朱光亚译，《社会科学》2016 年第 1 期。

[19] 伯特·霍普金斯：《基础本体论的组合学预设：存在作为整体具有总体意义》，黄蕾译、朱光亚校，《晋阳学刊》2016 年第 2 期。

[20] 王红：《"述尔不作"与"解构主义"：经典传承的两种诠释路径》，《深圳大学学报》（人文社会科学版）2016 年第 6 期。

[21] 陈双泉、吴琼：《后现代意义上的科学与民主》，《新疆社会科学》2017 年第 1 期。

[22] 伯特·霍普金斯：《现象学解构之背后的预设：存在从属于言语》，朱光亚、吴萍译，《山西大学学报》2017 年第 2 期。

[23] 伯特·霍普金斯：《超越存在：现象学流形构成中的感官结构与统一性》，黄蕾译，《甘肃社会科学》2018 年第 4 期。

# 后　记

在本书即将付梓之际，我不由得回想起若干年前我研究生毕业论文后记中的话：

……这样一个课题，我思考的不是能不能写的问题，我思考的是我要不要写的问题。对我而言，这是一个有挑战性的课题，能写也要写，不能写也要写，为什么？

责任感。

……在中国文化中，有没有类罪？怎样才是个人罪责的承担？

我想，对一个决心承担责任的人，随时随地都是罪责的承担、责任的承担……

多年之后，当我再次坐在象牙塔中聆听大师的声音，我澎湃沸腾的心灵受到一次又一次的冲击，我心中也形成了今日之思维：民主与科学，乃是中国人为之奋斗的两大目标，时至今日，这两大目标仍任重而道远。我所执着的信念令这些文字跃然纸上，我想写作这部作品——如果能称得上是作品的话——的最根本动力仍然是这两个字：责任。

对于真理的追求使我对哲学痴迷，而本书用哲学的语言想要表达的一个主题是：探寻近现代史上中国落后的根源，或者换一种语言表达方式：分析近现代史上西方富强的秘密。对这个问题的回答是本书表达的第一个思想：德性和知识的分野。我致力于分析出：自有文化开始，中国哲学关注人与人的关系，而西方哲学关注人与自然的关系。由于关注人与人的关系，中国哲学走向了伦理道德；由于关注人与自然的关系，西方哲学走向了科学技术，从而中国哲学与西方哲学发生了德性和知识的分野。

正因为此，我的学术兴趣由中国哲学转入西方哲学，希望一窥西方的秘密，这才让我找到了我学术的另一个关注点：胡塞尔的现象学思想。在研读了现象学的典籍以后，我始终坚持，在胡塞尔以前，西方哲学在为科学做奠基，而在胡塞尔以后，西方哲学走向一种作为严格科学的哲学。这个话题会引发争论，然而使我聊以自证的是，这个思想源自象牙塔中天籁般的声音。那种声音将哲学视为开辟知识之前沿阵地的冲锋战士，科学似乎总是在进占，而哲学似乎总是在退却，但哲学的退却是将已经探索成功的领域交给科学，以便去开辟新的领域。从这个意义上来讲，哲学在为科学做奠基。

当哲学进入现代视域，唯理论和唯实论的争辩表现为科学主义和人文主义的斗争以后，这种开辟与交付的哲学前进路径是那样的明显。在这样的分析中，我发现西方哲学的发展始终贯穿着一条主线——一般与个别之争。当古希腊哲学冲撞于"一"与"多"之间，其实已经奠定了哲学发展全部问题的基础。对"一"的研究就是对真理的研究，导向科学；对"多"的研究就是对民主的研究，导向自由。这是思维理性催生理论理性，理论理性催生科技理性，而科技理性又催生资本理性的过程。在近现代史上，科技理性和资本理性就是西方富强的秘密。近代中国向西方学习，历经艰辛终于在新文化运动中找到中西文化的契合点，这个契合点就是新文化运动的两大主题：民主和科学。新文化运动为马克思主义在中国的传播奠定了基础，马克思主义来到中国，开始了马克思主义中国化的进程，而马克思主义中国化的核心问题，仍然可以归结为民主与科学的问题。

在本书即将付梓之际，我首先要感谢我的导师李朝东先生，正因为我有幸追随了他，我才走上了哲学之路。在西北师范大学读书期间，李朝东先生对文化的忧思常常感染我，他睿智的思想、精辟的见解开启了我的哲学之门，可以说，这本书的形成是他启发的结果，所以我愿将这本书郑重地献给他。

我还要感谢社会科学文献出版社的高雁编辑，他为这本书的出版付出了很多，我衷心地说声谢谢！

本书的部分章节段落已经在一些学术期刊上发表，由于我写作本书时已经做了较大的改动，相当于对过去文字的重写和重新组合，我无法一一列举二者之间的对应关系。本书的完成也得益于一些翻译作品的发表，作为本书的前期准备，我非常感谢这些学术期刊的青睐。在我追求学术的道路上，这些期刊以及期刊编辑老师都是我的启明灯和良师益友，我很感谢这些帮助过我的编辑：彭国庆、章安娜、何博超、孟繁红、程勇、惠吉兴、董明伟、董兴杰、陈剑、张莉、武丽霞、文嵘、邓乐群、李雪枫、杨霞、潘照新、董世锋、来小乔、周小玲、路强、康亚钟等。

最后，让我衷心地感谢那些在学术之路上帮助过我的一切人，虽然我无法一一列举，但我内心的感激永远长存！

黄蕾博士提出了本书关键性的思想，并撰写发表了部分章节。

2019 年 7 月

图书在版编目(CIP)数据

从传统到现代：中西哲学的当代叙事 / 朱光亚，黄蕾著. -- 北京：社会科学文献出版社，2019.8（2022.1 重印）
ISBN 978 - 7 - 5201 - 5271 - 6

Ⅰ.①从… Ⅱ.①朱… ②黄… Ⅲ.①五四运动 - 研究 Ⅳ.①K261.107

中国版本图书馆 CIP 数据核字（2019）第 154640 号

## 从传统到现代：中西哲学的当代叙事

著　　者 / 朱光亚　黄　蕾

出 版 人 / 王利民
责任编辑 / 高　雁
文稿编辑 / 黄　丹
责任印制 / 王京美

出　　版 / 社会科学文献出版社（010）59367226
　　　　　地址：北京市北三环中路甲29号院华龙大厦　邮编：100029
　　　　　网址：www.ssap.com.cn

发　　行 / 社会科学文献出版社（010）59367028
印　　装 / 唐山玺诚印务有限公司

规　　格 / 开　本：787mm × 1092mm　1/16
　　　　　印　张：16　字　数：254千字

版　　次 / 2019年8月第1版　2022年1月第5次印刷
书　　号 / ISBN 978 - 7 - 5201 - 5271 - 6
定　　价 / 89.00元

读者服务电话：4008918866

版权所有 翻印必究